中国古代农业生产与商业化经济研究

李 睿 著

吉林人民出版社

图书在版编目 (CIP) 数据

中国古代农业生产与商业化经济研究 / 李睿著 . --
长春 : 吉林人民出版社 , 2020.4
ISBN 978-7-206-17001-0

Ⅰ . ①中… Ⅱ . ①李… Ⅲ . ①农业生产 – 研究 – 中国
– 古代②商业史 – 研究 – 中国 – 古代 Ⅳ . ① F329.02
② F729.2

中国版本图书馆 CIP 数据核字 (2020) 第 055364 号

中国古代农业生产与商业化经济研究

ZHONGGUO GUDAI NONGYE SHENGCHAN YU SHANGYEHUA JINGJI YANJIU

著　　者：李　睿
责任编辑：王　丹　　　　　　　　　封面设计：优盛文化
吉林人民出版社出版 发行（长春市人民大街 7548 号）　邮政编码：130022
印　　刷：三河市华晨印务有限公司
开　　本：710mm×1000mm　　　　　1/16
印　　张：13.25　　　　　　　　　字　　数：240 千字
标准书号：ISBN 978-7-206-17001-0
版　　次：2020 年 4 月第 1 版　　　印　　次：2020 年 4 月第 1 次印刷
定　　价：59.00 元

如发现印装质量问题，影响阅读，请与印刷厂联系调换。

前　言

　　农业商品化是实现我国传统农业向现代农业转变的重要内容与标志。当前，我国农业发展正处在传统农业向现代农业转变的关键时期，自给性农业与商品性农业相结合、规模化农业与小农经营并存。这种局面的形成与我国农业发展的历史进程和资源禀赋有着重大的关系。因此，对我国古代农业商品化进程进行探究，宏观地审视我国古代农业商品化发展过程中的核心问题，从中发掘出具有现实意义的规律性认识，有助于更好地理解和应对当前农业商品化进程中面临的问题，从而推动我国传统农业向现代农业转变。在此基础上，通过对中国古代商业化经济兴起条件及影响因素的分析，进一步探讨古代农业生产、古代商业化进程对中国经济发展的影响。

　　本书在系统梳理国内外相关研究成果的基础上，就中国古代农业生产以及古代农业商品化进程中的影响因素进行研究与探讨，将此书分为八个章节，依次进行论述。第一章对中国传统农业的诞生及特征进行具体论述，为后文奠定理论基础；第二章从中国古代商业的兴起条件及商业思想等方面入手，对中国古代市场化经济的发展提供参考；第三章分析了中国传统农业生产主导下的土地市场经济，并以"中国古代土地关系""所有权结构"等为重点，对土地市场经济的多维发展进行更为清晰地说明；第四章站在"中国古代农贷经济以及资本市场"背景下，对中国古代农贷具体特点、农业资本市场对商品化经济的影响等内容进行阐释；第五章将中国古代农业生产与生产雇佣关系相结合进行详细介绍；第六章从基于地域特色和基于消费群体背景影响下的经济作物入手进行介绍；第七章以"唐宋茶业"为例，对中国经济作物商品化进行再度探析；第八章基于以上章节的分析，对中国古代农业生产商品化经济趋势进行宏观审视以及再度思考，以求探讨商品化经济趋势的现实意义。

本书的撰写目的即本着实用性与可行性的原则，最大限度地满足中国古代经济研究人员、中国古代农业商业化等研究人员开展相关实践，与此同时，更希望能够供研究中国古代经济方面的学生阅读参考，帮助学生促进专业知识的完善。由于笔者水平有限，本书难免会有疏漏之处，恳请广大读者批评指正。

目 录

第一章　中国传统农业的诞生及特征

第一节　中国传统农业发展的自然条件及社会条件

农业是古代中国最基本的经济部门。它是利用生物机体的生命力，把自然界的物质和能量转化为人类最基本的生活资料和原料的生产部门。农业生产过程，实质上是动植物机体及其赖以生长发育的环境条件和人类社会生产劳动这三方面因素相互作用的过程。在农业发生发展过程中，自然条件和自然环境起着十分重要的作用，也就是说一个地区自然禀赋的好坏，在很大程度上决定并制约着当地农业生产的发展水平和发展途径。而且，越是在人类发展的早期，就越是如此。

一、农业发展的自然条件

农业是人类文明的第一块奠基石，没有农业的发展和进步，就不存在人类早期阶段的文明。人们可以把人类早期维持生存的活动分为采集业、狩猎业、种植业、捕鱼业等，而只有农业为人类的生存和发展提供了更为广大、更为稳定的空间和可能。从事农业生产和经营活动，是人类经济活动的一次重要的选择。"公元前 8000 年，世界上只有一些狩猎者和采集者的小集团"，"在此后两千年内，出现了许多村落；在这之后的两千年间，一些村落变成了城镇；又过了两千年，城邦已经发展为帝国"。❶

大约 10000 年前，在世界某些地区，出现了农业和种植业。中国的先民最早成功培育了黍、粟和水稻，并出现了稻作种植；中亚、西亚的先民最早培育了小麦，并出现了麦作种植；在美洲，印第安人最早培育了玉米，并开始了玉米种植。

---

❶　杰弗里·巴勒克拉夫．泰晤士世界历史地图集 [M]．上海：生活·读书·新知三联书店，1985：38.

中国广大黄河流域最早种植的是旱地作物——黍，大约到了公元前 6000 年改为主要种植粟，小麦和黑麦大约是公元前 2000 年开始在中国北方种植的，小麦种植到了汉代已经普及。中国传统农业则主要是建立在麦作农业和稻作农业基础之上。有人估计"就世界范围而言，在渔猎、采集阶段，每 500 公顷的土地，只能养活 2 人；刀耕火种的原始农业时期，同样每 500 公顷的土地能养活 50 人；连续种植的农业，可养活约 1000 人；而集约经营的现代农业，则猛增至 5000 人"。❶

中国农业之所以能较早地发生并较快地发展起来，并成为世界上重要的农业发源地之一，是因为中国为农业提供了优越的自然条件和环境。中国位于亚洲的东部，太平洋的西岸，大部分地区处在温带、暖温带和亚热带，这极易于人类的生存发展，也极易于农业经济的发生发展。

土地是最基本的资源，是农业的基本生产资料，它以其特有的品格和所藏，为人类提供住所，以及赖以生存的粮食和纤维品。黄河流域和长江流域广大富饶的土地，为我们的先民提供了优越的生存条件，尤其是黄河中下游流域的黄土地带。黄土是由西北方沙漠和戈壁地区吹来的尘土堆积而成的，其质地疏松，土性肥沃，有利于农业的发展；黄土具有的柱状节理和垂直节理，使之容易挖穴构屋，具有冬暖夏凉的特点。黄河中游的黄土高原和下游的华北平原以及沿河的台地，为农业活动提供了广阔的耕地。《尚书·禹贡》将天下划分为冀、兖、青、徐、扬、荆、豫、梁、雍这九州，并依据优劣分为九个等级，认为雍州为上上，兖州为上中，青州为上下，豫州为中上，冀州为中中，而这五个州均处在黄河中下游流域。也就是说，在当时人看来，黄河流域是最适宜于人类生存生活和农业生产活动的区域。事实上，长江流域同样为农业的发展提供了优越的土地条件，丰富的水资源和众多的河流使长江流域土地肥沃、气候湿热，极易于农作物的生长。浙江余姚河姆渡遗址的考古发掘已证实，早在 7000 年前，长江流域一些地区就已开始种植水稻；而在稍晚一些时期的良渚文化遗址中，则发现了规模宏大的城池和覆盖辽阔的水利设施。

良好的气候条件是农业发生和发展又一个不可缺少的重要条件。农业气候条件是指一定区域内由气候形成的自然条件，它包括太阳辐射、日照时数、热量、水分和空气，农业生产就是充分有效地利用这些资源来促进动植物成长发育的。中国由于所处地理位置和地形复杂的特点，气候呈现多样性特征。一些主要山脉多呈东—西、东北—西南走向，把中国分割成东、西两部分。西部为内陆气候，

❶　萧洪恩，张玉璋. 国脉民天：长江流域的农耕文明 [M]. 武汉：长江出版社，2013：223.

属干旱和半干旱区；东部为季风气候，属湿润和半湿润区。东部地区大部处于温带、暖温带和亚热带，气候温暖潮湿，又多为平原、丘陵和低山，为农作物耕作提供了优越条件。北方地区受季风影响，冬夏温差很大，冬季寒冷干燥的气流从中国西北侵入，一直抵达长江流域一带，使北方黄河流域冬季寒冷干燥。不过北方旱地作物的种植已经有十分悠久的历史了。

在历史上，中国的气候冷暖交替，几经变迁。中国学者竺可桢指出，在近5000年间，从仰韶文化时期到殷墟时代，是中国的温和气候时代，当时的西安和安阳地区有十分丰富的亚热带植物种类和动物种类。在经历周代初期约两个世纪的寒冷变化后，气候在春秋战国时期又一次变得温暖了。大量的物候资料有力地证明在仰韶文化至战国时代这样一个较长时期的气候要比现在温暖得多。二十四节气是根据战国时期所观测到的黄河流域的气候而定的，那时把霜降定在阴历10月24日，现在开封、洛阳秋天初露约在11月3日—5日；雨水节气，战国定在2月21日，现在终霜期则在3月22日左右。现在这一带的生长季节明显比战国时代短。可见，在战国以前，黄河流域的气候比现在要温暖潮湿，极有利于农业的发生和发展。

江河湖泊既有利于人类的生存与发展，也会危害人类的生存与发展。如何认识和利用江河湖泊，趋利避害，始终是中国古代先民关注的焦点之一。也正因如此，江河湖泊在古代往往直接影响着当时的政治制度、社会制度和经济制度，孕育与之相适应的社会文化习俗和观念。纵观人类社会，人类文明总是起源于大河大江之畔。在尼罗河流域、底格里斯河和幼发拉底河下游流域、印度河流域的哈拉帕和莫恒卓达罗周围地区、爱琴海地区都孕育了最初的人类文明社会。这些地区适宜于灌溉耕作和定居生活的特征，使之成为发展种植业最好的地区。而这些农业发达地区几乎都建立了农业帝国，把自己的文明辐射到邻近地区。

二、农业发展的自然环境

中国的黄河流域和长江流域一直是最重要的经济中心，这里土地肥沃、灌溉便利、地势平缓、气候适宜，是中国历代政府的粮食生产基地和经济依托。也正因如此，历代政府也建立起统一的中央集权体制。这种中央集权体制，不但有利于在分散的农业经营体制基础上建立集中统一领导和政治统治，还有利于中央政府协调和集中全国经济力量，加强对江河湖泊的管理和治理。马克思很早就注意到东方社会的这一特点，认为东方社会由于对河流的利用和治理，必然要求政府建立很强的负责公共工程的职能和部门。美国学者魏特夫更是把中国视为"治水社会"，不过透过中国许多古老的传说，我们能清楚地看到治水在古代政治生活中的重要性。例如，黄河被称为母亲河，它一方面给两岸的居民创造了生存的条件，另一方面也因为不断泛滥给人们带来洪水灾难。相传尧舜之时，洪水为患，鲧、禹父子接受尧、舜的指示开始治水，鲧治水所采取的办法主要是"堵"，但最后失败了，后由其子禹继续治水，"劳身焦思，居外十三年，过家门不敢入"❶。大禹终于通过采用疏通和止塞相结合的办法，治理了河患。可见，中国第一个王朝的第一个社会功能，就是组织人民治理黄河。因此，黄河、长江不仅孕育了中国的农业文明，也在一定程度上塑造了中国古代的社会制度。

中国独特的地形条件对中国农业文明的发生和发展也有着显著的影响。在中国的西南、西北和北方，巍峨的山脉和高原形成了天然的屏障；而在它的东方和东南，则由渤海、黄海、东海和南海所环抱阻隔。这种地势特点，自然而然地形成了一个近于封闭的文化环境，或者说文化地理圈，使我们的先民很少与外界交往，并且能够在较长的时间内保持自己文化鲜明的个性。这种较为封闭的地理环境和文化特征还通过以下几方面表现或折射出来，并得到进一步强化。首先，这种地理环境使中国农业经济得以快速发展，并日趋走上单一发展的道路，各种影响或干扰农业经济生活的外来因素被降到了最低点；其次，这种地理环境也使中国古代农业经济得以开拓和发展，形成了一条由西而东、从北向南的轨迹，而这恰恰是中国传统社会中三次农业化的演进历程；最后，这种地理和文化特征，也使中华民族从一开始就着重于融合与统一，大一统是这一相对封闭环境中的任何一个统治者的政治理想和施政方略。

中国发达的农业经济和农业文明就是在这样的自然条件和环境中成长起来的。大量的考古发掘说明，早在 7000 多年前，黄河流域中游和长江流域下游的原始种植业就已经开始趋向于不同类型的发展。黄河流域中游由于地势较低、气候温和、黄土疏松易耕，具有发展旱地农业的较为理想的条件，成为北方农业的发祥地；长江流域下游则由于雨水充裕、气候湿热，成为中国最早种植水稻的地区。

在中国北方农业生产区域还有一个历史现象需要我们注意到，那就是气候的冷暖交替也是中国传统农业经济时期农牧分界线南北游移、农业民族和游牧民族角逐的重要因素。从中国历史上的气候变化角度来看，中国北方传统农业和畜牧业长期存在着一种胶着状态。气候的周期性冷暖交替导致了北方传统农业与畜牧业的伸缩变化，周期性摇摆的农业和畜牧业分界线是中国传统经济起伏波动的诱因。大概年

---

❶ 司马迁. 图解史记 [M]. 合肥：黄山书社，2015: 20.

平均温度每下降1℃，北方草原就向南推延数百里，伴随着耕地变为草原，游牧民族就会向南发展；反之，年平均温度每上升1℃，则草原更适宜于耕种，农业民族就会向北扩展。几千年来，西北农牧分界线总是在长城内外胶着进退。到了明清时期，政府总想运用制度来稳定农牧分界线。明朝政府主要运用在北方驻扎强大的军队来确保整个控制版图内农业的稳定发展，这的确起到了一定的作用。清朝政府则主要通过加强与其他少数民族的联合来实现农牧分界线持久的稳定。

三、农业发展的社会条件

中国的先民很早就选择了农业生活，并借以维持生存。距今10000年前后，原始的采集业就已开始向原始农业过渡。从目前的考古发现来看，黄河流域的新石器时代早期文化遗址，如河南新郑裴李岗、密县莪沟，以及河北武安磁山、西安半坡村遗址中，都曾有大量的石、骨制农具出土，包括斧、铲、镰、石磨盘、石磨棒等，在这些遗址中还发现有窖藏以及所贮藏的粮食。在浙江余姚河姆渡遗址中也发现有骨耜、木耜和稻谷、稻壳、稻秆，所发现的稻种经鉴定为籼稻，中国是水稻的原产地得到了考古资料的科学印证。到了新石器时代晚期，长江流域和黄河流域以及珠江流域部分地区的先民部落，都已经普遍地形成了以原始农业为主、兼营家畜饲养和采集渔猎的综合经济。

在中国古老的历史传说中，也广泛记述了农业发生和发展的美好故事。例如"神农氏作，斫木为耜，揉木为耒，耒耜之利，以教天下"❶；又如"古者民茹草饮水，采树木之实，食蠃蚌之肉，时多疾病毒伤之害，于是神农乃始教民播种五谷，相土地〔之〕宜、燥湿肥垆高下，尝百草之滋味，水泉之甘苦，令民知所辟就。当此之时，一日而遇七十毒"❷；再如"神农之世，男耕而食，妇织而衣，刑政不用而治，甲兵不起而王"❸。多么美好的神话传说，我们的先民总是把农业的发明权赋予那些早已神灵化了的祖先偶像。透过神化了的外衣，我们仍能体会到以种植业为主的农业发生的艰辛和久远。

到了夏商周时期，以种植业为主的农业已经成为最主要的生产部门。黄河流域大部分地区和长江流域一些地区农业耕作区域日益扩大，游牧业以及其他非农耕经济活动被进一步挤向北部、西北部等边陲地区和山区，广大农业区域的家畜

---

❶ 应劭. 风俗通义全译 [M]. 赵泓，译注. 贵阳：贵州人民出版社，1998：15.
❷ 刘安. 淮南子 [M]. 长沙：岳麓书社，2015：203.
❸ 商鞅，列御寇. 商君书·列子 [M]. 哈尔滨：北方文艺出版社，2018：60.

饲养业则越来越下降成为农耕经济的附庸和补充。特别是在西周时期，农业的地位空前提高。周人的祖先曾因善于农耕，后被尊为农神。周人是长期居于黄土高原、以经营农业为主的部落，周王朝建立后，农业也随之成为社会经济的决定性生产部门。在《诗经》中有许多记述当时农事的诗篇和章句，如《周颂》中仅记述与农事有关的诗就有六篇，《尚书·周书》里也几乎篇篇都有关于农业的文字记录。此外，我们还能从关于井田制的纷繁记述中看出当时黄河流域旱地农田区划、水利灌溉的景象。

中国古老农业的种植结构、耕作形式、交换形式和经营方式也决定了中国农村的家庭结构、社会关系、村落形制、地域分布和空间结构，使中国社会在许多方面都表现出与其他国家和地区很不相同的发展特点。例如，美国学者施坚雅将地理空间结构和集市市场体系引入中国历史研究之中，揭示了中国村落布局的所谓"正六边形"现象，这一理论假设的意义在于揭示了传统农业经济中村落形制和布局的特点。实际上，中国传统农业经济中村落形制和布局还深受农业耕作形式与耕作能力的影响和制约。在传统农业经济形成早期，小农经济分布比较分散，户与户之间的距离也比后来要疏松，这才有了井田制的种种美好记忆和传说，实际上它本身就是小农聚居的一种村落形制。到了传统农业经济发展的中后期，随着人口的增多、土地的稀缺，小农经济日益走向精耕细作的密集型农业，人们居住的空间距离缩小，形成了更加紧密的村落形制。村落的出现和密度的增大从一定意义上讲是传统文化成长的广阔基础。

正是由于农业经济地位的空前提高，政府的经济政策和经济思想也表现出明显的重农倾向。早在西周时期，政府为了推动农业生产活动，形成并制定了一整套"籍田"礼仪。《诗经·载芟》序有"春籍田而祈社稷也"的记载，《载芟》一诗记述了各级官员和农人在春日的大田里劳作的景象，实际上反映的就是周天子"籍田"的场景。《通典·礼六》记述曰："天子孟春之月，乃择元辰，亲载耒耜，置之车佑，帅公卿诸侯大夫，躬耕籍田千亩于南郊。冕而朱紘，躬秉耒，天子三推，以事天地山川社稷先古。"❶ 讲述的就是在孟春正月，周天子率领诸侯大臣亲自耕田，完成这种典礼，然后全国再开始大规模的春耕生产。这种"籍田"的仪式性意义很大，表示政府重视农业生产活动。史册上记载，到了西周末年，周宣王竟改成规，"不籍千亩"，遭到虢文公的激烈反对。虢文公苦口婆心地劝周宣王说："夫民之大事在农，上帝之粢盛于是乎出，民之蕃庶于是乎生，事之供给于是乎在，

---

❶ 杜佑.通典[M].北京：中华书局，1988：1284.

和协辑睦于是乎兴，财用蕃殖于是乎始，敦庞纯固于是乎成，是故稷为大官。"●
因此"王事唯农是务，无有求利于其官，以干农功，三时务农而一时讲武，故征则
有威，守则有财。若是，乃能媚于神而和于民矣，则享祀时至而布施优裕也"●。
这种鲜明的重农经济思想是西周社会经济思想的基本特征和基本价值取向。

随着农业的发展，农业文明在中国开始了它辉煌的发展历程。从原始的刀耕
火种，到锄耕农业，再到犁耕农业，我们的先民在漫长的岁月中一步一步地推动
着农业向纵深发展。到了战国秦汉时期，农业生产和农业经济在中国的社会生产
和社会经济中，已经占据了绝对的统治地位，农业文明得到了充分的发展，种植
业和植物界成为中国人民最主要的衣食之源。在这一点上，表现出与欧洲农业发
展的巨大差别。

春秋以降，中国社会进入了一个大变革时期，农业生产的发展也进入一个新
的阶段。尤其是到了战国秦汉时期，随着小麦种植的日益普遍、铁器农具的广泛
使用、牛耕的逐渐推广，农业社会生产力有了很大提高。加之社会政治和经济等
方面的剧烈变革，也强化了农业的地位和作用。秦汉之后的中国社会，就是建立
在这种传统农业经济基础之上的。虽是王朝更迭、百代兴亡，但这种传统农业经
济结构和地位却日趋牢固。

第二节　中国传统农业的确立及特征

中国农业在经历了漫长的原始农业发展阶段之后，逐步向更高的农业经济形
态——传统农业经济阶段转化。这一转化可追溯到春秋时期，到战国秦汉时期传统
农业经济形成并确立。此后的两千多年来，传统农业一直是中国社会经济的基石。
没有发达的传统农业经济，就不会有中国历史上的汉唐盛世、古老文明。中国传
统社会的一切文明成就，都是在这种传统农业经济基础上取得的。高度发达的传
统农业支撑和推动了中国的社会发展。不了解中国传统农业，就不可能理解中国
传统社会。

❶ 邬国义，胡果文，李晓路 . 国语译注 [M]. 上海：上海古籍出版社，2017：12.
❷ 左丘明 . 国语 [M]. 上海：上海古籍出版社，2015：14.

一、中国传统农业的确立

中国传统农业经济在春秋后期开始取代原始农业，并在战国秦汉时期最终确立。春秋战国是中国历史上社会经济剧烈变革的时期，来自经济的力量和非经济的力量日益加剧，从而推动了这一时期的社会转型。旧的根基于夏商周三代的宗法组织、宗法制度受到了严峻的挑战，宗法社会关系、宗法社会结构也受到了猛烈的冲击。原有的基于宗法的有序社会状态被打破了，原有的宗法等级序列也被超越了。经过春秋时期齐、宋、晋、秦、楚五霸相争，战国时期齐、楚、燕、韩、赵、魏、秦七雄并立，整个社会都呈现出一种"礼崩乐坏"的局面。历史家司马迁描述这种状态："自是以后，天下争于战国，贵诈力而贱仁义，先富有而后推让。故庶人之富者或累巨万，而贫者或不厌糟糠；有国强者或并群小以臣诸侯，而弱国或绝祀而灭世。"❶中国历史上重大的社会转型就是在这种"礼崩乐坏"的变动中实现的。

在这种剧烈的社会变革中，新的更适合于社会生产力发展的社会经济组织和社会经济制度也在悄悄地形成。也就是说，战国秦汉的发展，所呈现的恰恰也是从原有的无序到新的有序的演变，在旧的有序被破坏的无序中，一种新的有序社会状态、一个新的社会序列正在形成。而这一新的社会经济组织和社会经济制度确立的突出标志，就是以个体小农的小规模经营，以精耕细作和劳动力大量投入为特点的中国传统农业经济结构的形成和确立。

在战国秦汉时期，导致并促使传统农业经济结构形成并确立的因素是多重的，其中最重要的因素有以下几方面。

（一）社会生产力提供了物质技术条件

战国秦汉时期社会生产力显著提高，集中体现为农业生产工具、农业动力结构和农业技术体系的改进，这就为农业向更广阔的地域拓展和农业向精耕细作式的小规模经营转化提供了必要的物质技术条件。

农业生产工具的变革突出表现为铁制农具的大量使用。在中国，铁制农具最早出现于春秋时期，战国秦汉时期已普遍应用于农业生产之中。据考古发掘证实，战国时期冶铁业已相当发达，铁制农具已相当完备，目前发现的铁制农具有锹、镰、镐、锄、铲、耙、犁、镢、锛等。当时有"美金以铸剑戟，试诸狗马；恶金以

---

❶ 司马迁. 史记精解 [M]. 北京：中国华侨出版社，2016：70.

铸锄夷斤斸，试诸壤土"❶ 的说法，所谓"恶金"指的就是铁。对当时的农业生产者来说，铁制农具是从事农业生产活动必不可少的装备，正所谓"耕者必有一耒一耜一铫，若其事立"❷。到了西汉时期，铁制农具在农业生产中的地位就更加重要了，在《盐铁论》中有"铁器者，农夫之死生"❸ 的记载。铁器的广泛使用，使农业生产活动发生重大变化，大量过去通过木石工具无法开垦利用的土地被开辟为农田，农业的种植面积得到了空前的扩大，农业耕种活动也变得越来越便捷省力，农业精耕细作耕作方式开始向纵深发展。

农业动力结构的变革表现为犁的发明和牛耕的使用与推广。犁的发明在中国农具发展史上具有划时代的意义，它预示着一场深刻的农业革命。从河南辉县出土的战国犁来看，它呈 V 字形，还没有设计犁壁，因此这种铁犁主要用于破土划沟。西汉关中地区的犁已相当先进，有铧有壁，既有单壁的，也有双壁的，这种犁具备了翻土、灭茬、开沟、作垄等多种功能。铁犁的广泛使用和改进，极大地提高了农业耕作效率和耕作水平。利用大牲畜作为人类经济活动的动力资源，是人类在利用和改造自然过程中的重大进步，它加强了人的活动能力并使之得以扩展和延伸。特别是在农业生产领域，牛耕的使用具有标志性的意义，牛耕在战国时期已被人们普遍使用，到了秦汉时代更成为农业生产不可缺少的动力。由于大牲畜在农业生产中的地位越来越高，保护耕牛也日益重要。商鞅在秦国制定的法规规定，对于盗窃牛马等大牲畜的人要严加治罪，"盗马者死，盗牛者加"❹；在《睡虎地秦墓竹简》中也发现有记述着许多对盗牛者进行严厉惩罚的条款。牛耕和犁的使用，为中国传统农业奠定了基本的物质技术基础，在之后的两千多年中，这种技术基础都没有发生根本性改变。

（二）社会政治改革加速经济结构确立

春秋战国时期的各国社会政治改革，强有力地促进了小农经济的形成并推动了传统农业经济结构的确立。这一时期各国政治改革的主要目的之一就是富国强兵，希望在新的多国政治角逐中居于有利地位。富国强兵最有效的途径就是加强并发展以个体小农为特征的传统农业经济。

社会政治改革无论是主动的还是被动的，不仅挽救了当时普遍而深刻的社会

❶ 左丘明. 国语 [M]. 上海：上海古籍出版社，2015: 158.
❷ 刘绩补注. 管子补注 [M]. 南京：凤凰出版社，2016: 433.
❸ 李敖. 礼记·康济录·盐铁论 [M]. 天津：天津古籍出版社，2016: 282.
❹ 杨宽. 战国史 [M]. 上海：上海人民出版社，2016: 219.

政治与经济危机，也有效地选择了未来发展的方向，塑造了新的社会经济结构的雏形。由于时代的急剧变化，各国的改革此起彼伏、相互效法，成为一种强烈的社会政治风尚。危机提供着机会，动荡加速了选择。管仲在齐国的改革、子产在郑国的改革、吴起在楚国的改革、李悝在魏国的改革、商鞅在秦国的改革，都不约而同地强化着传统农业经济的选择方向，促进着传统农业经济结构的形成和确立。所谓"万乘之国，兵不可以无主，土地博大，野不可以无吏；……地博而国贫者，野不辟也；民众而兵弱者，民无取也"❶，这说明军事和农业的关系就是强兵和富国的关系。

富国是进行政治改革的经济目标，强兵是进行政治改革的军事目标，而富国强兵本身又是各国追求的政治目标。李悝（前 455—前 395 年）在魏国进行社会政治改革成功的重要因素，就是他紧紧抓住对农业的改革。他在魏国实行"尽地力之教"，即充分合理地利用土地，发挥农民的劳动积极性，解决人多地少的矛盾，提高农业生产效率。要达到这样的目的，只有大力发展小农经济，保持并维护小农经济的再生产。同时加强政府对农业生产的干预，通过改善政府平籴措施和赋税政策，使小农经济抗御自然灾害和维持再生产的能力提高。李悝改革"行之魏国，国以富强"。

秦孝公梦想通过推行政治改革来改变秦国落后的面貌，商鞅（约前 395—前 338 年）借此机会为秦国改革献计献策。为了试探秦孝公的改革决心，他为秦孝公讲"王道"和"帝道"，秦孝公不以为然，这让商鞅受到了冷遇。他抓住机会转而为秦孝公讲"霸道"，则让孝公精神为之一振，大加赞赏。商鞅从此得到重用，开始在秦国变法改革。这一事实本身很能反映当时各国统治者的一般心态和政治愿望，富国强兵的"霸道"就是当时的一种合理的生存选择。古人早就明确地揭示了这样的历史逻辑："民事农则田垦，田垦则粟多，粟多则国富，国富则兵强，兵强则战胜，战胜则地广。"❷ 农业经济攸关国计民生、国家存亡，农业生活被赋予了一种超乎经济之外的政治意义。

战国时期各国中变法最为彻底、所遇阻力较小而成效较大的要数秦国的商鞅变法。商鞅变法的指导思想就是"治世不一道，便国不必法古。汤、武之王也，不循古而兴，殷、夏之灭也，不易礼而亡。然则反古者未必可非，循礼者未足多是

---

❶ 管仲.管子 [M].刘晓艺,校点.上海：上海古籍出版社，2015.

❷ 管仲.管子 [M].刘晓艺,校点.上海：上海古籍出版社，2015：323.

也"[1]。他主张"当时而立法，因时而制礼"。商鞅变法的核心内容之一，就是要在秦国建立以小农经济为基础的传统农业经济结构。公元前359年，在秦孝公的支持下，他在秦国推行《垦草令》，以此拉开变法的序幕。公元前356年开始较为彻底的变法改革，他把培植小农经济作为发展农业生产的前提，首先"为田开阡陌封疆"，把过去旧的土地制度废除，使土地经营者和农业生产者与土地结合起来，由他们专心致力于农业生产，"以静生民之业而一其俗，劝民耕农利土，一室无二事"[2]。为了促进并确保小规模土地经营，政府明令解散大家庭，"民有二男以上不分异者，倍其赋"，并"令民父子兄弟同室内息者为禁"。而最极端的做法就是他的"农战"政策，把农业生产和英勇作战紧密结合起来，为了奖励农业生产和勇敢作战，规定凡"僇力本业，耕织致粟帛多者复其身"，即免除其徭役负担；凡积极参军、勇猛作战者，则"各以率受上爵"。重视农业和战争，势必抑制并限制各种非农战的经济社会活动，对"事末利及怠而贫者，举以为收孥"。与此同时，广泛招徕三晋无地少地的农民到秦国开荒垦田，政府给予经济扶持并免其三代徭役。

小农经济焕发出的巨大生产能力是秦国得以统一中国的深刻根源。应该说，中国农业发展到战国时期，无论是在生产组织方面，还是在经营方式上都找到了突破口，这便是小农经济所表现出的在经济上的巨大优越性。秦汉时代，小农经济已是汪洋大海，传统农业经济结构已经形成并确立。

（三）连绵战争的剧烈催化作用

连绵数百年的大小战争，对传统农业经济的形成和确立也起到了强有力的催化作用。战争是政治和经济的继续，是一种激烈的政治和经济力量对峙与冲突的表现形式，战争总是体现着一定政治关系和经济关系的要求。

战国秦汉时期频繁的战争成为震撼和动摇旧的政治格局、经济关系的强有力的冲击波，催化和促进着新的政治格局、经济关系的形成和确立，特别是传统农业经济结构的形成。第一，这一时期战争的目的基本上都是为了争城略地、抢夺人口。土地和人口是进行农业生产的最重要的两个因素，也是各国统治者争霸角逐中最关心的事情。"诸侯之宝三：土地、人民、政事"。争夺土地和人口，就是争夺势力范围。第二，战争使社会政治格局和经济格局发生了巨大的变化，社会各阶层的地位也出现了空前的大调整。旧的等级制度在频繁的战争中日渐摧毁，

---

❶ 广东师范学院中文系编.《商君书·更法》 荀况《天论》 韩非《五蠹》译注 [M]. 广州：广东人民出版社，1974: 6.

❷ 司马迁. 史记 [M]. 长沙：岳麓书店，2016: 569.

旧的经济格局也在剧烈的争霸中被超越。战争瓦解了夏商周时期的土地公有制和残存的农村公社组织,使大量的村社成员摆脱旧的经济组织的牢固束缚,得到人身自由。第三,战争使土地占有普遍化,许多人因立军功得到了数量可观的土地,这为他们选择新的经营形式提供了可能。这种重新分配土地资源的做法,直接目的虽然是鼓励作战英勇无畏,但它却为土地私有化创造了契机。《管子》中曾讲:"良田不在战士,三年而兵弱。"在这样一个历史关头,战争就是一种"腐蚀剂",瓦解着旧的社会秩序;战争又是一种"催化剂",加速了新的社会关系的壮大。

正是在以上诸因素的综合作用下,传统农业经济结构形成和确立的前提条件日渐成熟。

二、中国传统农业的特征

传统农业是世界上许多国家和地区农业发展的一个必经阶段。工业化之前的欧洲农业、19 世纪以前的亚洲农业以及其他一些地区的农业都基本上处在传统农业阶段。与原始农业相比,传统农业的一般特点可概括为以下几个方面。

(一)农业生产工具明显改进

原始农业的生产工具主要是木石复合工具,生产工具的简陋使原始农业无法大规模扩展开来。传统农业时期较为先进的铁木复合农具代替了木石复合的原始农具,农具的种类也因农业生产活动的多样化而大大增多。在中国传统农业生产活动中,相继发明和推广了铁犁、耧车、风车、水车、石磨等农业耕作、水利灌溉和农业加工方面的新型生产工具。尤其是铁器等金属工具的广泛使用,极大地提高了农业生产力,改变了传统农业的发展水平和发展面貌。

(二)农业动力资源充分开发

在原始农业时期,人是农业生产活动的主要动力,《诗经》中记述的"耦耕"大概就是一种原始农业的劳动形式,所谓"千耦其耘""十千维耦";春秋时期子产讲到郑国先民在建立国家之初,"庸次比耦,以艾杀此地"[1],也是一种原始农业的开垦方式。除了农业生产者以外,在传统农业中人们广泛地使用畜力和其他自然力从事农业生产活动。牛、马等大牲畜日益成为农业活动的重要动力,为农业向更广更深层次的发展创造了条件,过去难以利用的土地被开垦出来,并通过深耕细耨等耕作方式得到了改良。同时,水力、风力等自然力也开发利用,为人类的生存与发展服务。

---

❶ 左丘明.左传全鉴 [M].北京:中国纺织出版社,2016:241.

（三）农业知识与技术体系日益完善

原始农业的技术体系十分简陋，随着人类农业经济活动的深入，传统农业系统的技术体系也日益完善。例如，选择作物和畜禽良种、农业耕作和田间管理、积制农家肥料与农田施肥、农业灌溉系统与兴修水利、防治农作物病虫害、采用较先进的畜禽饲养技术等都日趋完善。在中国传统农业经济中，形成了一整套农业知识体系和农业技术体系，这是世界上传统经济时代最为发达的知识与技术体系。农业是传统社会中技术创新最多、技术装备最好的经济部门之一。

（四）农业经营组织日益小型化趋势

随着社会经济的发展，在农业经济领域中古老的集体劳动，在世界许多地方都被陆续放弃。代之而起的，在欧洲是在此基础上形成的庄园农奴式的经营方式，在中国则是在此基础上形成的个体小农式的经营方式，农业经营组织有向日益小型化发展的趋势。中国这种农业小规模经营是当时经济技术条件下的最佳选择，这种农业经营组织和经营形式很好地利用了家庭血亲关系，对合理安排并组织生产、调动家庭劳动者的生产热情，具有天然的优势。

农业是古代社会中对文明发展最具决定性意义的经济活动。我们考察世界任何一个地方的文明发展，都会发现农业比较发展的地区就是文明最早产生的地区，而农业的任何一次变革，无论是农业生产力还是农业生产关系的变化，都会对文明发展产生巨大的影响。仅以铁制农具和大牲畜的使用以及耕作制变化来考察，许多国家和地区在很早以前就已开始使用金属工具，特别是较为先进的犁和农田轮作制。在幼发拉底河和底格里斯河一带，公元前 2000 年左右就开始使用牛挽犁耕作，公元前 10 世纪左右，铁犁、铁锄已经很普遍。在古代埃及，公元前 21 世纪前后发明了犁，公元前 15 世纪左右出现轮作制，公元前 6—前 5 世纪逐渐普及了铁制农具。在古代印度，公元前 4—前 3 世纪，铁制农具已经普遍使用，并开始实行轮作制和农田施肥。在爱琴海地区和意大利半岛，公元前 8 世纪前后便进入铁制农具普遍使用时期。在以上这些地区，较为发达的农业是促进并支撑这些地区出现古老文明和文明成果的根本原因。

中国农业的产生不是世界上最早的，在较早的时期农业的发展水平也不是世界上最突出的。但是，中国传统农业的产生和发展却是超常的。也就是说，传统农业经济在中国得到了异乎寻常的发展，已经有了两千多年的积淀历史和发展历程了。纵观世界，中国的传统农业经济发展得如此充分，历经这样漫长的过程而没有中断和衰亡，的确是绝无仅有的。

第三节　中国传统农业文明的兴起

中国传统农业经济结构形成和确立之后，即开始了其漫长而辉煌的发展历程。它开辟了中国传统农业向纵深发展的道路，越来越走向以种植业为主的单一农业发展道路；它将广阔的非农业区域融合为农业经济区域，为传统农业扩张创造了广阔的地域空间；它以精耕细作的农业生产和小农经济的农业经营，养育了数量众多的人口，构筑了东方农业大国的基石；它孕育了举世少有的农业文化和农业文明，支撑了高度发达的文明价值体系的运行。可以说，如果没有传统农业的高度发展，没有传统农业所取得的辉煌成就，古老的中国文明就不会如此发达。

中国传统农业能够在漫长的历史中迅速发展，根本原因在于传统农业文化所表现的巨大优势。罗伯特·D.卡普兰在研究人类文明发展史时指出，有一个重要的法则即文化优势法则存在于文化进化过程中。它包括两种形式：一种是某种文化或文化类型将通过加强其适应性确立自己在一个特殊环境中的地位，它是作为能最有效地利用那一环境的类型而生成的；另一种是某种文化的发展必须具有对更大范围里各类环境的更强的适应能力，并对这些环境中的资源具有更高的利用水平。也就是说，这一法则提示的是一个文化系统只能在这样的环境中被确立：在这个环境中人的劳动同自然的能量转换比例高于其他转换系统的有效率。❶ 中国传统农业之所以在东亚这片广袤的土地上生根开花，也在于它表现出了这种巨大的文化优势。中国是一个建立在集中的农业经济基础上的复合文明体，这种集中是建设灌溉和排水的大规模公共设施，以及用以交通的巨大运河网络的结果。所有这些使谷物生产有余，而对于剩余谷物的集中和再分配，则决定了政治力量的集中。中国文化在地域上扩展的主导方向，始终是南方。由于南方有着特别丰饶的长江流域，它很容易使中国农业文化所依赖的高度集权系统得以实施，所以向南方的扩展几乎没有遇到什么障碍。由于北方在生态上的巨大差异，特别是草原地区缺水，使它只能发展畜牧业，而不能融汇于大河流域的大一统农业文化。中国农业文化在它的环境界线内被证明是极有成效的。一旦出了这个界线，中国农业文化的热力学优势便告失落，其他系统便被证明为更有效益。

正因如此，中国传统农业在这个能够充分表现其优势的环境中获得了超常的

---

❶ 托马斯·哈定. 文化与进化 [M]. 杭州：浙江人民出版社，1987：60.

发展，取得了辉煌的成就。概括起来，表现在以下几个方面。

一、传统农业经济超常规的发展

在两千余年的发展中，中国传统农业经济达到了传统时代的最高成就。集中表现为以下几个方面。

第一，从农业生产中所利用的动植物来看，中国传统农业经济在发展过程中驯化了大量的野生动植物，培育了数以万计的优良品种，从而使中国成为世界上栽培植物的重要发源地和作物品种资源最丰富的国家之一。据国外学者的研究报告，目前世界上栽培植物大约有 1200 种，其中 200 种直接发源于中国。1935 年，苏联学者瓦维洛夫在《育种的植物地理学基础》中提出了"植物起源中心学说"，并绘制了栽培植物起源中心图，将作物起源分为 8 个独立的起源中心和 3 个副中心 ❶，称中国是"第一个最大的独立的世界农业发源地和栽培植物起源地"。20 世纪 70 年代，西方学者哈兰提出栽培作物起源为 6 个中心，即 3 个起源中心和 3 个非起源中心，中国被列为 3 个起源中心之一。这其中相当一部分品种在中国传统农业时期得到高度发展，水稻、小麦、粟等成为中国人民主要的粮食种植作物，到了明清时期，玉米、番薯等作物传入中国，丰富了中国人民的饮食。

第二，从利用土地、保持地力来看，中国传统农业经济创造了传统时代世界的最高水平。为了充分、有效地利用有限的土地，维持庞大的人口和促进农业文明的发展，传统农业开辟了大量的肥源，以人工劳动和人的智慧参与了土地肥力的恢复过程，创造了一系列的轮作复种方法。勤劳与智慧的先民们开辟了粪肥、绿肥、泥肥、饼肥、骨肥、灰肥、矿肥、杂肥等多种肥源，创造了沤肥、堆肥、熏土等一系列肥料积制方法，从而能够较长时期地维持和提高土地肥力。与此同时，中国传统农业还广泛运用了轮作、连作、间作套种、混作等栽培方法，大大地提高了土地利用率。在欧洲中世纪普遍实行休闲农作制的二田制和三田制时，中国早已采用二年三熟制、一年两熟制甚至一年三熟制。

第三，从农艺技术看，中国传统农业在独特的环境中创造了一整套精耕细作的农艺技术体系，使中国传统农业经济的粮食单产达到了传统时代世界的最高水平。据罗马时代《克路美拉农书》记载，在公元前后欧洲农业的收获量，一般只有

---

❶ 瓦维洛夫讲的 8 个独立起源中心是：中国起源中心、印度起源中心、中亚起源中心、近东起源中心、地中海起源中心、埃塞俄比亚起源中心、墨西哥南部和中美洲起源中心、南美起源中心。

播种量的 4—5 倍；而据大约同期的《云梦秦简》推算，中国当时农业的收获量至少已达播种量的十多倍。据 13 世纪英国的《亨利农书》记载，当时英国农业的收获量只有播种量的 3 倍，整个中世纪欧洲大陆的农业生产水平也高不出这个水平多少；而据 17 世纪中国的《补农书》记载，太湖地区农业的收获量已达播种量的 30 倍。这种成就就是通过不断深化精耕细作、竭尽人力所能而取得的。

第四，从农业生产经验的积累和总结看，中国传统农业由于发展较为充分，生产经验也十分丰富。因此，中国历史上编著了大量的农书，使中国成为世界上拥有农业典籍最丰富的国家。据统计，中国历代农书有 500 多部，留传至今的有 300 多部。这些农书包括了农、林、牧、副、渔等各个方面，其中不少是世界上最早的农业专著，具有很高的科学价值。虽然由于传统时代个体小农的文化程度远未达到学习这些书本知识并推广应用的要求，但是这些农书的产生必然源于丰富的农业生产经验。

二、传统农业的发展深度与广度

中国传统农业发展，一方面表现为农业生产组织和农业生产技术的不断发展和改进，即表现为一家一户的个体小农经济精耕细作的小规模经营发展；另一方面表现为传统农业经济区域的不断扩张，即表现为大量宜垦殖的非农区域的农业化。

中国传统农业在几千年的发展中形成了两种发展趋势，一是内涵式发展的趋势，即日益走向精耕细作的小规模经营的发展趋势；二是外延式发展的趋势，即传统农业不断改造其他经济区域的趋势。这两种趋势始终同时并存，只是在不同的历史时期各自表现的强弱不同，发展的途径不同。

中国传统农业最早是在黄河、长江流域建立起来的，随后不断地向四周扩展，包括岭南的珠江流域、西北的河西走廊、西南的巴蜀地区以及东北辽河流域相继被开发。因此，传统社会的经济中心也逐渐由西向东、由北向南进行转移。

春秋战国时期，中国传统农业经济的主要活动区域集中在黄河中下游地区，今天的关中地区在当时更以其优越的环境和资源条件成为农牧业发展的理想王国。战国秦汉时期，黄河下游和四川盆地农业经济迅速发展起来，长江流域也得到进一步开发。魏晋南北朝时期的战火硝烟，严重破坏了黄河流域农业生产和生活的正常运行，却促进了南方农业经济的飞速发展。所以，至隋唐时期，长江流域已经上升为同黄河流域具有同样重要地位的农业经济区了。两宋时期，南方经济由于长江流域农业的繁盛和珠江流域农业开发的成功，最终超过了北方黄河流域。

明清时期中国传统农业最主要的成就，就是东北辽河流域的开发。可见，中国传统农业经济区不断扩大，大量非农地区被具有巨大文化优势的农业经济融合。

三、传统农业形成的单一经济结构

中国传统农业经济结构创造了农业经济的单一经济结构的超常发展。个体小农的小规模经营和精耕细作的农业经营方式，赋予了传统农业巨大的发展潜力和经济优势。

中国传统农业经济结构日益向着单一的农业发展经营方式转变，它既不是农牧结合的经济形式，又不是农工结合的经济形式。传统农业以其巨大的经济优越性排挤着其他各种经济活动，这种排他性使中国没有像欧洲或其他一些地方那样出现混合的经济形式，而是在很早之前就形成并不断强化了以农业为主的经济形式，具体而言就是以种植业为主的经济形式。从整个传统时代国家经济成分构成看，非农经济部门的发展受到来自农业的强大限制，所占比重呈减小趋势；从经济区域变迁来看，北部相当规模的宜耕宜牧地区均被农业化，南方许多可渔可农的地区也转向以农为主。可以说，传统农业经济区早已达到了它的极限规模；从个体小农家庭经济活动来看，非农活动也少得近乎于没有，仅存的一点家庭手工业也被纳入利用农闲时间，弥补农业经济收入不足的范围。单一的农业经济的超常发展，提供了传统时代所能达到的最高粮食供给，成为确保庞大人口数量、促进农业文明繁荣和维持农业帝国昌盛的根本物质基础。

四、传统农业是传统文化的坚实基础

中国传统农业经济的超常发展，不仅为传统时代的各种非农经济部门，如商业、手工业等的存在和发展提供了可能，使中国传统工商业取得了长足发展，还为在世界上独树一帜的中国传统文化提供了坚实的基础和富饶的土壤。

中国传统文化就是深深地植根于发达的农业经济活动之上的，是典型的农业文化。也正是由于它所建立的经济基础牢不可破，使它成为世界历史上唯一没有被彻底摧毁过的文化。《泰晤士世界历史地图集》这样描绘宋元时期的中国："宋时中国的经济仍然继续发展，750—1100 年之间人口成倍增长；贸易达到新水平，围绕着初期宋的首都开封一个大的工业中心建立起来了。即使失掉北方之后，宋代中国还是非常繁华。它的南部领土比古老的中国北部心脏地带生产更发达。人口继续迅速增加，贸易和工业兴旺，首都杭州无可置疑地成了世界的大都市。""在 13 世纪时，中国仍然人口众多、出产丰富，它的社会秩序也很安定，它的科学和

技术远甚于同时代的欧洲，在这整个期间，中国是世界上最强大的国家，中国的文化是世界上最光辉的。"❶ 科技史学者李约瑟也指出，中国历史上的航海事业是很发达的，"在 1100—1450 年之间肯定是世界上最伟大的"。源于农业生活和宗法伦理的儒家文化，不但统治了中国两千多年，而且也以很强的感召力和穿透力影响了周边的许多国家。

第四节　中国古代重农政策及措施

　　任何一个政府的政策目标和原则都不是随意制定或更改的，作为体系和目标的政策，不同于为权宜之计而制定的政策措施，它必然反映着这个政府的根本利益要求。也就是说，作为目标和原则的政策体系，必然受它赖以存在的那个社会的种种制约和影响。一是它无法摆脱社会经济结构的制约和影响。经济结构是社会最基本、最主要的方面，它是经济政策服务的对象，因而制约着政策目标的基本方面，使之能够适应并促进经济结构自身稳定和发展的要求。二是它无法摆脱社会政治结构的制约和影响。社会政治结构作为社会关系的集中反映，体现着各个阶层不同的地位关系和利益要求，它理所当然地制约并影响政府的政策目标和原则。三是它无法摆脱在社会中占主导地位的价值观或价值取向的制约和影响。价值观或价值取向不仅反映着人们对社会的认识和理解程度，还反映着人们对社会的期望和选择。

　　在中国传统社会中，农业是第一重要的产业政策和思想始终没有动摇。它是历代王朝执政政策目标和原则的基本出发点与指导思想，即农业第一，几乎都无一例外地积极奉行重视农业生产的政策，制定一系列措施确保农业生产的正常进行。在传统经济思想中，重农思想也得到了一定程度的发展，甚至是极端的发挥。大约到了西汉时期，已经形成并建立起了一整套重视农业生产的政策体系和措施体系。

一、传统农业牢固的地位

　　对农业生产的重视同农业在国家经济中地位和作用的加强有直接关系。战国

---

❶ 　杰弗里·巴勒克拉夫．泰晤士世界历史地图集[M]．北京：生活·读书·新知三联书店，1985：126-127.

秦汉以来，由于农业的高度发展，其在经济上的优越性越来越明显，逐渐被社会各阶层认识，农业也逐渐取代其他各种从经济收益上远远不如农业的经济部门。在这种背景下，重农思想迅速发展起来，特别是随着战国时期各国政治经济改革的进行，重农更是成为当时政治家和思想家的普遍认识与共同主张。管仲、李悝、商鞅等都把提高农业地位、加强农业作用、促进农业发展，当作他们进行改革的重要内容。尤其是商鞅变法，把重农思想和政策推向了极端，其核心思想就是"农战"，将农业和战争紧密地结合在一起。一面大力发展农业生产、扩大垦种面积、鼓励人口增殖和小农经济发展，以提高和加强国家的经济实力；另一面积极扩军备战，提高军事作战能力，参与国家统一的角逐。秦国的商鞅变法取得了明显的成效，为秦统一全国奠定了坚实的基础。同时，它的重农思想和政策，也为后世历代王朝实施重农政策和措施开创了先河。

在战国秦汉时期形成的农业第一的政策目标和原则，有力地推动了中国传统社会经济的农业化趋势，推动了中国传统农业经济结构的最终确立。虽然由于时代的变化和要求的不同，在宋以后这种农业化趋势已经暴露出其严重的发展局限性。但从总体上看，在整个传统农业时代，这一经济政策目标和原则始终未变。

二、农业第一的政策措施

仅以汉代为例，我们就可以清楚地看出传统社会农业第一的政策目标和原则是通过怎样的方式实现的。

（一）政府积极推行以农为本的政策，即"劝农政策"

历代王朝在经济领域都大力倡导农业的绝对领先地位，提倡以农为本。汉代政论家贾谊指出：农业的地位十分重要，"国以为本，君以为本，吏以为本"，这就是说国家、君主、官吏都要以农业为根本。正因为如此，政府对努力从事农业生产的人给以各种优惠。他建议的农业优惠措施，一是政府要减除这些人承担的各种赋役负担，让农民们专心致志从事农业生产。例如，汉朝常常"举民孝悌力田者复其身"；二是政府要通过多种方式对在农业上有贡献或生产粮食多的农民给予奖赏，号召人们向他们学习；三是政府要把各地农业生产的好坏当作对各级地方官员政绩考核的主要内容，所以在汉王朝中央政府的带动下，各级地方官吏已多有劝农之举，诸如兴修水利、推广牛耕、改良技术等。

（二）政府实行"贵粟政策"，即高度重视粮食生产政策

政府实行"贵粟政策"，绝不仅仅是从国家重视粮食等农产品生产这个角度来说的。它集中体现了传统社会政府的基本价值观，即农业既然是财富的唯一来源，

那么从事农业生产的人就应当拥有较高的社会地位并享有较高的政治荣誉。许多政治家都深刻地论述过这一问题，以汉代晁错为例，他说："欲民务农，在于贵粟；贵粟之道，在于使民以粟为赏罚。今募天下人粟县官，得以拜爵，得以除罪。""爵者，上之所擅，出于口而无穷；粟者，民之所种，生于地而不乏。"❶ 利用人们求福避祸的心理推动农业发展。通过实行"贵粟政策"，使政治地位、社会地位同生产贡献紧密联系起来。

（三）政府对农业生产实行轻征税收的政策

轻征农业赋税是传统社会政府促进农业发展的一项重要的经济政策，往往也成为人们衡量一个政府好坏的标准之一。征收农业赋税的多少，一方面取决于农业的状况，即农业本身的发展水平以及它能够提供的剩余产品数量；另一方面也取决于政府的财政需要，农业始终是传统政府财政的主要来源。因此，既要确保农业生产顺利进行，又要维持政府财政的正常运转，就成为传统政府赋税政策的基本前提。汉代"约法省禁，轻田赋，什伍而税一，量吏禄，度官用，以赋于民"❷。后又改为三十税一。这种轻征农业赋税的做法，时常成为后世王朝所效法的榜样。

（四）政府限制迁徙权和职业选择，确保劳动者专心务农

农业生产能否正常进行，首先取决于农业生产者与土地的结合是否稳定。如果农业生产者频繁的迁徙和职业选择的频繁波动，将十分不利于农业生产的正常进行。例如，西汉政府就严格限制农业人口外流或从事其他非农经济活动，通过户籍制度和打击流亡的措施，保证这一政策得到切实实施；同时还推动农业生产者与土地的结合，对农业人口由狭乡移向宽乡或垦荒实边，都要求通过政府来积极推动和引导。这一系列政策措施，都把农民牢牢地束缚在土地之上，终生躬耕南亩，不得有见异思迁之想。这一政策措施在此后的两千多年间没有什么大的改变。

（五）政府制定了各种救济赈贷措施、设立常平仓制度

中国的自然条件周期性变动大，灾害性气候时有发生。小农经济组织由于生产规模小、经济力量弱，所以抵御各种天灾人祸的能力也较低，往往一遇灾害便纷纷破产，条件稍有改善则蜂拥再起。这种极端脆弱性和顽强再生性特点，要求政府提供必要的保护和支持。因此，传统社会政府总是要承担救济赈贷的经济职

---

❶ 吴楚材.古文观止 [M].西安：三秦出版社，2017：139.

❷ 白寿彝编；文史英华·典志卷 [M].曾贻芬，编注.长沙：湖南出版社，1993：42.

能，并设立常平仓以调剂农产品欠丰和农产品价格浮动。

（六）政府长期奉行重农抑商、重本抑末政策

在传统社会中，工商业者虽然可能迅速暴富，拥有大量财富，但是也被政府视为无关轻重甚至有损于社会生产的行业，工商业始终没有得到充分地发展，有时甚至受到抑制和打击。商品经济和建立在这一基础上的文化价值观念，长期被正统的传统思想视为末业异端。重农轻商、重本抑末、贵德贱艺、重道轻器等政策倾向，像一张巨大的天罗地网，紧紧地束缚住了中国传统社会工商业的发展。例如，汉代限制和打击工商业成为频繁使用的政策措施，不仅不允许商人取得较高的社会政治地位，还对他们的财富采取赤裸裸的掠夺。汉武帝实施告缗令，一时间引起全国哗然。史载："杨可告缗遍天下，中家以上大抵皆遇告。""如是富贾中家以上大率破，民偷甘食好衣，不事畜藏之产业。"❶ 其影响之烈，可想而知。

总之，这样一整套政策措施有力地推动着中国传统社会经济农业化的趋势，促使传统农业经济结构日益牢固。

❶ 司马迁.史记[M].北京：九州出版社，2001：121.

第二章 中国传统商业化经济的兴起及发展

第一节 中国古代商业的兴起条件探究

商品经济是指直接以交换为目的的经济形式，总体上包括商品生产和商品流通。中国古代以农业立国，"农本工商末"的思想广泛流行，"重农抑商"的政策向来为封建统治者重视。在国家经济结构方面，以小农家庭耕作为基本形式的自然经济始终占据主导地位，商品经济在不同历史时期虽有不同程度的发展，但在封建统治者那里，通常以商品经济作为自然经济的必要补充及协调社会经济秩序的有力工具。小农家庭在过着"男耕女织、阡陌相闻"的田园生活的同时，仍然需要从商品市场获得自身所不能提供的某些生产和生活资料。而封建官府亦需要利用商品经济满足其奢侈享乐，维持官僚、军事等机器的运转。因此，相对于统治阶级思想意识中的"自命清高"，鄙薄商业及商品经济，世俗的现实生活已离不开商品经济的"源源供给"。它是古代封建社会经济的重要组成部分，也是封建社会稳定发展的前提。

一、发展基础

农业发展带来农产品的增加和农民的富裕，手工业发展带来手工业产品的增加，农产品和手工业品需要交换，这个过程就是商人通过商业完成的，所以说农业和手工业的发展是商业发展的基础。在农业、手工业和商业发展的基础上，许多大城市得以繁荣。例如，北京是全国的首都和政治文化中心，仕商群集，各地商货荟萃，传统的手工艺产品有景泰蓝、雕漆、玉器等，前门外是繁华的商业区。北京城在明朝修建的基础上，屡加修葺，形成了西郊园林区，有三山五园（畅春园、圆明园、万寿山清漪园（颐和园）、玉泉山静明园、香山静宜园）。宫殿坛庙、街道河流亦经大力改建修浚，形成了近代的北京城。又如，扬州位于长江北岸，濒临运河，是淮盐的集散地，经济发达，财货殷富，多富商大贾。

南京、苏州、杭州都是丝绸、布匹及其他手工业品的产地，产品远销各地，城内商铺林立，作坊星布，附近土地肥沃，富农桑鱼米之利；且文化发达，风景优美，苏州有园林之趣，杭州有自然之胜。广州是对外贸易的口岸，是封闭的封建中国通向世界的主要窗口。每年来往的商船很多，进出口商品聚散于此，号称"金山珠海，天子南库"。此外，景德镇的制瓷，佛山镇的冶铁，盛泽镇的缫丝，产品精良，远近驰名。汉口居长江中游，四通八达，为米谷、木材、食盐、药材和各种货物的集散地。

除了这些繁荣的大城市以外，广大农村有许多小城镇以及定期集散的墟场、市集、庙会形成广阔的商业网，是农民群众和坐贾行商进行交易的场所。清初，经济的发展与赋役制度的改革密切相关。清朝建立后，清政府逐步着手整顿混乱的赋役制度。顺治和康熙时，编定《赋役全书》，以明万历年间的赋役额为准，取消苛捐杂税，归并税收名目。又颁发"易知由单""串票"，简化征收手续，改进纳税制度。但由于传统的赋役制度是按土地数量和人丁数目两个标准征收，分别为"地银""丁银"，全国土地数目已难确知，人丁死亡隐匿流动，变动频繁，无法统计。

随着生产的恢复和发展，国库有了盈余，清政府考虑不再增收人丁税。康熙五十一年（1712 年），宣布滋生人丁永不加赋，将丁税总额固定下来，不再随人口的增加而增收，稳定了全国的丁税负担。为了进一步解决赋役混乱和负担不均，又于雍正元年（1723 年）制定"摊丁入亩"政策，在各省陆续推广实行。此项政策将丁银平均分摊于地亩之内，不再按人丁和地亩双重标准收税，变成了单一的土地税。这是一项意义重大的改革，从此废除了中国历史上长期存在的人头税，简化了收税标准和手续，有利于丁多地少的贫苦农民。农民的人身依附关系也有所削弱。雍正时期还进行了其他改革，如耗羡归公，"耗羡"是为了补偿征收银米的亏损，于正税之外增收的附加税。

二、交通条件

比如，秦朝修筑驰道、隋朝开通大运河和元朝疏浚大运河，这都有利于国内贸易的发展。陆上丝绸之路和海上丝绸之路的畅通，也有利于对外贸易的发展。

隋代商业贸易出现繁荣的景象。长安和洛阳不仅是全国政治经济中心，还是国际贸易的重要城市。长安有都会、利人两市；洛阳有丰都、大同和通远三市。

丰都市周围八里，通十二门，其中有一百二十行，三千余肆。通远市临通济渠，周围六里，二十门分路入市，商旅云集，停泊在渠内的舟船，数以万计。像这样规模宏大、商业繁华的都市，在当时的世界上是罕见的。

隋朝的对外贸易，分为海陆两路，其中西北陆上贸易尤其发达。通过此路，不但可以到达亚洲西北部，而且远及欧洲东部。通过海路，隋朝对东亚以及南洋诸国也有着贸易和友好关系，而对日本的关系尤为密切。日本曾多次派使臣来隋通好。隋炀帝在 608 年也派裴世清回访了日本。在交往中，隋炀帝曾"赐其民锦线冠，饰以金玉，文布为衣"❶。从此日本人开始服用汉人衣冠。

三、货币发展

货币的统一，纸币的出现，便利了商品交换的进行，促进了商业的发展。货币在社会经济中占有重要地位，货币的铸造、管理及使用历来颇受重视，对铸币权的掌控被封建统治者视为治国安邦的一个重要工具。

我国古代货币非常丰富，货币史记，以贝币、刀、布等铸币，材质以金、银、铁、铅铸币，以及纸币和少数民族的钱币。古籍记，我国最早货币有金、银、铜、玉、贝壳、龟甲等，中原地使用货贝、拟枣贝、绶贝、海贝的贝壳，长 3 厘米左右，宽 2 厘米左右，商代晚期把贝的背面磨掉，称为磨背式，也出现仿贝，有铜骨石蚌等。布币是从农具铲演化而来的铜铸币，铲形铜币是我国早期的货币形式之一，以铜铲为特点，体形大，币身较厚，銎部中空，空首布主要有三种形式，平肩、斜肩和耸肩，币身铸三条竖线，都有文字，主要是数字、干支、天象、物、地名、符号等，是周、郑、卫、晋等国的主要流通货币。刀币主要有燕的刀币和齐的大刀币，燕国铸行的刀币，有针首刀币和尖首刀币，针首刀，背成弧形，刃部内凹，长柄正面二道竖线，柄端有环，刀尖尖锐如针，圜钱，战国中期以后，各国铸造圆形圆孔的圜钱。战国时期的秦国铸造的半两钱，特造得钱面和背不太平滑，有的钱还沾有铜渍，因为铸造时进铜汁的流道比较宽，秦汉铜钱，秦半两钱推行到全国，汉灭秦后，吕后时期铸的八铢半两和五分钱，文帝时期铸四铢半两，铸行五铢钱，从此结束了铸行 200 年左右的半两钱，开创了行用 500 年左右的五铢钱制。新莽钱币，西汉末年，王莽夺汉帝的权力，立国号为新，采取了一系列的复古改制，对于货币先后共四次改制，铜铸币如，大泉五十，一刀平五千等。

三国、两晋、南北朝和隋代货币是中国古代战争频繁时期，历时 300 多年，

❶ 欧阳修，宋祁. 新唐书 [M]. 北京：中华书局，1975：6208.

同时并存 30 个政权，民间交换以谷子、盐米，有的地方沿用旧钱，也铸造五珠钱。这个时期钱币品种很多，比较混乱，隋统一后，又铸造了五铢钱。如永安五铢，常平五铢，永通万国等。唐五代铜币，唐代是中国历史上封建经济和文化发展的鼎峰时期，货币经济繁荣，唐初发行的开元通宝对商品交换起到了促进作用，成为了后世制钱的典范。随着对外物资文化交流，开元通宝流传出境外，五代十国的割据政权时期，铸造了很多种铜币，一般很精美，如开元通宝、乾封泉宝、乾元重宝、建中通宝、大历元宝等，由当时书法名家欧阳询书写，钱径 2.4—2.5 厘米，穿广 0.7 厘米，廓宽 0.2 厘米，重 4.5 克左右。五代十国时期，如得壹元宝、顺天元宝、开平通宝、天福元宝、建元天福、汉元通宝等。

宋朝经济十分繁荣，手工业商业集镇大量涌现，北宋都城开封府辖有 35 个镇，闻名遐迩的景德镇建于北宋，说明了这个时期商品丰富，商业发达，货币流通数量很大。宋代钱币特点以年号为钱文，两宋共计改年号 50 多次，也就有了 50 多种钱，每种钱有真、草、隶、篆、瘦金体多种书体，还有元宝、通宝、重宝之分，如南宋的嘉定铁钱有十七八种名称，再加上质地不同，品种最多，版别最繁的钱币，也是收藏爱好者最喜欢的钱币。比如，宋元通宝、太平通宝、至道元宝、景德元宝、淳化钱的铁母钱、建炎元宝等。

明、清是中国封建社会最后两个封建王朝，统治时间长，政局统一，经济发达，铸造的货币种类不如两宋时期繁杂，一般明、清钱形制规矩整齐，文字书写严谨，铜币数量繁多。比如，洪武通宝币值分五等：当十、当五、当三、当二、当一，宽永通宝、宝德通宝、嘉靖通宝、隆庆通宝、万历通宝、泰昌通宝、崇祯通宝等。清代咸丰通宝、同治通宝、光绪通宝，清代铜币遗留下的祖钱，母钱和样钱，较前代数量增多，祖钱是刻的，极少，母钱和样钱铸造精整厚大，母钱比样钱更厚大，数量比流通钱少得多。

四、国家政局及政府政策

时局稳定促进商品交换，时局动荡影响商品经济的进一步发展。商品经济的发展，除了依赖技术革新背景下的生产力水平提升之外，还必须依靠政府制定行之有效的经济管理制度。纵观古今人类社会的发展，政府作为社会的管理者和资源的分配者，承担了重要的稳定阀与平衡器的社会调节功能，不管是和平时期还是战乱年代，政府干预社会经济发展的政策总会不断出现。

作为社会经济重要组成部分的商品经济，尤其是在以农业经济为基础的传统社会，为维护小农经济的稳定发展，政府对商品经济的政策干预从未间断过。无论是在社会经济恢复时期对商品经济的抑压，还是在商品经济发展突破制度牢笼时期的限制，抑或是在国家财政困难时期对商品经济的扶持与利用，每一阶段，政府的诸多措施都显示了政府在商品经济发展中的至高话语权，并最终决定了商品经济的发展方向与结果。从某种意义上说，古今中外商品经济的枯荣，与政府的经济发展战略和具体的经济管理措施有着密不可分的内在关联。因此，政府干预商品经济的思想与举措也应该成为经济史研究的重要领域。

唐代是中国封建社会发展的高峰时期，唐中后期，商品经济呈现繁荣景象。商品流转速度加快，商业氛围浓厚，象征商品货币经济发达的金融信用机构也有出现。尽管唐代商品经济发展的前提是农业、手工业等国家基础产业部门的总量增长，但是唐政府政策性的经济干预措施对商品经济的引导和推动作用亦不容忽视。以国家征集制度和赋税制度的变化为例。中唐以后，在劳动力役使方面，"变征役以召雇之名"，个体小农及小手工业者的封建人身依附关系有所减轻，生产者有较多的时间安排自己的生产活动，增加了市场上潜在的商品总量；在生产生活资料获取方面，"换科配以和市之名"，要求官府与民间的交换一律按市价进行买卖，将商品经济的观念引入官营体制。唐德宗时推行两税法，规定税收缴纳货币的比重加大，迫使农民将农副产品参与市场交换，从而扩大了农村商品市场。其实农民和小手工业者作为小生产者，本身与市场就有着天然的联系，他们总是要出售一部分劳动产品以交换生产和生活的必需品。而唐政府的征集制度和赋税制度的变化只是进一步扩大和丰富了市场的交易行为，使商品经济更加活跃。

政府干预与商品经济是一对复杂的矛盾关系，正如道格拉斯诺斯所说："国家的存在是经济增长的关键，然而国家又是人为经济衰退的根源。"一方面，政府干预为商品经济发展提供良好的政策环境，尤其在唐中后期，政府根据商品经济的原则，适时地调整干预措施，促进了商品经济的发展；另一方面，政府干预具有的强制力限制了民间商品经济的正常发展。在政府干预下，商品经济的市场活力被压制，商品经济始终在封建政府设定的框架下进行，没有产生质的飞跃。但不可否认的是，政府干预是社会经济发展的必然，纵观人类社会经济发展的历史，无论是传统经济还是现代经济，都或多或少地存在着政府干预经济的思想、政策和行动。

封建政府对商品经济进行干预的措施还包括对所从事商业者——商人的控制与管理。"重农抑商"是封建统治者长期推行的重要经济政策，对商人的管制即是该政策要旨下涵括的内容之一。行会是封建社会城市中工商业者的同业组织，商人被纳入其中，因而政府对商人的控制政策亦延伸到对行会组织的管理与控制。以唐朝为例，唐前期实行重农抑商政策，政府通过法律规定抑制商人的身份与地位，限制商人的贸易活动范围。然而随着唐中后期商品经济的活跃及国家财政对商利的依赖，政府对商人和商业的态度有所缓和，商人的社会地位有所提高。行会作为工商业者的一个同业组织始见于唐。行会内有行头或行首，按官府的要求，行头或行首必须承担"检校一肆之事"，同时必须应官府的科索、差派，检校市场的不法行为。行会的出现从一个侧面反映了唐政府对民间工商业的控制。"重农抑商"是中国古代传统的经济政策，在以自然经济为主导的封建经济体系下，"重农"和"抑商"在稳定社会经济秩序和维护王朝统治方面发挥了重要作用。封建统治者重视"重农抑商"的经济作用，甚至将其奉为基本国策，在该政策指导下对国民经济进行干预。在农业经济社会，重农政策有其必然性，而"抑商"很大程度上是为配合"重农"而进行的，抑制商业或商品经济的过度发展是为稳定以农业为基础的封建统治。所以，在大多数王朝，国家对商业或商品经济的干预是沿着重农抑商的政策需要和政策惯性而实施的，尤其是在王朝建立初期，烟火战乱后的残破，社会经济的凋敝，使政府不得不选择重农抑商政策以加快经济秩序的恢复。"重农"是为了使农业经济有更好的发展环境，"抑商"是为了通过恶化经商环境而培植农业经济的发展动力，两者相互配合。

第二节 中国古代市场化经济发展沿革

中国古代的商业，从萌芽到产生、发展，经历了不同的历史时期，各个时期都各有特色。总体来说，中国古代的商业发展是和生产力的发展水平相一致的。虽然其中也有曲折，但是整体上是不断向前发展的一个状态。

一、商业兴起于先秦时期

中国人很早就学会经商，商朝人善于经商。周武王灭商后，商朝遗民为了维持生计，东奔西跑地做买卖，日子一长，便形成一个固定职业。周人就称他们为"商人"，称他们的职业为"商业"。这种叫法一直延续到今天。商朝人使用的货币是贝类，有海贝、骨贝、石贝、玉贝和铜贝。铜贝的出现，说明商代已经有了金属铸造的货币。到了西周，商业成了不可缺少的社会经济部门。当时在"工商食官"的制度下，商业由国家垄断。在商品交换中，主要的货币仍然是贝，但铜也被用作是一种交换手段。铜本身是一种重要的商品，同时也担负着货币的职能，后来就发展为铸造铜币。春秋战国时期，官府控制商业的局面被打破，各地出现许多商品市场和大商人。春秋时期著名大商人有郑国弦高、孔子的弟子子贡和范蠡；战国时期著名商人有魏国的白圭、吕不韦。战国时期各国铸造流通的铜币种类增多，形状各异，有的模仿农具，有的模仿各种工具，也有的模仿贝的形状。货币的数量大，种类多，反映了商业较过去发达。商品交换的发展，促进了城市的繁荣。

商人开始和商人扯上历史渊源，也从一个角度说明，商业在西周时期是繁荣的，腐败奢侈的西周奴隶主阶层，为了更好地享受奢侈生活，非常重视商业的发展。西周时期，商业被列为"九职"之一，市场上的商品有奴隶、牛马、珍珠等。国家对市场也有了一套管理制度，设置了专职官吏"司市"管理市场，维护社会秩序，保持物价稳定，使交易规范化。当然这一切主要还是为了更好地满足统治阶级的需求，但是这其中对度量衡和质量的关注，也对其他消费者有益，因而这套做法也一直被后世的统治者沿袭。

二、秦汉时期商业初步发展

秦始皇统一中国后，为了改变战国时期货币种类繁多，度（长短）量（容积）衡（轻重）不一的现状，决定统一货币，把原来秦国流通的圆形方孔钱作为全国流通的标准货币，这就是通称的"秦半两"。他还统一度量衡，修建驰道，这些措施都有利于商业的发展和国家的统一。特别是统一货币对后世影响深远，以后各封建王朝大都掌握铸币权，钱的形制也保持着类似"秦半两"的圆形方孔模式。两汉时期，伴随着统一局面的形成、巩固和农业、畜牧业、手工业的发展，特别是两汉政府实行"开关梁，弛山泽之禁"的政策，商业出现了初步的发展。当时的都城长安和洛阳，以及邯郸、临淄、宛（南阳）、成都等大城市都发展成为著名的商业中心。每个城市都设有专供贸易的"市"，长安城东、西有市，后来发展为九个市，当时官府对城市的商业活动采取严格限制的政策。市区与住宅区严格分开，周边有围墙。市内设有出售商品的店铺、官府设有专职官员市令或市长进行管理，按时开市、闭市，闭市后不许再有经营活动。市内的物价也由官员统一管理。

秦统一后，统一度量衡和货币，并且通关塞、修驰道，这些为商业的发展提供了更为有利的条件。秦汉时期政府甚至不收关税，西汉政府更是进一步放宽政策，开放山泽之利，取消秦时的盐铁官营，给商人更多的活动场所和自由。汉代时候，各种赋税大多收取货币，这也在一定程度上促进了商品交换。地主经济在西汉时期也有了较大发展，某些地方甚至出现了一定数量的专门以销售为目的的商品生产。西汉时期，关中地区三河地区、燕赵地区、齐鲁梁宋地区、楚越地区五个经济区已经形成，以京师长安城为中心的关中地区成为商业最繁盛的地方。西汉时期已经形成了全国六大商业城市，长安是国内商业和同西域通商的中心。临淄成为齐鲁地区的大都会和纺织业中心；邯郸成为河东、河内地区最大的商业中心；南阳是冶铁业发达之地；成都是巴蜀一带盐、铁、布等物产运出的咽喉之地；洛阳在河南地区的经商传统极负盛名。此外，六大城市之下全国还有十几个中等城市。

与以往不同的是，两汉又开通了陆上和海上两条丝绸之路，中外贸易也逐渐发展起来。张骞通西域之后，陆上丝绸之路开通，路线是从长安出发，经过河西走廊、出玉门关或阳关、再经过今天的新疆进入中亚和西亚。汉武帝之后，还开辟了与南海诸国及印度半岛等地交往的水上交通线，从事经常性的贸易往来，这就是海上丝绸之路。两条丝绸之路的开通，有利于中外贸易的发展。

三、隋唐时期商业进一步发展

隋唐是我国封建社会的繁荣时期。由于农业经济的发展、手工业的进步，特别是隋朝时开凿的贯通南北的大运河，促进了商品流通范围的扩大。唐代还出现了柜坊和飞钱。柜坊专营货币的存放和借贷，是中国最早的银行雏形，比欧洲地中海沿岸出现金融机构要早六七百年。飞钱类似于后世的汇票。柜坊和飞钱的出现是商品经济发展的结果，它们的出现又促进了商业的便利与发展。

隋唐时期商业发达的城市，除黄河流域的长安、洛阳外，长江流域的扬州、益州也成为繁荣的商业城市。唐代长安城有坊、市；市有两个，东市和西市。市与坊用围墙隔开，白天定时开市、闭市。东市和西市各占两坊之地，各有220行。东市肆邸千余，货物山积，商贾云集。唐朝政府允许外商在境内自由贸易，胡商遍布各大都会。西市就有西域，以及波斯、大食商人，"胡风""胡俗"流行。长安城的人口不下百万，这样庞大的人口对商品的需求，造成长安城商业的繁荣。农村集市也有了进一步发展。尤其是在水陆交通要道附近，集市不断增多，有些还发展成重要的市镇。

隋唐时期对外贸易不断发展。唐朝前期陆上丝绸之路畅通无阻，出现商旅不绝的繁忙景象。安史之乱后，对外商业交通的重点，由西北陆路转移到东南海道。广州是南方最大的对外贸易港口，是外国商船的聚集之地。唐政府在这里设有市舶使，专管对外贸易。

唐朝时期，城市商业发展的同时也逐步向农村发展。原本在唐前期，县以下以及不满 3000 户的小县以及不设市官管理的正规的市只有定期市集，到唐朝后期由于农村商业的发展，3000 户以下的一些地方也允许设立正规的市，有些即使不设立市的地方，草市和以墟市、亥市、庚市为名的集市也比以前更为发达。而这些农村贸易形式的发展，是封建社会商业前进的又一重要标志。

四、两宋时期商业繁荣

两宋时期商业繁荣，市坊严格分开的制度被打破，不再限制商品交易的时间。两宋时期的商业繁荣是全方位的，不但商品的种类繁多，而且国内贸易、边境贸易和对外贸易都很繁华。商业的繁荣产生了重要的影响。元代实现了国家的空前统一，促进了商业的继续繁荣。

金人攻破北宋汴梁，南宋成立，并在临安建立了偏安政权。南宋时生产力继续前进，商业也比北宋时有了进一步的发展，但是南宋统治者的沉重剥削却阻碍了社会生产力和商品经济的继续发展。而北方经济在金宋战争中受到严重破坏而一时衰退，后来才渐渐恢复。但是除了如山西等部分地区外，很多地方都很难赶上北宋时的繁荣。在金的统治下的北方和在南宋政权统治下的南方，城市萧条、店肆倒闭，人心涣散，处处呈现一片不景气的景象。

蒙古灭金、宋后，建立了第一个少数民族统一政权。元政府掳掠拘役大量的手工业工匠为其所用，官府或贵族的作坊一时间控制和垄断了重要的生产部门，民间手工业的发展受到了极大的限制，汉族商人受到歧视，受到元政权统治者信任的特权商人把持和操纵了流通领域，民间商人则很难有所发展。此时商业出现了后退的状况，金银珠宝等奢侈品和高级丝织品等手工业品充斥市场，一方面供统治阶级享受，另一方面进行对外贸易。此时大都甚至出现了"人市"，奴隶贸易甚至都具有了规模，商业和对外贸易呈现出畸形的发展特点。而此时最值得注意的是，从已经发展成为国际性大城市的大都到杭州的大运河开始修筑，运河文化开始发生。

（一）两宋时期商业繁荣原因

首先，北宋建立以后，消除了晚唐、五代十国分裂割据的局面，社会经济得以正常发展，农业、手工业的高度发展，为商业的兴盛提供了坚实的物质基础。其次，政府逐渐放松对商品交易的限制。从唐代后期起，市坊严格分开的制度逐渐被打破，到宋代，店铺已可随处开设，买卖时间也一改日中为市的限制，早晚都可经营。第三，宋代市场上虽然仍然使用金属货币，但在北宋时，四川益州富商开始发行纸币"交子"，这是世界上最早的纸币。后来，官府在益州设立交子务，印制和发行交子。南宋时，纸币使用的范围广、发行量也大大增加。纸币的发行使用便利了商业活动的进行，促进了商业的繁荣。第四，两宋时水陆交通便利，特别是海上丝绸之路畅通，有利于对外贸易的发展。

（二）两宋商业繁荣表现

两宋时期商业繁荣首先表现为城市商业的繁荣。繁荣的大都会首推北宋的都城开封和南宋的都城临安（杭州）。开封自五代开始日益繁华兴盛，到北宋时已发展成为当时世界上超过百万人口的特大城市，商业也空前繁荣。城内既有繁华的商业街区，又有专业交易场所。北宋画家张择端的《清明上河图》形象地反映了开封城内商业的繁华景象。南宋定都临安，全盛时期临安的人口也达百万，取代开封成为当时世界上最大的都市。城内店铺林立，贸易兴隆，早市、夜市昼夜相连，酒楼、茶馆、瓦子等错落有致。

商品种类增多，各种类型的集市出现。许多农副产品和手工业品开始转向市场，成为重要的商品。如苏湖地区农民剩余的粮食，南方篾匠所做的竹木器都变成了商品。北宋时商品种类增多，商家注重商品的包装，还注意为自己的商品作广告。南宋时流行的谚语"苏湖熟，天下足"说明苏湖地区农民剩余粮食成为重要的商品。城市中还出现了定期和不定期、专业性和节令性的各种不同类型的集市。因此，商税收入，越来越成为政府的重要财源。

两宋时期，边境贸易繁荣。北宋与辽、西夏对峙，南宋与金对峙。两宋在与辽、西夏、金相邻的边境地区设榷场，进行双边贸易，互通有无，获利甚丰。两宋时期，海外贸易发达。宋代海上丝绸之路畅通无阻，政府还特别重视海外贸易。这样，海外贸易发达起来。北宋时，东南亚、南亚、阿拉伯半岛以至非洲，有几十个国家与中国进行贸易。南宋时，海外贸易更加发展，外贸税收成为国库财富重要来源之一。

宋朝时期，农业生产的发展，再加上商业税收的货币化程度加深，尤其是王安石变法时期，更是实现以钱代役，农产品的商品化程度有了很大的加深，茶叶、甘蔗、麻、竹、木、漆、蓝靛、红花等都比过去增产并加大了流通量，水果品种众多，商品性农业促使经济作物扩种已经成为北宋商业发展的一个重要原因。丝织业商品化程度提高，瓷器业有了很高的艺术水平，活字印刷术的发明也促进了印刷业的兴旺。此外，皮革、编织、竹器物、读器、笔墨纸砚等文化用品也在过去的基础上进一步发展。北宋商业的发展，具体表现在政府对商业的重视和商业税收的巨大增长上。

五、元代商业继续繁荣

元代实现了国家的空前统一，为经济的进一步发展奠定了基础；重新疏浚了大运河，疏浚后的大运河从杭州直达大都；开辟了海运，海运从长江口的刘家港出发，经黄海、渤海抵达直沽（天津）；元政府还在各地遍设驿站，横跨欧亚的陆上丝绸之路也重新繁荣起来，这些都促使元代商业继续繁荣。

元代的大都是政治文化中心，也是繁华的国际商业大都会。无论从东欧、中亚，还是从非洲海岸，甚至日本、朝鲜，最后从南洋各地，都有商队来到大都。城内各种集市30多处，居民不下100 000户。国内外各种商品川流不息地汇聚于此。据说每天仅运入城中的丝即达到千车。杭州是南方最大的商业和手工业中心，"贸易之巨，无人能言其数"。泉州是元代对外贸易的重要港口，经常有百艘以上的海船在此停泊，外国旅行家誉之为"世界第一大港"。元政府在这里设有市舶司，严密控制对外贸易。

元代市场商品多以奢侈品为主，这是民族矛盾和阶级矛盾加深、贫富对立日益加重的条件下的历史反动和倒退。进入明朝以后，商业进步的趋势并没有就此中断，而元朝的一些瓷器业、新兴的棉纺织业、毡毯业等，作为生产力保存下来，对此后商业的发展起到了一定的作用。

六、明清徽商与晋商

明清时期是中国古代社会经济的恢复时期，清政府在初期扶植农业，提倡发展桑、麻、棉等经济作物，手工业者在元朝时的工奴、官奴身份被解除，恢复了平民身份，有了较多的可以自己从事商品生产的时间。开矿冶炼准许民间经营，民建矿冶生产蓬勃发展。明朝统治者采取了一些减轻商税的恤商、便商措施，对专卖商品的管理制度又较为合理，这些都有利于商品经济的正常发展。明政府推行钞法，使用纸币，后又逐渐通用银两，正统时期规定田赋部分要折银交纳，这也扩大了交换关系，促进了农产品的商业化。明清时期，小农经济与市场的联系日益密切，农产品商品化得到了发展；城镇经济空前繁荣和发展，许多大城市和农村市场都很繁华。其中，北京和南京是全国性的商贸城市，汇集了四面八方的特产。全国各地涌现出许多地域性的商人群体，叫作商帮，其中人数最多、实力最强的是徽商和晋商。

（一）徽商

徽商即徽州的商人。徽州有经商传统，徽州人很团结，注重互相帮助，并且崇尚节俭。经过几百年的经营，徽商积累起惊人的财富。徽商几乎"无货不居"，经营范围很广，但对食盐的经营尤为重视。徽商的兴起就是从经营食盐开始的。明代食盐的生产由官府垄断。为了解决边疆守军粮饷不足的问题，明政府允许商人将粮食运到指定的边防地点，然后给予他们贩卖食盐的权利。徽州距边防地点遥远，徽商起初在盐业的经营中不占优势。但到明中期以后，明政府将纳粮改为纳银，徽商纷纷投资盐业而暴富。徽商经营盐业积累起商业资本之后，又扩大经营范围，经营茶叶、木材、粮食等，活动范围遍及全国各地，民间俗谚有"无徽不成镇"的说法。海外诸国都有他们的足迹，有"遍地徽商"之说。徽商凭借雄厚的商业资本，经营大宗商品交易和长途贩运；插手生产领域，支配某些手工业者的生产活动；经营典当等金融行业，获取高额利润。徽商从明初至清末兴盛了数百年，出现了拥有资产百万乃至千万以上的大富商。

（二）晋商

晋商即山西商人。他们是和徽商齐名的明清时期中国又一大商帮。他们兴起和发展的经过与徽商如出一辙。晋商开始时以经营盐业致富。晋商在明初利用地接北部边防之便，为官府运送军粮，获取贩盐权利，成为富有的大盐商。他们积累起巨额商业资本之后，逐渐扩大经营范围，贩卖丝绸、铁器、茶叶、棉花、木材等。到清代乾隆年间，晋商开始兴办金融机构票号，经营存款、放贷、汇兑，也可以为官府代理钱粮。经过长期的经营和积累，晋商的财力不断壮大，到清代时，资产达百十万者不可胜数，晋商首富亢氏的资产多达数千万两。晋商的活动范围极为广泛，许多人甚至走出国门，到日本、东南亚、俄罗斯等地去做生意。

第三节　中国古代商业政策及思想嬗变

一、重农抑商政策

在中国历史上，有关商业的最有名、最重要的大政策当数重农抑商政策。在奴隶制时代，官府对外来商人鼓励多于管制；春秋初大国争霸，通商惠工的口号被提出，以争取商人的支持。这时并未产生抑商的概念。从自由商人兴起，随着时间推移而分化为良商、奸商，一部分人日益向反面转化后，情况就发生变化。大约在战国中期，正当新兴的封建国家致力扶植个体小农以作为其经济基础之时，富商大贾中的许多人却乘官府横征暴敛（收货币税）、水旱灾荒、疾病死丧之际，以不等价交换、高利贷等手法，大肆盘剥农民，使之破产流亡，或沦为商贾之家的奴婢。农业生产遭到破坏，减少了国家所要掌握的粮食和所要控制的劳动力，出现了日益严重的商与君争民、市与野争民的问题。有的诸侯国（如齐），商人势力之大更形成"一国而二君二王"的局面。封建统治者与商人之间的矛盾在加深。抑制过度扩张的商人势力的呼声于是响起。齐国轻重学派学者的《管子》一书中所说的"欲杀（限制）商贾之民以益四郊之民"就是抑商思想的抬头。相魏李悝倡行"平籴法"，由国家参与粮食买卖，限制商人抑价收籴、抬价出粜的投机活动，形成一种抑商措施，付诸实行，魏国因而富强。但抑商抑得最彻底的却是信奉李悝学说的后起者商鞅（约前395—前338年），他在秦国变法时制定了重农与抑商相结合的一套完整的政策，雷厉风行，公平无私，得到大多数人的拥护。历史上的重农抑商，即"崇本抑末"，成为一种基本国策就是自商鞅始。

商鞅重农抑商政策的主要内容：

（1）直接制止农民弃农经商，规定不许商贾、技巧（手工业）之人自发增加，不经批准而从事"末利"（工商业）者罚作奴隶。并加重商贾家庭的劳役负担，而农民可免除徭役，以示优待。

（2）"重关市之赋""不农之征必多，市利之租必重"❶，以限制商人的过分赢利。大幅度提高酒、肉的税率，使高额利润由商人之手转归国家掌握。

（3）国家统制山泽之利，实行盐铁专卖。

（4）管制粮食贸易，不准商人插足，农民也必须自己生产，解决口粮，不得从集市购粮调剂。

（5）提高粮食收购价格，从经济上使商人感到无利可图而放弃经营，但对农民的粮食增产则是一种有力的刺激。重农抑商政策以及其他一系列改革措施的推行使工商山泽之利集中于国家之手，使农业劳动力增加，从而促进秦国的农业生产发展，财政收入增加，军事力量增强，为其后统一六国奠定基础。

对于重农抑商，重农是目的，抑商是手段。这一政策的实质是抑商人而存商业，退私商而进官商，其中具有两层含义：一是抑制富商大贾不合法度地任意剥削农民，把商业资本的活动限制在一定范围，即不触动封建统治者根本利益，这属于调整官私关系的问题；二是抑制中小商贩和个体手工业者人数的过多增加，把从事工商业的人数限制在一定范围，即不影响农业生产这个封建经济的基础，这属于调整农商关系的问题。如此的抑商政策对社会财富的再分配、农商劳动力

---

❶　孙楷.秦会要[M].杨善群,校补.上海：上海古籍出版社,2004：357.

比例的合理配置有一定的调节制衡作用，因此在需要发展个体的农民经济、巩固新兴的封建制度、建立统一的封建国家的封建社会初期，其具有历史的进步意义。

汉朝时，政策做了调整。在争取反秦势力支持的过程中，取消了盐铁专卖，纵容私营工商业者自由发展，抑商政策中抑制富商大贾的内容已告废弛，只保留了抑制中小商人以防止农民弃农经商的另一半内容。"贱商令"的用意无非在此。汉武帝时桑弘羊（前152—前80年）辅政，为了打击"不佐国家之急"、使"黎民重困"的富商大贾这股势力，重新实行盐铁专卖，并创行均输（官营贩运贸易）、平准（官营零售贸易）、榷酤（酒类专卖）等措施。这是中国历史上实行抑商政策的第二次高潮。其后仅唐刘晏（约716—780年）的食盐专卖法、粮食常平法（调剂供求，平抑粮价）和均输法，宋王安石（1021—1086年）的均输法、市易法（官营城市批发商业）、青苗法（官营信用业，预购与农贷相结合）中尚带有"摧制兼并、均济贫乏"的抑商意味。实际上，这也多少抑制了富商大贾侵蚀农业的兼并活动，在不增加或少增加农民负担的情况下，为国家增加了财政收入，客观上有利于当时经济的恢复和增长，也值得加以肯定。至于对于中小商人的"贱商令"，则各朝各代一脉相承，反复颁行。直到明初还有农家许着绸纱、商贾之家只许穿绢布的规定。这都是为了遏制农民经商、发展粮食生产所采取的措施。

在漫长的封建社会里，商业政策几经演变，而并非以抑商政策贯彻其始终。主要以抑制富商大贾兼并势力为内容的抑商政策事实上在大部分时间里已被束之高阁。明清商人势力大盛，统治者更多奉行的是聚敛政策和掠夺政策，破坏商业的正当经营，阻碍流通的正常运行。这些病商之政与曾经起过些积极作用的抑商政策在性质上和效果上有根本的区别。

二、商品专卖制度

"山海之利，谨守勿失"，对资源性的主要商品由国家实行专卖与"常平敛散，重在民食"由国家管理粮食贸易、稳定粮食价格，以及"省察市肆，贪佞必斥"由国家通过行政管理，取缔不法奸商，可并称为国家对商业管理体制的三大支柱。

主要商品的专卖本是一种理财方法，与重农抑商既有联系，是抑商政策中的一个内容，又有区别，在抑商政策被搁置后，商品专卖仍作为一项重要制度广泛推行。

商品专卖肇始于春秋时管仲的"官山海"政策，盐铁专卖，此时重农抑商政策还未产生。商鞅抑商政策的"一山泽"，即仿自管仲的盐铁专卖。桑弘羊的"笼盐铁"是对管仲、商鞅之法的直接继承。汉以后，铁以征税为常，坚持实行专卖的就是食盐；唐后期茶、酒又先后列入专卖的范围。宋代除盐、茶、酒为主要专卖商品外，对醋、香药、矾也实行专卖。元代盐茶酒醋的专卖控制更过于宋，铁亦在官营之列。明清时期，酒退出专卖，开放私营；茶的专卖已日趋松弛（仅严于边境易马之茶），课税不重，最后终于废止专卖；铁，于明初准许民间开矿冶炼出售，而征其税；一直实行专卖不肯放手的就只盐一种。

专卖制度早期的推行者认为，从工商业经营中来取得财政收入胜于强制性的直接加重农民负担的加赋增税。专卖自盐铁开始，取其为生活、生产所必需，"因民之所急而税之"（《新唐书·食货志》），销售面广，略为加一点价，就可增加很多的税收。自桑弘羊起又增加酒的专卖，与盐不同，酒属奢侈性消费品，因民之所靡而税之，为选择专卖品开创了另一项原则。盐、酒的加价是一种"隐蔽税"，但要真正做到"见予之形，不见夺之理"（《管子·国蓄》），"人不知贵""人不怨"，关键还在于取之要有节，即加价适当，不能太多，管仲、桑弘羊、刘晏都很注意这一点。

早期的买卖都采取民制（或官制）、官收、官运、官销的形式，可称为直接专卖、完全专卖，或简称为官卖法，如管仲、商鞅、桑弘羊的盐铁专卖。到刘晏时，对官卖法中存在的问题（官府广设机构，人员开支大；征用舟车和劳役进行运输，费财劳民；住户分散，不便于深销到农村）进行改革，在食盐专卖中推行了民制、官收、商运、商销的间接专卖、局部专卖制，再由商人分销各地，故也称就场专卖。从商鞅、桑弘羊直到刘晏，商品专卖在不同程度上与抑商政策联系在一起，富商大贾从盐铁或食盐的经营环节上被全部或大部分排除出去，"榷盐之利得于奸商，非得之食盐之民"。这是封建社会前期专卖制度的特点。进入封建社会中期，商品专卖大为推广，但已不排斥私商，在越来越多的场合允许私商参与其事，商销与官卖并行，而商销在范围上往往超过官卖，并琢磨出许多松动变通的形式（如扑买制、分摊榷盐、酒、茶钱于两税或屋税之上以及开中法、入中法等），官商分利，专卖制度仰仗巨商推行，与抑商政策已经脱钩，专卖收入往往少入于官而多入于私。到晚明和清代，封建社会的末期，官府进一步把买卖商品放给特许商人，委托其经营（购、运、销），而坐收其利。这种做法其实于茶叶专卖中早在北宋末即已实施（官不收茶，坐取净利），但在食盐中却是行之较晚。例如，万历末年开始实行、清代广泛采用的食盐的"纲法"才更多地假手于商人：官不收盐而由民制、商收、商运、商销。这是专卖制度中又一种更新的形式，可称为"商专卖制"或"委托专卖制"。其专商世袭、各有引界的内容是茶叶专卖中所没有的，属商专卖制的高级形式。官商共利（"商"指正税商人、世袭的特权商人），唯以排斥正当商人的经营为务的这种商品垄断政策已尽失限制富商豪民的抑商政策的原意了。

专卖制度作为一种理财方法，在不同条件下应用，为不同的政策服务，会得出不同的结果。如果当时政权掌握在新兴阶级或进步阶层（集团）手里，为进步的政策（如抑商政策）服务，"取之于民"有个限度（加价合理、征税适当），而能以收入的相当部分"用之于民"，为国家的统一事业，为巩固边防、支持民族自卫战争的正义事业，为兴修水利、赈济灾荒等公益事业提供经济上的保证。同时，专卖制度集权于中央，吏治比较整肃，注意惩治贪污不法行为，这样专卖制度主要是利大于弊，无可厚非。管仲、商鞅、桑弘羊、刘晏等人推行的专卖政策就可列入这一类型。反之，如果政权掌握在保守腐朽势力或豪门垄断集团手里，政治腐败、没落的统治者向农民增税不足，又加上商品专卖，单纯地以此作为聚敛银钱的生财之道，高价、重税，取之无节，而不肯多干有利于人民之事。在各个时期里，或是以中央集权之名，谋权宦之利，专卖收入主要用于统治集团的穷奢极侈的消费上面；或是权力下移，地方擅变制度，以求赢资，猾吏从中舞弊，以求中饱；或是暗中和奸商勾结实行官商分肥以至公开地把专卖权让给豪商，容其世业垄断，在这些情况下，专卖制度的积极作用就会消失，而变成搜刮的工具。专卖商品质次价昂，低进高出，强制生产，硬性摊派，压榨勒索，百弊丛生，小生产者和消费者、正当的商业经营者都大受其害。总之，评价专卖制度实行效果的好坏要看是否正确地处理了财政与商业的关系、取与予的关系。具体情况具体分析，不能一刀切、绝对化。

三、两种对立的商业思想

在中国历史上，人们对商人、商业的看法往往分歧很大，表现为两种思想的对立斗争。

第一个对立：对私营商业是加以限制还是任其发展。抑商政策就是由限制私营商业、发展官营商业的思想支配的。战国时法家、经济学家都揭示这种重农抑商的观点，应归入经济思想中干涉主义的思想体系。这种思想及依此制定的由国家来干预经济的抑商政策打击了富商大贾的投机兼并活动，遏止了农民舍本逐末之风，对稳定小农经济、巩固新兴的封建地主制起到积极的作用，对后世有较深的影响。所谓"崇本抑末""强本弱末"，都是重农抑商思想的表达，主张"贫富有度，由上予夺"，即由国家来调节经济，以防私人经济过分发展会造成贫富严重不均的理论，可称为"轻重论"。抑商思想即属之。与抑商思想的重官商、抑私商，轻重理论的损有余补不足正相反背，道家中的黄老学派却宣扬经济放任，"贫富之道，莫之夺予"❶，听任私人自由发展。所谓"善者因之，其次利道之，其次教海之，其次整齐之，最下者与之争"❷，这种理论可称为"善因论"。以反对"与民争利"为由，要国家退出工商业阵地，将商业放给私人经营就是这种思想、理论的核心。儒家的"富民"学说和"弛山泽"思想也很容易为欲擅山泽工商之利的富商大贾所援用。经济干预与经济放任两种对立的思想争论很激烈。西汉前期下放盐、铁、铸钱三大利，纵容私人经济的发展，经济放任思想一时得到实践的机会。在这种指导思想下，自无抑商（抑大商）之可言。到武帝时抑商思想才重据主导地位，桑弘羊正是一位杰出的轻重论者，而宣帝时"盐铁会议"上的"贤良""文学"却是一群不切实际的经济放任主义的吹鼓手。

汉以后，只有少数几位政治家（如唐刘晏）才有抑商思想。刘晏主张大力发展官营商业，有效推行食盐专卖制度，思想上属经济干涉主义的范畴，与经济放任主义非属同一类型。但刘晏并非单纯的重官商抑私商，而是主张在发展官营商业的同时，注意发挥私营商业的正当的经营积极性，以保持流通渠道的畅通。例如，场盐由官府统一收购（批售给商人），并有官设的"常平盐"、仓储盐，以调节供求和对盐价的调节等都是官营商业的职能，而盐的商运商销则是利用了私营商业的力量，这是一种"以私补官、省费借力"的思想，而不是搞单渠道（官营）的流通，把商业完全管死，既借助了私商的经营能力，又限制了商人的投机行为，尚有抑商（奸商）的作用，这是对商人的两面政策。在保持国家能干预、调节经济的条件下，在一定程度上、一定范围内开放贸易自由，刘晏的思想富有创新的意义，在中国经济思想史上具有继往开来、承前启后的重要地位。

宋代商品经济进一步发展。"夫兴利广则上难专，必与下而共之，然后流通而不滞。"❸ 专卖商品更适宜于用刘晏之法，让商人介入来搞运销；事实上由国家全面干预经济已不可取。故有抑商思想的王安石亦言"榷法不宜太多"，官家"若鼓铸铁器，则必与汉同弊"。但王安石仍然主张国家对经济、商业活动加以适当的干预，即由另外的方式来发展官营商业，如均输、市易、青苗；对私营商业仍继承刘晏的思想，利用、限制，区别对待。他深知"盖制商贾者恶其盛，盛则人去本者

❶ 吴楚材. 古文观止 [M]. 西安：三秦出版社，2017：118.
❷ 吴楚材. 古文观止 [M]. 西安：三秦出版社，2017：118.
❸ 韩愈. 唐宋八大家 [M]. 北京：中国言实出版社，2002：387.

众；又恶其衰，衰则货不通"❶。这种在控制（为主）前提下，结合一定范围的开放（为次）的思想是顺应商品经济日益发展的历史潮流的。

封建社会末期的明清时期，观念又有更新。张居正进一步反对言榷利，反对官、商（特许商人）分利的垄断性的商品专卖制度，提出"省征发以厚农而资商，轻关市以厚商而利农"的口号，以厚商代替抑商。但张居正又痛诋"富民豪侈，莫肯事农，农夫藜藿不饱，而大贾持其盈余，役使贫民"❷，他所要厚待的商人不是兼并土地盘剥农民的奸商富贾，而是当时新兴的城市工商业者，其思想又不同于为豪民巨室张目的经济放任论。进入清代，抑商思想在最高决策层已不占位置。乾隆帝思想尤为开放。他认为"市井之事，当听民间自为流通，一经官办，本求有益于民，而奉行未协，转多扞格"。❸ 在这种多给私营商业以自由的指导思想下，官营商业已不再发展，商品专卖（茶）已不再加强，国家干预已不再扩大。但沿自晚明的商品（盐）的委托专卖（纲法）却是官府与特权商人的结合，对此类商人虽多给了自由，对一般商人则并无贸易自由可言，反不如刘晏的官私（无特权的私商）互补的思想更为合宜。自实践观之，刘晏这种思想才是成功的经验的总结。完全抑商、排斥私商或单纯容商、依靠私商都曾带来不良的后果。

商业思想的第二个对立是轻商思想与重商思想的问题。轻商思想由来已久。由于封建等级观念的支配，社会上对地位低下的贾人以及实际从事商业劳动的人都十分贱视。法家和儒家于此倒有一致的立场。随着以董仲舒为代表的后儒"以义为先"思想片面的发展，第一（"先"）成了唯一。"正其谊而不谋其利"的贵义贱利的言论甚嚣尘上。士大夫内心好利，而偏耻谈货殖，讳言财利；经商被说成是肮脏之事、污秽之处。轻商思想又添了一层新的内容。与抑商思想之有政策意义不同，轻商思想更多地带有封建伦理观念的色彩。抑商思想只是断续地在较短时间里与抑商政策一起，对实际生活发生影响。而轻商思想则长时期弥漫于中国封建社会，形成一种风气，使中小商人、商业劳动者被轻而贱之，长期挺不起腰来。其影响所及，较之不利于富商大贾的抑商思想更为深远、广泛。轻商、抑商是两种思想、两个对象，原非一事，自不能相提并论。

与轻商思想对立的是重商思想。重商首先是对商业行业的重视，对商业客观

❶ 郭预衡，郭英德．唐宋八大家散文总集（卷 5）[M]．石家庄：河北人民出版社，2013：3623．

❷ 张居正．张太岳集[M]．上海：上海古籍出版社，1984：99．

❸ 朱诚如，王天有．明清论丛（第 8 辑）[M]．北京：紫禁城出版社，2008：231．

职能的充分的认识。在工商食官、商业官营时，国家重商固不待言。即使抑商思想大盛时，抑商政策的制定者、鼓吹者亦并不否定或轻视商业这一行业的作用。就连全面实行抑商政策、商品意识比较淡薄、过于向农业倾斜的商鞅，在事实面前也不得不承认"农辟地，商致物""农商官三者，国之常食官也""农贫、商贫、三官贫，必削"。❶ 商鞅何曾勾消商业，相反地统一度量衡，以利于正常的商品交换即是由他主持之事。具有浓厚抑商思想的儒家的改革派荀子一面主张"省商贾之数"，一面提倡发展正常的商品流通。他认为"王者之法"，其一就是"通流财物粟米，无有滞留"❷；"贾分货而贩"是必要的社会分工，对商业的认识有了提高。汉武帝的理财大臣桑弘羊在推行抑商政策的同时，大力宣扬商业经济功能的观点，可谓旗帜鲜明。他率先提出"农商交易，以利本末"❸的口号，主张要"开本末之途，通有无之用"，使"农商工师各得所欲"❹。其属官也说桑大夫（弘羊）筹划计算之所致是"民不困乏，本末并利"。❺ 本末并利，农商皆重，这一思想是有别于传统的、有所轻重的重农抑商思想的新发展。"以商（官商）制商（私商）、重本（农）饬末（整顿私营商业）"，寓抑商（私商）于重商（通过官营商业，发挥商业作用）之中，正是桑弘羊思想的特色。把商业与商人分开，抑制商人，重视商业，"其人甚可贱，而其业不可废"（晋傅玄语），抑商（抑制商人势力）和重商（重视商业作用）的矛盾可以得到统一，可同时存在于一个人身上。

东汉末年思想界的王符进一步提出农商各有本末的说法："商贾者，以通货为本，以鬻奇为末。"❻ 这也是一种农商并重论，是对韩非以来的"农本工商末"之说的直接否定。（商鞅所说之"末"是指奢侈品的生产与贸易，以及未经批准的弃农经商，而非概指商业。以"末"指商业自韩非始）明代主张利农厚商的张居正，其重商之意溢于言表。他说："商不得通有无以利农，则农病；农不得力本穑以资商，则商病。故商农之势，常若权衡。"❼ 其于此透辟地阐述了农商并重的思想。清初

❶ 吴慧．翰苑探史：中国经济史论集萃二十五题 [M]．北京：中国经济出版社，2010：125.

❷ 马天西．中国文化精华全集（政治·经济卷）[M]．北京：中国国际广播出版社，1992：59.

❸ 石椿年，吴炜华．中国古代经济文选 [M]．北京：北京财贸学院，1982：71.

❹ 中共宁夏回族自治区委员会宣传部编．读《盐铁论》[M]．人民出版社，1974：17.

❺ 李敖．礼记·康济录·盐铁论 [M]．天津：天津古籍出版社，2016：301.

❻ 陈绍闻．中国古代经济文选（第2分册）[M]．上海：上海人民出版社，1981：168.

❼ 曹旭华．经济思想史论集 [M]．杭州：浙江大学出版社，1995：107.

大思想家黄宗羲亦有"工商各有本末"的说法，与王符前后呼应。当过商贾、牙人的思想家唐甄更以其亲身经历宣传农商并重的道理，强调"农贾乐业，衣食滋殖""农安于田，贾安于市"❶，财用才能充足，否则国家必定贫困。

自封建社会中期以来，也有一些人的重商思想内容由重视商业的职能转而侧重于对商人（不是指中小商人）的重视，如南宋的永嘉学派提倡功利，公然为富民辩护。其代表者陈亮（1143—1194年）认为商人致富可为国家的经济后盾，若使"富人无五年之积，大商无巨万之藏"，则"国家日以困蹙"❷。还有叶适（1150—1223年），其认为抑末"非正论"，抑兼并非善策，主张开阖敛散轻重之权，"富人大贾"应"分而有之"，他们是"州县之本，上下之所赖也"❸。这种重商思想反映了当时东南地区正在发展中的，希望减轻商税、自由经营的工商业者的利益和要求。清初"三大家"之一的王夫之也宣称"大贾富民者，国之司命也"，指出"惩墨吏，纾富民，而后国可得而息也"❹。不过其所推重的富民、大商倒并非指那些从事兼并（"大聚"）为封建统治者的声色玩好服务的"淫商"、奸商，这些人恰恰是他所反对的。思想家感兴趣、寄希望于与新的经济关系（资本主义萌芽）有关联的新兴的工商业者，这一阶层乃是当时的进步力量。因此，顺应历史潮流，为之大声呐喊的重商思想具有它的积极意义和启蒙作用。嘉庆道光时魏源的反对"抑末"、重视商业的思想（提出"缓本急标"的口号，标即指商业），以及包世臣的"无商不给""本末皆富"的言论也正是受到其先驱者的启发和影响。

---

❶　唐甄.潜书[M].北京：中华书局，1963：83.

❷　庄仲方.中华传世文选（南宋文范）[M].长春：吉林人民出版社，1998：314.

❸　叶适.叶适集（第三册）[M].北京：中华书局，1961：659.

❹　田学斌.中国人的经济学[M].北京：中国言实出版社，2015：80.

第三章 中国传统农业生产主导下土地市场经济的兴起

第一节 中国古代土地基本属性和经济价值

土地是农业的最基本生产资料，土地在我国古代农业生产由自然经济向商品经济形态转化的历史趋势中扮演着重要的角色。土地由一种自然物，逐步成为私有财产，并朝着商品的方向发展，是我国古代农业商品化发展趋势的重要表现之一。探究我国古代土地的商品化演进的历史规律是研究我国古代农业的商品化趋势的核心内容之一。然而，土地具有明显区别于其他农业生产资料或产品的特殊属性和社会经济中的特殊地位。我国古代土地的商品化具有其特殊的历史演进逻辑与特征。因此，在研究我国古代土地的商品化问题时，笔者认为应从土地的基本属性出发，结合我国古代土地制度变迁，研究我国古代土地商品化演进的历史规律及其对农业商品化发展的影响。

一、历史视野下土地的概念与属性

我国古代"土地"一词大致有五种含义：一是指田地、土壤，如《周礼·地官·小司徒》中所言"乃经土地，而井牧其田野"，《汉书·晁错传》所载"审其土地之宜"。二是指领土、疆域。《国语·吴语》所论"凡吴土地人民，越既有之矣，孤何以视於天下"。《孟子·梁惠王上》中孟子认为齐宣王"欲辟土地，朝秦楚，莅中国而抚四夷也"。三是泛指地区、地方。北魏时郦道元所著《水经注·若水》记载"汉武帝时，通博南山道，渡兰仓津，土地绝远，行者苦之"。四是指土地神明，即掌管、守护某个地方的神。《周礼·夏官》中记载土方氏的职掌"以土地相宅而建邦国都鄙"，郑玄将其中"土地"一词注为勘查地形之意，"犹度地，知东西南北之深，而相其可居者"❶。综上所述，土地一词在我国古代文献中有着多种含义。但在我国古代，农业用地尤其是耕地是我国古代土地的主体含义。因而，笔者认为土地是指以农业用地为主体的被人类所开发利用的土地资源，包括耕地、林地、宅地、墓地等多种类型。

土地的属性是指土地所固有的性质。马克思曾经指出"土地应该理解为各种自然物本身"，土地作为自然界的一种物质存在，具有天然的承载和滋养万物的自然属性。随着人类的出现和人类改造自然能力的提升，土地逐渐成为人类社会最基本的生存基础和生产资料。围绕着土地，人类社会衍生出各种政治和经济关系，土地也就具有了社会属性。在我国古代社会，农业是主导产业，而土地作为农业生产基本的生产资料，在整个社会资源分配关系中居于核心地位。因此，对传统农业时代土地基本属性的认识是研究土地在我国古代社会经济关系中的地位和变化的前提和基础。

（一）土地的自然属性

土地作为一种自然物，是以土壤为基础，与气候、地形、地貌、水文、自然生物群落等因素相互作用所形成的自然经济综合体。土地先于人类社会而存在，具有与生俱来的自然属性。土地的自然属性是指土地作为自然物所固有的一系列的性质。土地的自然属性包括综合性、生产力的自然性、位置的固定性、质量的差异性和面积的有限性。在我国古代，人们对土地的自然属性已有了深刻的认识，并根据土地的自然属性来改善土地，以提高土地的生产力，促进农业发展。

第一，土地的综合性。土地不是单指土壤，而是包括土壤及其周围的气候、水文、自然生物群落等一系列自然因素的综合体。土地实际上是多种自然要素所构成的综合系统。在农业生产中，首先需要对土地的质地进行辨别。我国古代人民早在春秋战国时期就已经开始对土壤进行分类。《尚书·禹贡》中根据色泽和质地将九州土地分为十种。《周礼·地官》中认为"土"是自然土地，而"壤"是经过人类耕作过的土地，将"土"和"壤"区分开来，并将"土"和"壤"分别划分为十二种。《管子·地员篇》则将平原土地划分为息土、赤垆、黄唐、赤埴、黑埴等。因此，在农业生产中，针对不同的土地，其耕作方法亦有所不同。成书于战国时代的《吕氏春秋》，在《任地》篇中提出了根据土地的性状来平整土地的基本原则"力者欲柔，柔者欲力。息者欲劳，劳者欲息。棘者欲肥，肥者欲棘。急者欲缓，缓者欲急。湿者欲燥，燥者欲湿"。《辩土》篇中提出耕地之道："必始于垆，

❶　邱浚. 大学衍义补（中）[M]. 北京：京华出版社，1999: 726.

为其寡泽而后枯。必厚其靱，为其唯厚而及。饱者荏之，坚者耕之，泽其靱而后之。上田则被其处，下田则尽其汙。无与三盗任地。"土地作为一个综合体，其气候、水文等条件也深刻影响了农业生产。我国早在西周至春秋间就开始根据物候的变化来指导农业生产。《夏小正》《吕氏春秋·十二纪》中都记载了通过自然界动植物的变化来推知气候的变化，从而指导农业生产。我国传统农业生产中重农时观念的形成，也就是建立在对气候的认识上。我国古代对水文的认识则更早，夏商周时期，黄河中下游地区逐步形成了排水防涝系统，此后，从封建王朝重视对水利工程的建设也可以看出古代对土地与水文系统性的认知。

第二，土地生产力的自然性。土地作为自然物，在人类出现以前就存在。土地生产力的自然性是指土地具有自然生产力，即土地在自然界中具有承载和为生命体提供生存空间和资源的自然能力。没有人类的开发，土地同样能够滋养自然界的动植物。人类出现后，通过原始的采集渔猎来获得生存所需的物质。原始时代，人类得以生存所依赖的就是土地的自然生产力。《周易·离·象辞》记载"百谷草木丽乎土"，就是对土地自然生产力的肯定。管子曾言"地者，万物之本原，诸生之根菀也""地载万物而养之"，正是认识到土地自然滋养万物的能力。而东汉许慎所著《说文解字》则以"土生万物"来解释"土"。郑玄在注《周礼·地官·大司徒》时也认为"以万物自生焉，则言土；土，吐也"。可见，古人对土地的自然生产力认识很清楚。人们在长期的生产实践中，积累了农业生产的技术，通过不断改善土地，提高土地的生产力。我国古代农业生产中就十分注重用地与养地的结合，西汉时《氾胜之书》中就提出，耕地在于"趋时，和土，务粪泽"以使"地力常新壮"，提高土地的产出。

第三，土地位置的固定性。土地不同于其他自然物，位置固定而不能够移动，因此对土地的开发利用，要从当地的实际情况出发。从农业生产的角度来看，土地位置的固定性及其气候水文条件的相对稳定性要求农业生产因地制宜。早在《周礼·地官·大司徒》中就提出"土宜之法"以"辨十有二土之名物，以相民宅，而知其利害，以阜人民，以蕃鸟兽，以毓草木，以任土事。辨十有二壤之物而知其种，以教稼穑树艺"，通过考察和辨别土壤的差异来进行合理的开发和利用。管子也指出应"观地宜"，即根据地势高下、肥瘠程度来种植作物，"使五谷桑麻，皆安其处，由田之事也"。梁家勉认为春秋战国时期，根据地形和土壤状况合理安排农业生产不但是农夫常识，而且是当时农官之职责。我国古代这种因地制宜的思想不仅在于农业生产，还扩大到对全国各类土地的合理利用上。《周礼·夏官》中记载职方氏"掌天下之图，以掌天下之地"[1]，对九州的山川薮泽、各州所适种作物和适合饲养的动物、出土的特产都有全面的了解和掌握。

第四，土地质量的差异性。土地是由诸多自然因素构成的综合系统，不同自然因素的组合形成不同的土地质量。由于土地的位置、质地、水文、气候条件等方面的组合差异，土地肥沃程度不同。从农业的角度来看，土地的肥沃程度在很大程度上制约了农产品的产量。《史记·货殖列传》中即记载"带郭千亩亩锺之田"，城郊肥田。而据《淮南子·主术训》所载"一人跖耒而耕，不过十亩。中田之获，卒岁之收，不过亩四石"。东汉王充在《论衡》中对土地肥沃程度与农业产量有更直接论述，"地力盛者，草木畅茂，一亩之收，当中田五亩之分。苗田，人知出谷多者地力盛"。王充认为土壤肥瘠虽是"土地之本性"，但并非不可改，贫瘠的土地"深耕细锄，厚加粪壤，勉致人工，以助地力，其树稼与彼肥沃者相类似也"。而早在战国时代，人们已认识到施肥对改良土壤和增加产量的作用，黄河流域农田施肥已经普遍。秦汉时期，农田施肥更为普遍，肥料种类增多，种肥、追肥、积肥等施肥方式的发展表明此时施肥技术的进步。此后，基于土地质量差异对农业产量影响认识而形成的农田施肥技术不断丰富完善，成为我国古代农业科技的重要组成部分。

第五，土地面积的有限性。土地属于稀缺资源，在短期内不可再生，其面积一定，总量有限。随着人口数量的增加，土地被开发的范围和程度不断拓展。在我国历史上，土地的开发从黄河流域开始，向四方推进拓展。一国所控制的疆域范围也就决定其所拥有的土地面积。土地面积的有限性在很大程度上制约了一国人口的数量。

（二）土地的社会属性

在人类社会产生之前，土地作为一种自然物而存在着。随着人类原始氏族部落的形成，特别是农业的发明，氏族部落开始将一定范围的土地作为公有财产。围绕土地而产生了各种关系，土地由此进入人类社会，具备了社会属性。土地的社会属性是由于人类的社会经济活动所赋予土地的属性。在我国古代社会，农业是具有主导地位的国民经济产业，而土地是基本的农业生产资料。关于土地的所有关系问题成为我国古代社会经济中最为重要的问题。土地在我国古代社会中具有政治和经济双重社会属性。

---

❶ 周公旦.国学经典：周礼 [M].吕友仁，李正辉，孙新梅注.郑州：中州古籍出版社，2018：297.

　　土地的政治性是指人类社会通过对土地权属的明确而建立起来的集体之间、个人之间以及个人与集体之间的社会关系，并将其凝结于国家制度体系之中。首先，国家政权的建立是以控制一定范围的土地为前提，同时国与国之间依据对土地范围所有权属的确定来划定疆域。繁体"國"字即含有以土为疆，以戈守之的寓意，凸显土地的政治性。在古代用以指代国家的"社稷"一词中，"社"为帝王祭祀的土地神，实为国家土地的象征；"稷"为谷神，为农业的象征。农业以土地为基本生产资料。土地为人民生存和国家之根本，管子即认为"地者，政之本也"。因此，国家拥有对土地的控制权是国家政权存在的基本标志。周代"普天之下，莫非王土"，认为天下所有的土地都为周天子所有，周天子实则国家政权的象征，在对土地的所有权上合二为一。周室倾覆，列国崛起，周天子便失去对全国土地的控制权。荀子在评论国家治乱中指出"得地则生，失地则死"。春秋战国各国兼并争战，其最终目的在于获得对土地的控制权，秦灭六国，全国土地重新归于一个政权的掌控之下。其次，在国家对土地主权明确的前提下，一国内对土地的占有和支配关系构成了该国政治体制中最为核心的部分，即土地所有制度。土地所有制度是否能够平衡各阶层的利益关系，处理好国家与农民间的关系，保障农民与土地的有效结合，从而促进农业生产的发展成为决定一个王朝兴衰存亡的关键。

　　土地的经济性是指土地具有为人类经济活动带来收益的特性。《礼记》所载"取财于地"便是古人对土地经济性的认识。在我国传统农业时代，土地的经济性主要体现在两大方面：一是人们通过开发利用土地而获取物质财富。在我国古代社会，人们对土地的开发利用主要是通过农业生产。春秋时，人们认为"及地之五行，所以生殖也"●，"及九州名山川泽，所以出财用也"。战国时代，诸子则提出富国以农，并将农业提高到国家战略高度。秦统一后，重视农业用地的生财性，形成举国重农体制，并为后世所遵循。在我国古代，国家财富的积累主要来源于对农民耕种土地的赋税。从个体角度来说，拥有大量土地可以获得不菲的收益。《史记》中所载"素封"者，"有田园收养之给，其利比于封君"正是土地经济性的体现。此外，土地中所蕴藏的矿产资源也为人们带来利益。春秋战国时期"猗顿用盬盐起。而邯郸郭纵以铁冶成业，与王者埒富"。二是通过买卖土地获取投资收益。在我国古代社会，随着商品经济的发展和国家制度对土地买卖的放开，土地逐渐成为具有投资价值的商品。宋清间土地市场的发展吸引大量商人通过购买土地来进行资本的增值。商人地主在地价下跌时，广收土地，在地价上涨时，或是

● 吴楚材.古文观止[M].西安：三秦出版社，2017：49.

高价出售或是高额出租。因而，投资土地既可短期持有赚取差价，亦可长期经营，收取地租获利。

二、我国古代社会土地的经济价值

在传统农业时代，土地作为一种稀缺的经济资源，在农业生产中具有不可替代的使用价值。马克思说，"物的有用性使物成为使用价值"，而这种有用性决定于该物体的属性。土地通过其具有的自然属性来满足人类的需要，主要是作为农业生产资料间接地满足人类需要。在我国传统农业时代，土地的生产力、质量、位置等自然属性在很大程度上决定了农业的生产方式和收益。由此，土地的使用价值在农业生产中得以实现。此外，人类对土地的开发利用使土地的自然属性发生变化，从而使其价值也会发生变化。从农业生产的角度而言，"一块已耕土地和一块具有同样自然性质的未耕土地相比，有较大的价值"●。因此，农业生产不仅使土地的使用价值得以体现，还使土地中凝结了人类劳动，土地具有了价值。

土地不同于其他自然物所具有的社会属性决定了土地价值不仅只包含凝结在土地中的人类劳动，还应包括土地所有权所派生出来的利益关系。马克思曾言："土地所有权的前提是，一些人垄断一定量的土地，把它当作排斥其他一切人的、只服从自己私人意志的领域。"❷ 正是由于土地作为农业生产资料的稀缺性和土地所有权的排他性，土地所有权可以派生出源自土地的政治权力和经济利益关系。而围绕着土地所有权的分配问题所建立起来的土地制度成为我国古代国家制度体系中的核心内容。因此，在我国传统农业时代，土地的价值内涵应为土地所有权所派生出的利益关系以及人类开发土地所凝结的劳动。

无疑，土地"具有可以实现的、可以转化为货币的交换价值的使用价值"，然而土地作为生产资料的实物形态与其从社会属性中抽象出来的土地所有权的价值实现方式是有所区别的。作为生产资料的土地可以通过农业生产，为人类提供衣食，满足人类的需求，从而实现其使用价值。而作为抽象形态的土地所有权是土地能为特定的人群所开发利用的前提。由于土地的稀缺性和土地所有权的排他性，土地有交换的需要，通过交换实现其价值。土地的不可移动性使作为物的土地必须通过抽象的土地所有权的转移来实现土地的交换。土地的商品化是土地的价值

● 中共中央著作编译局．马克思恩格斯全集（第 25 卷）[M]．北京：人民出版社，1974：699．

❷ 马克思．资本论 [M]．姜晶花，张梅，译．北京：北京出版社，2012：145．

通过流通得以实现的过程，而这种流通实际上是土地所有权的流通。我国古代社会的土地所有制便规定了土地所有权利的分配关系。马克思所言："当从价值的一般规定，回溯到一定商品价值的实现时，变得更加肤浅。每一种商品都只能在流通过程中实现它的价值，它是否实现它的价值，在多大程度上实现它的价值，这取决于当时的市场条件。"● 我国古代土地的商品化以及土地市场的发展历程主要受制于土地制度的演变。

第二节　中国古代土地关系及所有权结构分析

土地占有关系所体现的是土地资源对人的隶属关系，本身不能完全决定农业生产的社会经济性质。真正构成并体现这种社会经济性质的是对土地的经营，即人们在社会中是怎样或通过怎样的方式运用土地进行农业生产经营、产品分配等经济活动的。在中国传统社会经济中，围绕土地占有方式和建筑在这种占有方式上的经济关系始终是中国传统社会经济中最主要的经济关系。

一、中国传统农业的土地关系

生产组织结构即劳动组织结构，是人们在生产劳动过程中结成的最基本的经济关系，是各种社会经济、社会和政治关系的基础。一定的生产组织结构必然受着一定的经济、社会和政治因素的制约，它既不能任意组合创设，也不能任意消灭。生产组织结构是经济结构的核心，它更集中、更直接地体现着社会经济的发展水平和状况，因而有着多方面、多层次的经济意义。从第一层次讲，它体现着人与自然的关系，即反映了社会生产力的组织结构和发展水平。从第二层次讲，它体现着人与人的经济关系，即反映了在利用自然过程中人们所结成的相互关系。从第三层次讲，它还决定并表现了社会关系的性质和基本特点。生产组织结构是通过劳动者同生产资料的具体结合而形成的，而这种结合必然表现着特定的经济关系性质。

在中国传统社会中，主要的土地占有者是地主、国家和自耕农，主要的土地所有制是地主土地所有制、国家土地所有制和自耕农土地所有制。两千多年来，这种土地所有制结构及其关系始终没有发生根本改变。

● （德）卡尔·马克思. 资本论选读和简论 [M]. 北京：华夏出版社，2016: 34.

（一）地主土地所有制

地主土地所有制是中国传统社会中最主要的土地所有制形式，也是发展最充分、最典型的土地所有制形式之一。人们通常把中国的地主制经济和欧洲的领主制经济列为传统时代最有代表性的经济形式。在中国传统时代，地主土地所有制经历了一个漫长的发展历程，其经济本身和发展变化对我国政治、经济、文化等都有着极大的影响。

地主土地所有制具体表现形式经历了四个阶段的发展演变：

第一阶段是战国至西汉。随着"普天之下，莫非王土"的格局被破坏，人们追逐土地的热情日甚一日，土地私有制确立起来，地主土地所有制也发展起来。《吕氏春秋》提到："今以众地者，公作则迟，有所匿其力也，分地则速，无所匿迟也。"这大概就是地主土地所有制产生的重要因素，这种土地所有制有利于劳动生产力的提高，依次出现了贵族地主（依靠血统、宗法或政治集团利益分配而获得土地）、军功地主（依靠作战有功而获得土地奖赏）和商人地主。商人地主的产生标志着商业资本同农业土地资本的结合，开辟了商人兼并土地的途径，促使地产非凝固化。土地商品化以及商业资本地产化对中国传统农业经济曾产生过深远的影响。

第二阶段是东汉魏晋南北朝。地主大土地私有制得到了充分发展。在这一段时期，中央集权的国家体制发生了一些改变，门阀贵族、世家大族、地方豪强纷纷崛起，成为蚕食中央政府权力的利益集团。东汉政府对土地占有采取不抑兼并的自由放任政策。汉光武帝刘秀曾讲："古之亡国，皆以无道，未尝闻功臣地多而灭亡者。"[1] 所以东汉一代，大土地所有制迅速发展，世族制度开始发展起来。尤其到了东汉后期，世家大族、地方豪强不断左右中央政府，形成实际上的割据局面，这是导致东汉之后三国纷争的重要原因。在这种形势下，大地主庄园纷纷建立起来，并在此基础上形成了士族门阀的腐朽统治。魏晋南北朝绵延360余年，中原大地始终未能建立起一个强大的中央集权政府，政治真空带来的是军阀割据、豪强蜂起和少数民族大举南下，各地各类政权如同走马灯似地你来我往。

第三阶段是隋唐五代时期大地主土地所有制经济日趋衰落，并开始向以纠粹租佃关系为特点的地主制经济过渡，这是中国传统社会经济的一个重要转型时期。隋唐初期，原有的世家大族、门阀贵族已经拥有很大的政治权力和经济实力，他们在各地"比置庄田，恣行吞并""致令百姓无处安置，乃别停客户，使其佃食"。

---

❶　纪连海．纪连海点评后汉书（上）[M]．桂林：漓江出版社，2013：9．

780 年，唐朝政府颁行"两税法"，规定"户无主客，以见居为簿；人无丁中，以贫富为差""居人之税，秋夏两入之"。"两税法"的实行有助于增加政府的收入，但也加剧了土地兼并。加之商品经济和货币关系的发展，建立在纯粹租佃关系基础上的地主制经济快速发展起来，原有的世家大族、门阀贵族被彻底瓦解了。

第四阶段是宋元至明清，以纯粹租佃制为特征的地主土地所有制完全确立起来。土地商品化趋势加剧，各类社会财富地产化倾向十分突出。土地占有关系的频繁变动不仅恶化了农业生产的基本条件，还对农业生产和经营方式产生了一定的影响。例如，北宋普遍存在"田非耕者之所有，而有田者不耕也"。1704 年，山东遭灾，清政府调运漕粮救济，康熙皇帝曾谈到山东灾民的窘况："田野小民，俱系与有身家之人耕种。丰年则有身家之人所得者多，而穷民所得之分甚少。一遇凶年，自身并无田地产业，强壮者流离于四方，老弱者即死于沟壑。"❶ 他希望地方官员和有产业的富人"深加体念。似此荒歉之岁，虽不能大为拯济，若能轻减其田租等项，各赡养其佃户，不但深有益于穷民，尔等田地日后亦不致荒芜"。❷ 虽然康熙皇帝这样说，但还是可以看出租佃制的盛行情况。

（二）国家土地所有制

国家土地所有制在中国古代始终没有占据主要地位。但是，由于中国很早就形成了一套国家直接参与经济活动的机制，并在此基础上形成了更为广泛的国家干预主义政策，因此在中国传统社会，国家的经济功能比同时期世界上其他国家和地区要强得多。政府通过各种途径和方式参与土地经营活动，并借以影响和控制农业生产和全国经济。国家所有土地包括以下几类：

一是大量未开垦或不宜开垦的土地，包括山林、沙漠、沼泽、荒地等，这些土地从法权意义上是属于国家所有的，但是由于它们在农业生产中的经济意义不大或尚未显示出来，所以还未被视为一种重要的经济资源。国家对这一部分土地通常只是占有而没有经营。

二是国家所有的耕地。这一部分土地不仅在法权意义上属于国家，在经济上也由政府经营，作为政府财政的重要补充和吸纳游民、安定社会的重要手段。正因为如此，这类土地经营对政府产生了极大的诱惑力，历朝历代都占有相当数量的土地。其最主要的形式是政府控制的官田，其具体形式包括垦田、营田、官庄、没入田、户绝田等。这部分国有土地通常以各种方式分配或出租给农民耕种，政

---

❶ 刘玉峰. 中国历代经济政策得失 [M]. 济南：泰山出版社，2009：324.

❷ 邓之诚. 中华二千年史 [M]. 北京：中央编译出版社，2015：145.

府取得租、税两种收入。例如，唐朝政府实行均田制，就是在国有土地上实行的分田制度，规定："凡天下丁男，给田一顷。笃疾、废疾，给田四十亩；寡妻妾，三十亩，若为户者，加二十亩。所授之田，十分之二为世业，余以为口分。世业之田，身死则承户者授之，口分则收入官，更以给人。""有田则有租，有家则有调，有身则有庸。"❶ 唐代初期由于存在大量国有闲置土地，所以采取了这种土地分配方式和收取租庸调方式，使大量无地和少地农民成为国家的"编户齐民"。

三是屯田为历朝历代都广泛存在的国有土地形式。屯田是国家在国有土地上为了某种特定的政治、军事和经济目的，组织和动员社会流动劳动人口垦种荒地和边陲土地的劳动形式。其中，最常见的是政府为满足边防军队的军事给养、巩固国防、稳定边境而设立的屯田，这种屯田具有很明显的军事性和强制性。屯田还以其经营方式不同，分为军屯、民屯和商屯。在中国传统社会中，几乎历朝历代都十分重视以屯田实边，加强边防力量。例如，西汉在西域设置官署，推动屯田，规模巨大。又如，明代军屯数量也很可观，在洪武、永乐年间，军屯数量估计不下六七十万顷，其中很大一部分都是重新耕垦的抛荒地和未曾开发的荒闲地，尤其是北边各镇。当时的军屯经济效益十分明显，据称"一军之田足以赡一军之用""边有储积之饶，国无运饷之费"。总体上看，在中国传统社会中，国家直接控制的可耕土地呈减少的趋势，国家组织的各类屯田的规模都在逐渐减小。

（三）自耕农土地所有制

自耕农土地所有制是中国传统社会中最普遍的土地所有制形式。这种土地所有制实际上是一种小土地所有制，它是把所有权和经营权合为一体的一种农业生产组织结构。秦汉之后，这种小农经济成为维系社会经济正常运转的重要力量和坚实基础。孟子所讲的"百亩田、五亩宅"式小型经济组织，李悝所谓的"一夫挟五口，治田百亩"的小家庭，都是这种小土地所有者。土地商品化是自耕农土地所有制广泛存在的经济前提，国家对小农经济提供赋税的依赖则是自耕农土地所有制存在的政治保障。在传统社会中，自耕农土地所有制对社会经济和政治有着深远的影响，因此政府总是通过各种政策和措施确保其存在和发展。例如，在清初顺治六年（1649年），清政府颁布政令："凡各处逃亡民人，不论原籍别籍，必广加招徕，编入保甲，俾之安居乐业，察本地方无主荒地，州县官给以印信执照，开垦耕种，永准为业。"清代就讲得很明了："流民

❶ 陈登原．陈登原全集（第 10 册）[M]．杭州：浙江古籍出版社，2014：94．

安则转'盗'为民，流民散则转'民'为盗。"国家和政府为自身长远的利益也要求强化这种经济形式。

自耕农土地所有制由于其生产规模、生存条件、组织结构、运行机制等方面的特殊性，表现出了一系列不容忽视的时代特征。第一，这种土地所有制形式只能是小规模的，而不可能是大规模的。由于它牢牢地把所有权和经营权结合在一起，因而占有土地的数量受到自身经营能力的制约。在资金、技术等物质生产条件恶劣的环境中，只能不断地投入劳动力，加深精耕细作的程度。第二，这种所有制形式极不稳定。由于土地有着商品的性能，因而土地的流转速度很快，历史上流传的所谓"千年田换八百主""百年田地转三家"等说法都是自耕农经济这种特征的体现。一些自耕农通过购买土地上升为富裕农民或地主，更多的自耕农则有可能因丢掉土地而破产。影响自耕农土地所有制稳定的因素主要是自耕农经济本身状态、国家赋税轻重、社会安定程度和自然灾害频率。

二、租佃制及其经济关系

中国传统社会中最主要和最典型的土地经营形式是自耕农的小土地经营、地主土地的租佃制经营和国有土地的租佃制经营。

（一）普遍实行的租佃制

中国传统农业经营有两大特征。一是地主和国家土地采取的经营方式同为租佃制。也就是说，占有大量土地的地主和国家一般不直接从事农业生产的经营和管理，而是把这些土地出租给无地或少地的农民去经营。租佃制经济关系决定着传统社会经济的基本性质，是最重要的经济关系。二是自耕农、地主和国家虽然是不同的土地占有者，但是它们在经营方面利用的劳动组织形式一致，即都是依靠一家一户的个体小农为基本经营和生产单位。自耕农经济把所有权和经营权集于一体，以家庭为单位，利用十分有限的土地从事小规模农业生产；地主土地所有制和国家土地所有制下的租佃经营是所有权和经营权分离的形式，需要依赖个体小农从事生产活动。

租佃制是中国传统农业经济关系中最典型的经济形式，在传统社会前期发展得还不很普遍，经济关系也不是很纯粹，特别是其中存在不同程度的人身依附关系。例如，在东汉和魏晋南北朝时期的大庄园经济中，租佃关系还伴随着严重的人身依附。东汉末年仲长统曾说："井田之变，豪人货殖，馆舍布于州郡，田亩连于方国。"❶ "豪人之室，连栋数百，膏田满野，奴婢千群，徒附万计。"❷ 尤其是在兵荒马乱的魏晋南北朝时期，许多农民只得投奔到豪强门下，以取得自保。北宋时期，纯粹的租佃制基本已经定型了。宋代苏洵曾说："井田废，田非耕者之所有，而有田者不耕也。耕者之田资于富民，富民之家地大业广，阡陌连接，募招浮客，分耕其中。……田之所入，已得其半，耕者得其半。"宋朝法律规定，佃户在完成当年的收成之后，经与地主协商，可以解除租佃关系，佃户可以自由离开原租佃地主，选择承租其他地主的土地，原租佃地主不得无理阻拦。这种租佃制的具体方式即地主或国家把所占有（或所有）的土地租让给无地或少地的租佃农民，通过双方订立租佃契约，确立出租者和承租者两者之间的租佃关系以及双方所承担的责任与义务。承租者据此经营所承租的土地，掌握一定时期内土地的经营权，出租者基于对土地的占有权或所有权，按照契约规定的份额占有经营者劳动收获中的一部分作为报酬，即实物地租。地租收取有定额制和分成制两种。

地主和国家广泛采取租佃制而没有向直接经营土地方向发展的基本原因有两个：一是由于个体小农经济本身所表现出的多方面的经济优越性；二是由于大土地所有者一直没有找到也不可能找到适合自己经营的最佳方法。中国传统社会中存在着大地产的土地占有，但未能出现大规模的土地经营。大地产小经营这种占有和经营方式的反差成为中国传统社会经济中的一大奇观。

（二）租佃制的经济性

租佃制经营是中国传统社会中最有利、最获益的土地经营形式。由于地权不稳定且变动很大，加上没有很强的人身依附关系以及追求土地收益最大化等因素，适合小农经济的租佃制经营取得了统治地位。

首先，租佃制经营使土地所有者能够脱离农业生产和经营活动。在租佃制下，土地所有者不必直接组织和管理生产经营活动，只要控制土地所有权，便可坐享其成。这对土地所有者而言，是一种既省心又省力的剥削方式。这就加剧了中国传统社会中追求土地的趋势："夫治生之道，不仕则农；若昧于田畴，则多匮乏。只如稼穑之力，虽未逮于老农；规画之间，窃自同于'后稷'。"❸ 尤其是在科举制兴起之后，人们讲求"耕读传家"，希望进可以出将入相，混得一官半职，退可以求田问舍，过着无忧的生活。因此，土地就成为其最基本、最稳固的经济基础。

❶ 司马迁. 史记 [M]. 北京：中华书局，2014：67.
❷ 范晔. 后汉书·仲长传统 [M]. 北京：中华书局，2012：102.
❸ 贾思勰. 齐民要术 [M]. 北京：团结出版社，1996：54.

其次，租佃制经营扩大了土地所有者的剥削对象。受剥削的不只是土地承租者个人，还有其全部家庭成员，这势必促使剥削最大化。在雇佣制和劳役制下，剥削的对象是雇工或农奴个人，家庭成员一般不受剥削；而租佃制不同，由于家庭成员都必须直接或间接地参加生产劳动，土地收获中包含着全体家庭成员的共同劳动，因此地租也必然包括租佃者个人和家庭成员的劳动。

再次，租佃制经营势必导致地租最大化，与此同时，地主在土地上的生产投资却较少，经营土地的风险承担也较小。在租佃制经营条件下，土地所有者对土地的生产投资（包括工具、种子、资金等）都趋于最小化。土地一旦出租，生产过程便由租佃农民负责，土地所有者一般不会过问。个体小农依靠土地以维持生计，所以总是千方百计地增加农业投入，以提高产量。在极为有限的条件下，这种投入更多地表现为劳动力要素的投入。

最后，租佃制经营使土地所有者对租佃农不负任何其他非契约关系的责任，既无经济扶助的责任，也无政治保护的责任。土地所有者可以通过抬佃、转佃、夺佃等方式提高地租，加重剥削程度。任何人都可以通过签订契约结成租佃关系，一旦契约被废除，租佃关系也就宣告结束。在这种租佃关系中，土地所有者往往占据着主动地位。实际上，许多地主并不是不关心生产过程，为了增加收获，他们会不断地对生产过程进行监督。宋朝袁采说："人之居家，凡有作为及安顿什物，以至田园、仓库、厨、厕等事，皆自为之区处，然后三令五申，以责付奴仆。"

正是因为如此，租佃制经营在中国传统社会长期存在。董仲舒讲秦汉时代租佃制是"或耕豪民之田，见税什伍"。明清依然如此，明朝末年张履祥在《补农书》中讲："吾里田地，上农夫一人止能治十亩，故田多者辄佃人耕植而收其租；又人稠地密，不易得田，故贫者赁田以耕，亦其势也。"❶ "佃农终岁勤动，祁寒暑雨，吾安坐而收其半。"❷ 在明清史料中这类记载比比皆是。

（三）租佃制的深远影响

租佃制的盛行对中国传统社会产生了广泛而深刻的影响。仅就其直接影响而言，便可窥见一二。

首先，它使中国地主阶层日益向非生产化、非农业化和非经济化发展。这无疑对当时的政治、经济、文化都产生了深刻影响。非生产化是指地主阶层日益脱离生产活动和经营管理，转化为坐享其成、追求奢侈消费的寄生阶层。许多"田

---

❶ 沈氏. 补农书 [M]. 北京：当代中国出版社，2014：35.。

❷ 朱彝尊. 食宪鸿秘 [M]. 上海：上海古籍出版社，1990：25.

主深居不出，足不及田畴，而不识佃户"❶。地主所关心和追求的是投入最小化、收益最大化。追求土地的狂热使地价日趋抬高，土地投入的恶化使生产维艰维难。非农业化是指地主阶层把大量地租等财富投向其农业部门，若时机一到，便热衷于投资于商业、高利贷领域，而不向农业投资。这无疑加剧了农业投入不足和投入要素严重畸形的状态。

非经济化是指地主总是努力寻求摆脱单纯经济生活，通过科举或其他方式进入政权机构、政治领域或其他非经济领域。很少有地主热衷于农业经营活动。

宋朝袁采曾为士大夫子弟的职业选择提出过这样的建议："士大夫之子弟，苟无世禄可守，无常产可依，而欲为仰事俯育之计，莫如为儒。其才质之美，能习进士业者，上可以取科第、致富贵，次可以开门教授，以受束脩之奉；其不能习进士业者，上可以事笔札、代笺简之役，次可以习点读，为童蒙之师。如不能为儒，则医卜、星相、农圃、商贾、技术，凡可以养生，而不至于辱先者，皆可为也。"❷ 可见，最为理想的职业选择还是"学而优则仕"。

其次，它使中国的租佃小农经济境况十分悲惨。承租土地，缴纳高额地租，使租佃小农的农业生产条件不断恶化，而单纯依赖大量投入劳动力的补救办法又加剧了这种恶化趋势。租佃小农的经济力量十分有限，抗御各种天灾人祸的能力低下，一旦有风吹草动，便可能破产，这使广大租佃小农很难摆脱仅仅维持生命的低下的生活水平。而一旦大量小农破产，便势必危及并动摇传统政治统治的基础，引起社会动荡。中国传统社会周期性震荡的深刻原因即在于此。

三、土地所有权结构及其变动

农业是中国传统社会最主要的生产部门，由于农业生产对土地的依赖性，土地对农业生产有着决定性的意义。在中国传统社会中，土地是最稀缺的经济资源和最主要的生产资料，占有更多的土地是为人们所追求的经济目标。在宋代，"士大夫一旦得志，其精神日趋于求田问舍"❸。这种对土地的无限占有欲望还被提升为一种处世哲学："人生不可无田，有则仕宦出处自如，可以行志。不仕则仰事俯育，粗了伏腊，不致丧失气节。有田方有福，盖'福'字从田。"❹

❶ 周邦君. 《补农书》新解 [M]. 成都：巴蜀书社，2011：98.
❷ （宋）袁采. 袁氏世范 [M]. 上海：上海人民出版社，2017：153.
❸ 叶绍翁. 西园闻见录（卷四：谱系）[M]. 符均，注. 西安：三秦出版社，2004：76.
❹ 周辉. 刘永翔校注. 清波杂志校注 [M]. 北京：中华书局，1994：78.

地权的非凝固化和地产的商品化使中国传统社会的各个阶层都努力地追逐土地，也使各种土地所有制之间存在着相互依存、相互转化的密切关系。在它们之间没有严格的界限之分，存在着多种转化途径。

在中国传统社会中，不但土地所有制结构不同于世界其他国家和地区，而且土地占有制的运动机制和运动趋势明显不同于世界其他国家和地区。这种土地运动机制对中国传统农业经济产生了深远的影响。

（一）土地买卖机制

土地买卖机制是中国传统社会中土地运动的第一种机制，是指土地可以作为一种商品、一种能够带来多种利益的资源商品，在土地交易活动中具有交换的功能。土地买卖机制源于土地商品化的性质，并加剧了土地商品化的趋势。在中世纪的欧洲，土地不仅是稀缺的能够带来经济利益的资源，还是一种政治权力和社会地位的象征。土地的这种经济性质和政治性质就要求推动土地所有制和占有关系凝固化。所以，中世纪的欧洲土地买卖被严格禁止，把土地排斥在商品交换领域之外。在当时，土地占有关系的松弛化过程恰恰是其封建社会解体的过程。中国则是另一番景象，土地很早就进入了交换领域，开始商品化。例如，北宋袁采曾说："贫富无定势，田宅无定主，有钱则买，无钱则卖。" [1] 可见，这一时期土地买卖已经是整个社会普遍出现的现象了。由于土地占有与政治权力和社会地位的关系松弛，所以土地转换也不意味着政治特权的丧失和社会地位的下降。

土地买卖机制是保证中国传统社会土地高度利用的重要条件，经营者经济条件恶化时便抛售土地以改进生存状态，经济条件好转时便买进土地以扩大经济利益，从而保证土地总是处于较稳定的经营条件和环境中。这必然导致土地带有了某种资本的运动特征。

（二）土地兼并机制

土地兼并机制是中国传统社会中土地运动的第二种机制。它是一种各种社会财富不断地产化、土地占有不断集中化的机制。土地兼并就是土地的集中化过程，是各种社会财富（包括商业利润、高利贷利息、地租以及其他财富）地产化的过程。土地兼并很早就已产生，董仲舒讲秦汉时期"富者田连阡陌，贫者无立锥之地"，就是土地兼并的结果。这种兼并土地的经济活动几千年来始终没有终止，伴随着整个传统社会经济时代。

促使土地兼并机制发挥效应的因素是多方面的。首先，在中国传统社会中，

---

❶ 袁采. 袁氏世范 [M]. 刘云军，校注. 北京：商务印书馆，2017.

地主、商人、高利贷者往往是三位一体的，经营土地与经营商业、高利贷之间没有严格的社会限制。这种一身兼数任的情况无疑沟通了农业与其他各业的联系，加速了土地商品化。其次，地产的特殊性质使它具有其他社会财富无法比拟的优势。地产并不是最有利可图的经济投资领域，它所带来的利益并不比商业和高利贷更多。但是，土地是财富的良好避风港，所带来的利益虽小，但所承担的风险也小，不需要太多精力投入即可以有相当丰厚的收益。从长远来看，地产所带来的利益是稳定持久和坚实可靠的。最后，地产并不是财富运动的终点，在时机成熟时，地产又会转化为商业、高利贷资本，这种可逆性也使人们把赋置地产当作闲置商业资本或高利贷资本的最佳流向。这一切都可以通过土地买卖机制顺利实现。

（三）土地离散机制

土地离散机制是中国传统社会中土地运动的第三种机制。它是指通过土地买卖或其他方式，使土地占有规模日趋小型化、分散化的一种趋势。土地离散机制是使中国一直未能出现稳定的大地产的重要原因。促进并推动土地离散机制发挥效应的因素是多方面的。一是小农经济的农业生产组织形式的要求。小型化和分散化的土地占有关系最适合小农经济，"小户自耕己地，种少而常得丰收；佃户受地承种，种多而收成较薄"❶。二是长期沉重的人口压力必然使有限的土地资源占有日趋支离破碎。中国传统社会经济的一大特点就是养育了庞大的人口，而人口就业又对农业经营活动产生了巨大影响，其结果就是土地经营日趋小块化。三是政府沉重的赋税剥削使农民无力或不愿承担超过自己经营能力的更多土地。对于自耕农和租佃农民来说，土地多并不一定收益多，来自政府和地主的赋税剥削往往是终年辛劳难有剩余，更不要谈积累了。四是中国的诸子继承制加速了土地的小型化和分散化。因此，中小地主和小自耕农土地所有制在传统社会土地占有关系中总是处于绝对优势的地位。

小地产很难形成在资金和技术上高度集约的新的经济力量，也不可能建立起复杂有机的新经济关系，来自任何方面的冲击都有可能导致其破产。战国时李悝曾经给个体小农家庭的生产经营算过一笔账，其结论是小农"常困，有不劝耕之心"。西汉鲍宣则讲得更甚，小农有"七亡七死"，几乎没有生路。由此可见，小农经济是极为悲惨的。

总之，在中国传统社会中，土地是被人们无限追求的稀有财富形式，但是土

---

❶　余金．熙朝新语[M]．上海：上海书店出版社，2009．

地运动始终没有能够带来传统农业经济结构的变化和突破。三种土地运行机制并发作用的结果造成了土地占有关系的剧烈振荡。这种剧烈振荡不断孕育形成极不稳定的大地产，又不断导致支离破碎的小土地所有制聚复散、散又聚，诞生新的经济关系和经济力量的希望，就在这种循环往复中化为泡影。

第三节　中国古代土地商业化进程探析

唐朝以前的土地买卖停留在土地价值实现不充分上，土地作为生产资料的那部分溢出价值没有得到实现。平民出卖土地多出于生活所迫；商人买卖土地多在于向地主的转化，并未因此而直接投资获利；权贵买土地在于综合土地的经济性和政治性，将地权和政权相结合。可以说，在国家政权的强势干预下，完全自由的土地市场并不存在。

一、"田里不鬻"土地买卖禁令的突破

西周的土地制度不是单一的井田制度，而是由土地国有、分封制、井田制构成的多层次土地分配的制度体系。"普天之下，莫非王土"的土地国有制确立的是周天子代表国家对全国土地的所有权。周天子通过土地分封制将土地及人民分封给贵族。贵族拥有的是封地的占有权，没有处置的权利，周天子是土地的最终所有者，他可以将分封的土地收回或改封。"夷王十二年大簋盖"铭文就记载了周王将赏赐的土地收回来，改赐于他人。贵族所拥有的封地的收益权也不是完整的，封地的部分收益需要上交给周天子，由此来体现周天子对土地的最终所有权。据《周礼·地官·大司徒》记载，贵族根据所封疆域的大小，将年收入的一半、三分之一或四分之一以贡赋的形式上交给周天子。土地分封制处理的是统治阶级内部对全国土地的占有关系。井田制所明确的是国家与农民间关于土地使用和收益的关系。井田制的基本特征是把数量相等、条件相若的土地划交给农户耕种，定期实行重新分配或调整，禁止买卖。孟子所言："方里而井，井九百亩，其中为公田，八家皆私百亩。同养公田，公事毕，然后敢治私事。""公田"归周天子或封地的大贵族，由农民集体为天子劳作。"私田"是为了保障农民生存所需，由周王朝的地方官吏根据各地情况分配给农民。农民则以"彻""助"的形式向国家缴纳田税，服力役。因此，西周农民只拥有"私田"的使用权和部分收益权。总体而言，西周的土地制度可以视作土地王有制下多层次的土地权利分配体系。

　　西周的土地制度将土地的大部分收益集中于周天子及贵族阶层。贵族阶层更多的享受地农民利用土地开展农业生产所获得的物质和财富。因此，贵族阶层对土地的经济价值认识更为深刻，对土地占有和扩充具有更强烈的欲望。即使是在西周"田里不鬻"禁止土地买卖的制度约束下，贵族阶层还通过各种形式来增加自己占有的土地面积。西周中期，周室开始衰弱，贵族间不但开始以租赁、典当、赠予的形式进行土地转让，而且开始有贵族进行土地买卖。据考证，陕西岐山出土的青铜器（卫盉、卫鼎）铭文中分别记载了周恭王时裘卫向邦君厉买田、裘卫与矩伯进行土地交易。铭文中"卫其万年永宝用"反映出当时贵族已经具有了较强的土地私有观念。铭文记载土地交易时均有执政官在场，并界定涉及交易的土地四至，表明当时土地不许买卖的禁令已经开始被贵族打破。由此也可推断，我国古代土地交易最先是在贵族间进行，拥有土地的大贵族阶层成为推动土地商品化的最初力量。在周王式微的春秋时期，诸侯贵族土地私有的观念强化。"封略之内，何非君土；食土之毛，谁非君臣" ❶，诸侯已将封地内土地视为个人所有。不仅如此，他们还将封地内的土地赐予有功者。晋国夷吾赐下属"汾阳之田百万""负蔡之田七十万"。赵简子曾赐田给扁鹊四万亩，还规定赏赐克敌取胜"士田十万"。诸侯的这些赐田实际上成为受赐者的私有财产，土地私有观念逐步在平民中得到认可。春秋战国时，原来以贵族为交易主体的土地买卖开始扩展到平民阶层。在赵国，"弃其田耘，卖宅圃而随文学" ❷。鲁国"初税亩"对私有土地的征税是国家承认的土地私有经济体现。至秦国商鞅变法"除井田，民得卖买"，土地私有制度在法律上得到确立。

　　西周至战国，土地买卖禁令的突破历程大致为西周中期诸侯贵族间通过典当、赠予等方式进行土地的交换。此时，土地买卖在贵族间偶有发生，但并不常见。土地私有的观念在贵族间深化。随着周王室衰落，对土地控制权的减弱，分封的诸侯将封地的土地视为己有，并将土地作为财产对有功的官吏和平民进行赏赐，土地私有观念深入民间，同时平民间开始进行土地的买卖。由于私有土地的增多，诸侯封地收入减少，于是诸侯开始对私有土地征税，这体现了对土地私有的承认。秦商鞅变法从法律上确立了土地私有制度，土地可以自由买卖。在土地买卖禁令被突破、土地逐步进入市场成为商品的过程中，最先推动土地商品化的是贵族和大地主，然后才是投资土地以获利的大商人，最后才是拥有小块土地的农民。因

---

❶ 左丘明. 左传·昭公七年 [M]. 杜预，注. 上海：上海古籍出版社，2016.
❷ 白寿彝. 中国通史 [M]. 上海：上海人民出版社，2015.

为农民拥有的土地较少，其更着眼于如何在少量的土地上精耕细作以提高农业产量或通过开垦荒地来增加土地。贵族和大地主往往拥有大量的土地，不论他们是将土地出租以收取地租来获利，还是将土地转手出卖赚取差价，他们经营土地的收益更为丰厚，所考虑的是如何增加自己拥有的土地面积。因此，土地成为商品之初，其在贵族、地主阶层内部以及地主与自耕农间的流动要比自耕农阶层内部的流动更为频繁。

土地是农业生产最为重要的生产资料，西周至战国农业生产水平的提高直接提高了土地的产出，进而提升了土地的经济价值。土地买卖禁令的突破正是社会对土地经济价值实现的迫切要求。西周、春秋时期，农业生产的科学知识在长期的实践中得到积累，人们对物候、气象、土壤的认识都促进了农业开发活动。西周、春秋时期的农业区域开发从黄河中游流域扩展到黄河下游流域以及长江中下游流域，农业生产结构由旱作农业为主向旱作农业与稻作农业相结合的方向发展。战国时期，铁器牛耕的推广使用、传统农业科技的著作化、理论化、精耕细作的技术体系开始形成，传统农业的基本特征逐步完备。我国农业进入传统农业的奠基时期。各国变法的实施对农业生产关系进行了重大的变革，调动了自耕农阶层的生产积极性，推动了战国农业生产的发展。

二、土地商品化的初步发展

秦统一天下后，"令黔首自实田以定赋"在全国范围内确立了土地私有的合法性，国有土地制度逐渐为土地私有制度所取代。土地私有制度的确立为土地商品化提供了制度保障。秦汉至魏晋南北朝时期，土地私有制在国家干预下曲折发展，土地在全国范围内的商品化发端于秦，至汉代出现了一个土地买卖的小高潮，魏晋南北朝土地商品化趋势有所放缓，但在程度上有所突破。汉承秦制，汉代的大土地私有制度得到迅速发展，促进了拥有土地的非身份性地主和自耕农数量的增加。汉代法律对土地所有权的保护促进了土地的商品化。上至王公贵族、下至平民百姓都卷入土地交易中，使汉代的土地买卖出现了一个小高潮。从土地买卖的史料来看，汉代土地已经商品化，但这时期土地的商品化只是土地所有权的商品化，蕴含于土地中的其他权利并未分离出来进行交易，土地的商品化还处于初级阶段。汉代土地商品化的初步发展表现在以下几个方面：

其一，土地的经济价值以货币形式得以实现，土地开始成为明码标价的商品。在我国古代，土地有着多种利用方式，其中农田、宅地以及墓地因其使用价值的特殊性而较早地转化为商品。田地是我国农业生产最基本的生产资料，田地的肥沃程度在很大程度上决定了农业用地产出量。因此，作为农业用地，田地的生产力情况成为决定其价格的关键因素。两汉时期，作为传统农业生产区的关中平原土地肥沃，被誉为"土膏"，其价格自然也高。西汉建元、丰镐之间的农田"贾亩一金"，即一亩价值 10 000 钱，到东汉建武年间，关中土地还能维持西汉时的价格，"厥土之膏，亩价一金"，可见肥沃田地的保值功能。西汉最高的土地价格出现在河南南阳，达到 21 000 钱。东汉末，中州内郡"田亩一金"，山东堂邑"祖业良田，亩值一金"。东汉建宁四年，洛阳县有田一亩售价 15 000 钱。东汉建武中元元年（56 年），广阳郡的田一亩甚至卖到 25 000 钱，这也是文献中所见汉代土地价格最高者。汉代"膏腴沃土"价格皆在万钱以上，中等的田地售价则在每亩 1000 钱到 5000 钱之间。汉武帝时，丞相李蔡盗卖阳陵周边的田三顷，"颇卖得四十余万"。土地价格约合一顷十余万，汉代一顷为一百亩，那么每亩价格应该在 1000 钱以上。据东汉光和七年（184 年）平阴县樊利家买田铅券记载，樊利家从洛阳杜氏处买的石梁亭部田五亩，每亩价格 3000 钱，一共 15 000 钱。从券文可知，所买卖的田地应是在洛阳。与东汉建宁四年（171 年）洛阳孙成买田时田价相比，才为孙成所买田价的五分之一，可见田地肥瘠对田价影响之大。同时期，临近洛阳的河内郡怀县王未卿所买河南县皋门亭部什三陌西袁田三亩，"亩贾钱三千一百，并直九千三百"这与樊利家所买田的亩价相近。可见，当时作为都城的洛阳周边中等田地均价约在 3000 钱。据四川郫县出土的东汉残碑的碑文记载，东汉永建三年（128 年），"田顷五十亩，直卅万……故王汶田，顷九十亩，贾卅万……"，每亩田价在 1000 钱至 2000 钱之间。郫县地处成都平原，曾为古蜀国都城，农业开发较早。秦汉政权在西南地区通过推广铁器、兴修农田水利等农业开发活动，使自然条件较好的地区农业生产水平已接近中原发达水平。因此，东汉时郫县上等农田的价值可比洛阳，此处碑文所载田价应为中等农田的价格。碑文中也载有当地下等农田的价格"田八亩，质（直）四千"，每亩价格为 500 钱。《居延汉简》中记载了汉代边郡居延公乘徐宗和公乘礼忠家中田地所值钱数。徐宗家"田五十亩，直五千"，礼忠家"田五顷，五万"。汉代公乘属二十等爵第八级，"民赐爵至公乘而止""大约公乘以下，与齐民无异"。居延公乘所有的田地亩价才 100 钱，可知边郡田价低廉。《九章算术》中记载，善田一亩售价为 300 钱，恶田一亩才售 71 钱。纵观有关两汉田地价格的史料可以看出，汉代农田已经成为商品，其价格高低主要取决于土地的肥瘠程度。上等田的每亩售价在 10 000 钱以上，中等田则在 1000 钱至 5000 钱，下等田则在 100 钱以下。田地的区位对价格也有影响，处于都城附近的农田价格比边郡的农田价格高，甚至能达到百倍的差距。这是因为都城附近往往是农业开发比较充分的地区，土地凝结了长期的人力劳动，其生产力更高；都城附近安全性更高，边郡田地被外敌入侵而失去的危险性更大。总体而言，核心农区的田地价格要高于非农区的田地。这也是由农田的特性所决定的。汉代的宅地与房屋已作为整体计价出售，尚未发现宅地地基与其上的房屋亭楼分别交易者。在文献记载中，宅舍以"一区"为单位计价，其价格从三千钱至百万钱。四川郫县残碑中记载"中亭后楼，贾四万""苏伯翔谒舍，贾十七万""舍六区，直[廿廿]四万三千""康眇楼舍，质五千"。东汉后期《郑子真宅舍残碑》铭文中记载，宅舍价高者"一区直百万"，中等者一区值钱七万、五万、三万、二万五千，价最低者也在一区一万。边郡的宅价相对较为低廉，据《居延汉简》记载，拥有"公乘"爵位的徐宗和礼忠家宅一区分别值钱三千和一万钱。

其二，汉代土地买卖市场的主体由贵族官僚和富商大贾拓展到平民百姓。秦汉之前，土地买卖主要是在贵族之间进行，平民之间的土地买卖并不普遍。而到汉代，社会各阶层都被卷入土地买卖中，贵族官僚所交易的地块较大，平民百姓多为小块土地的买卖。汉初，丞相萧何曾依门客之计"多买田地""贱强买民田数宅千万"，自坏名声，以消除刘邦对他的顾虑。汉武帝时，丞相李蔡盗取三顷土地，卖得四十余万，并侵占汉景帝陵神道土地一亩，还因此下狱自杀。大将霍去病亦为其父霍中孺大买田宅以颐养天年。地方富商大贾也购置田宅为业。南阳郭丹"累世千石，父稚为丹买田宅居业"。卓文君与司马相如出奔成都，在卓王孙的资助下"买田宅，为富人"。善于耕田养畜之事的河南人卜式牧羊致富后便购买田宅。普通百姓一般不会将土地出卖，只有在灾荒年份或因生活贫困才会"卖田宅鬻子孙以偿债"。在经济困顿的条件下，不论平民还是公卿往往都将田宅出卖，作为生活的最后来源。王莽执政时，"农商失业，食货俱废""坐卖买田宅奴婢铸钱抵罪者，自公卿大夫至庶人，不可称数"[1]。

其三，汉代土地市场开始发育，土地交易趋向规范化发展。汉代律法对土地的买卖有明文规定，以保障正常的土地交易有序进行。张家山汉墓出土的《二年律令·户律》中规定"田宅当入县官而诈代其户者，令赎城旦，没入田宅"[2]"欲益买宅，不比其宅，勿许。为吏及宦皇帝，得买室舍""受田宅，予人若卖宅，不得更受""代户、贸卖田宅，乡部、田啬夫、吏留弗为定籍，盈一日，罚金各二两"[3]。

❶ 石俊志. 五铢钱制度研究[M]. 北京：中国金融出版社, 2011：92.
❷ 李宝通. 简牍学教程[M]. 兰州：甘肃人民出版社, 2011：131.
❸ 陈伟. 秦简牍校读及所见制度考察 秦简牍研究[M]. 武汉：武汉大学出版社, 2017：46.

汉武帝时，乐简侯卫毋择"坐买田宅不法，有请赇吏，死"。淮南王刘安有谋反之心，其王后荼、太子迁以及女儿刘陵违法侵夺平民田宅。衡山王刘赐也多次侵占民田，并将他人墓地损坏以为田，触犯律法，以致"有司请逮治衡山王"。汉代土地买卖的规范化还表现为民间土地交易立契约文书为据，并有证人在场，饮酒作证。汉长乐里乐奴卖田券记载："置长乐里乐奴田卅五[斤又]，贾钱九百，钱毕已。丈田即不足，计[斤又]数环钱。旁人淳于次儒、王充、郑少卿，古酒旁二斗，皆饮之。"❶

　　土地作为农业时代最为重要的生产资料，社会各阶层通过土地市场的交易，实现了对土地所有权的重新分配，进而实现了各阶层社会地位的调整。汉代土地买卖的高峰背后是私有土地逐渐集中到富商和权贵阶层。西汉初，自耕农受到国家政策的鼓励和支持，小农土地私有制占有统治地位。农业生产获得较大发展，为"文景之治"盛世局面的出现奠定了物质基础。西汉中期开始，富商和权贵阶层通过土地买卖和强占民田的方式，迫使自耕农破产，小农土地私有制比重逐渐下降，土地兼并严重。"富者田连阡陌，贫者无立锥之地。"❷ 王莽试图通过禁止土地买卖和恢复井田制来解决土地的兼并问题，但是没有取得成效，反而引发了民怨。这一时期，自耕农已无法维持基本的生产，出卖土地是其最后的生存需求。王莽不得不解除土地买卖的禁令"诸名食王田，皆得卖之，勿拘以法"❸。王莽的新政没有从根本上解决农民的失地问题，将农民和土地有效结合起来。东汉光武帝出自南阳地主之家，东汉政权实际上代表的是权贵豪强地主集团。权贵地主借助政权的庇护，侵占土地，获得膨胀。以自耕农为主体的小土地私有制进一步萎缩，同时由商人投资土地而形成的庶族地主阶层发展受到权贵地主的挤压。东汉末至三国时期，随着中央集权的衰落和地方割据的崛起，权贵地主逐渐将对大量土地的所有权转化为对地方政治的影响权，地权和政权相结合，促使魏晋时期地主阶层进一步分化。

三、均田制束缚下土地商品化的突破

　　北魏至唐中叶均田制所实行的时期是我国古代封建社会国家政权以土地国有制的形式干预土地商品化的最后一个历史时段。均田制是一种国家将土地分给农

---

❶ 张洪林. 中国传统法律文化[M]. 广州：华南理工大学出版社，2018：82.
❷ 陈怀白. 中国通史讲话[M]. 山东新华书店总店，1948：55.
❸ 朱熹. 诗经[M]. 上海：上海古籍出版社，2013.

民耕种的土地国有制，农民拥有土地使用权和部分的所有权。因而，均田制具有双重性，其中蕴含着土地私有的因素。高敏认为，北魏太和九年（485 年）均田令到北齐河清三年（564 年）均田令的历史过程是均田制内部土地私有性逐渐加速的过程，也是均田制内在的二重性导致它逐步破坏的过程。北魏至唐中叶，均田制的内部演变基本体现了土地国有制逐渐衰落，大土地私有制趋于兴盛的历史轨迹。在大土地私有制逐步摆脱国家政权干预下，土地的商品化逐渐突破均田制的束缚。以官僚权贵为主体的大地主阶层在土地商品化的恢复和发展中发挥了主导作用，在国家授田和赐田的私有土地基础上，大地主阶层通过土地买卖来实现土地的市场流通。土地市场在魏晋南北朝萎缩后，在这一时期得到一定程度的恢复。土地商品化在这一时期的主要特征是在突破均田制的束缚下恢复发展。

均田制自北魏孝文帝太和九年（485 年）诏令行"均田"开始，历经北魏、东魏、西魏、北齐、北周，以至隋唐，止于唐中叶德宗建中元年（780 年）实行两税法。均田制是国有土地所有制的特殊表现形式，但其中又不乏土地私有制的因素。北朝至隋唐均田制中有关土地私有和买卖法令条文的变迁体现了土地国有和私有因素在制度层面上的交锋过程。梳理这一过程有助于我们深入分析均田制下土地商品化发展的相关问题。

北魏前期的"计口授田制"是均田制的重要渊源之一。史载，北魏初期的计口授田有两次，天兴元年二月"诏给内徙新民耕牛，计口授田"，永兴五年八月"置新民于大宁川，给农器，计口授田"❶。拓跋政权在授田的同时，还给农民农业生产工具，旨在解决政府控制的荒田无人耕种的问题，以恢复和发展农业生产。"计口授田"的实施在一定程度上促进了鲜卑族的农业生产方式从游牧转向农耕。北魏孝文帝太和九年（485 年），"下诏均天下民田"，国家将土地按一定数量授予农民耕作，农民根据所分得的田地数量向国家交租服役。均田制的实行既是统治者为解决战乱后北魏政权所控制的大量土地荒废的问题，促使流民与土地相结合，发展农业生产，为北魏政权提供经济基础的一项经济措施是孝文帝试图通过满足拓跋贵族对土地的要求以推动北魏封建化的一种政治手段。因此，均田制虽然属于国有土地制度，但从一开始就含有土地私有的因素。北魏均田令中将所授民田划分为国有的"露田""麻田"和私有的"桑田"。拓跋贵族以及汉族世族地主则可以根据不同官级来获得公田，此外还可以通过增加奴婢来获得私有土地。

北魏均田制严格限制土地买卖，农民所受"露田""麻田"，属于"老免以及

---

❶ 魏收 . 魏书 [M]. 唐长孺，点校，向德章，冻国栋，修订 . 北京：中华书局，2018.

身没则还田",不得买卖。官员所受公田,"更代相付,卖者坐如律"。只有在所授桑田上可以通过买卖进行有限调节,"盈者得卖其盈,不足者得买所不足。不得买其分,亦不得买过所足。"这种土地买卖,完全是制度内的调剂,与土地市场上出于盈利所进行的买卖截然不同。因此,虽然北魏均田制含有土地私有的因素,但还是国有土地制占主导地位,土地的自由买卖和土地市场在法律上不允许存在。北魏分裂为东西魏后,东魏承袭均田制。在东魏初,均田制发生了变化。从《通典·食货志》转引宋孝王《关中风俗传》中所载《魏令》中来看,在东魏均田制下土地买卖有所放松。东魏时土地私有化也得到发展。首先私有化的是国家分配给官吏的"职分公田"。不同于北魏,东魏官吏授田不再按等级,而是实行"不问贵贱,一人一顷"。这些土地"自宣武出猎以来,始以永赐,得听卖卖"。因此在东魏初,因迁都邺城,权贵官吏便将"所得公田,悉从货易"。国有土地"露田"也突破禁令,开始买卖,"露田虽复不听卖买,卖买亦无重责"。对于国家授予农民的"口田",在因农户贫困或懒惰难以交租课的情况下,"三正"可以将其口田出卖以换取租课。东魏均田制下官员的"职分公田"私有,并准予买卖,这标志着土地私有开始在均田制内部滋长。国有土地"露田"和"口田"开始进入市场,这表明东魏政权对国有土地的控制力在减弱,土地私有制在侵蚀土地国有制的主导地位。

北齐代东魏,北齐河清三年所颁布的均田令基本上可以反映北齐对均田制的继承与改革。在北齐均田制下,土地私有化的范围扩大了。官吏因职而授的田地和百姓新开垦的土地,都成为了私有的永业田,"职事及百姓请垦田者,名为永业田"❶。在"土不宜桑"的地方,原属于国有土地的"麻田"不用还受,成为和桑田一样的永业田。北齐时均田令中的国有土地私有化加深了,由此可进入市场的土地也在增多。有学者认为到北朝后期,国有土地私有化加强,反映到均田制内部,是其土地私有性的方面在发展。但从总体上而言,国有土地的比重始终高于东晋南朝。因此,虽然从北魏到北朝后期,均田制的内部演变呈现土地私有化的趋势,但国有土地制依然占据着主导地位,这也为隋唐继续推行均田制做了铺垫。隋朝的均田制承自北周并参考北齐均田制,"其丁男、中男永业露田,皆遵后齐之制"❷。

隋朝平定江南士族豪强叛乱后,实现了统一。全国土地重新归于一个政权的

---

❶ 王振芳,王轶英.中国古代经济制度史[M].太原:北岳文艺出版社,2012:83.
❷ 黄天华.中国财政制度史 第2卷[M].上海:上海人民出版社,2017:1023.

控制之下，国家掌控的田地和人口数量大增，实现了封建社会国家与最高地主的合一。隋初均田制中土地国有的主导地位得以巩固，"帝乃发使四出，均天下田"。隋朝前期均田制的实施，有效地将全国的土地与劳动力结合起来，加之隋文帝实行与民休息的政策，激发了农民的积极性，使农业生产得到迅速恢复和发展。但在隋炀帝的连年征战和繁重的租赋下，农业生产遭到破坏，权贵地主土地兼并盛行，农民失去土地，国有土地逐渐被权贵地主侵吞。隋炀帝大业五年，虽诏天下均田，但已难以实行。唐代，于武德七年始行均田制。唐朝均田制中，对土地买卖有了新的规定。永业田在农民迁徙和家贫无钱供葬的情况下可以出卖，口分田在农民由狭乡迁往宽乡时可以出卖，亦可"卖充宅及碾硙、邸店之类"。而且一旦卖出土地，国家不再授田。受田者死后，国家将田收回，授予无田者。可见，在唐均田制中，口分田和永业田的买卖受到很大的限制，其私有化程度尚低。但赐田和权贵的永业田则放开买卖，"其赐田欲卖者，亦不在禁限。其五品以上若勋官，永业地，亦并听买"。这实际上为权贵地主买卖土地提供了制度缺口，大地主私有制借此得以逐步发展。有学者研究认为，在唐代均田制下，土地买卖依然存在和发展，并且开始向正常化的阶段过渡。唐代官僚地主的私人庄园、别业以及寺庙道观的田庄遍布全国，这正是土地私有化扩大的表现。由于唐代地主阶层利用制度缺口对土地的买卖和兼并，以土地国有制为基础的均田制逐步被侵蚀。安史之乱后，均田制被破败，与之相应的租庸调税法也已不适用。唐德宗建中元年，宰相杨炎创行"两税法"，政府对土地征税，土地私有权得到国家承认，私有土地买卖不再被限制。我国古代土地市场由此得到较完全的恢复和发展。

北朝至隋唐均田制的发展是这一时期以土地国有制为主导的土地所有关系的集中体现。均田制中所含有的土地私有因素以及均田制为土地买卖提供的制度缺口，却在一定程度上为土地市场从魏晋南朝的低迷中恢复过来提供了契机。均田制下，国家成为最大的土地所有者。一般百姓和官员获取土地的主要途径是通过均田法令的分配，官僚权贵还可以因皇室亲姻关系或功劳获得皇帝的赐田。北魏孝文帝时，"诸常自兴公及至是，皆以亲疏受爵赐田宅，时为隆盛"。北周武帝建德三年，尉迟运率军平定卫刺王直作乱，武帝授大将军，赐田宅等不可胜数。唐骠骑将军刘感力战薛仁杲，忠烈而亡，唐高祖李渊"赠瀛州刺史，封平原郡公，令其子袭官爵，并赐田宅"❶。唐太宗时，"李祐以功迁神武将军，赐田宅米粟"。此外，国家对于归服的外族赐以田地，便于其安居生活。宣武帝时，曾任朔州刺史

---

❶ 刘昫等撰．旧唐书 第4册 [M]．陈焕良，文华点校．长沙：岳麓书社，1997：3074．

的杨椿因盗种牧田获罪，临行前不忘告诫子孙："我家入魏之始，即为上客，给田宅，赐奴婢马牛羊，遂成富室。"❶ 杨椿曾祖杨珍于道武帝拓跋圭时归附北魏，据杨椿所言，可知其祖归魏时受赐田宅。北魏永熙中，裴果"率其宗党归阙，太祖嘉之，赐田宅奴婢牛马衣服什物等"。可朱浑元归于东魏政权，"赐帛千匹并奴婢田宅"。唐太宗平突厥，生擒颉利，"授右卫大将军，赐以田宅"。唐太宗贞观二十年，李道宗破薛延陀。之后，延陀西逃余部咄摩支请降"嗣业与之俱至京师，诏授右武卫将军，赐以田宅"。

北魏至唐，官僚权贵通过国家均田授受以及赐田等方式，获得了大量国有土地，逐步形成了以官僚权贵地主为主体的大土地所有者阶层。这些大土地所有者阶层借助均田制下的土地买卖的制度缺口，逐渐成为土地买卖的主体。虽然权贵非法的土地买卖活动虽然受到国家的禁止和惩罚，但非法土地买卖和土地侵占的日趋普遍化表明了均田制的衰落。北魏均田制对土地买卖的限制很严格。只有桑田，因为授受不足或过多者可以通过买卖进行调节，"盈者得卖其盈，不足者得买所不足。不得买其分，亦不得买过所足"。

桑田的买卖是均田制下因授田不均而进行的调节，这种调节不同于以营利为目的的土地交易，但需要通过土地市场得以实现。这就为土地市场的存在和发展留下了制度空间。北魏时，除了制度规定下的土地买卖存在外，还存在着制度未明确的买卖，如墓田的买卖。传世的买卖契约文书中，记载了北魏正始四年（507年）北坊平民张狼洛从系民路阿兜处购买墓田三亩。北魏永安元年（528年）出生于谯县的某位官员为其妻刘兰训在颍阴县北买了墓地，二十五丈四尺。这些土地的交易均发生在均田制实施期间，墓田的买卖主体既有平民百姓也有官吏，并立有买卖契约文书。墓田的买卖在制度上未被明令禁止，在实际中具有合法性，这就为土地变相地进入市场提供了可能。均田制度禁止的土地买卖也为权贵地主所突破。宣武帝即位之初，朝中旧贵族有回迁之议，便有权贵"至乃榜卖田宅，不安其居"。北魏孝明帝时，夏侯道迁之子夏侯夬，嗜酒花费甚多，"父时田园，货卖略尽"。孝明帝末，李世哲在相州为建宅第，不惜"斥逐细人，迁徙伿寺，逼买其地"。《太平广记》载隋开皇初，广都孝廉侯通所拾四广石，皆化为金。侯通将其卖后得钱百万，于近甸"置良田别墅"。石化为金，固然不可信。然侯通得钱后购买良田，则可以反映隋初均田制下土地买卖的存在。唐代均田令之外的土地买卖也存在。唐高宗时，左仆射刘仁轨"三子相继而死，尽货田宅"。员半千为入朝

---

❶ 陈永汉.白话二十五史精编（下）[M].太原：山西人民出版社,2001：769.

求官职将家中"田三十亩，粟五十石"，"鬻钱走京师"。武则天时，狄仁杰上奏，"调发烦重，伤破家产，剃屋卖田，人不为售"。❶百姓在繁重的徭役下，不得不卖田充劳役。唐高祖至武则天时期，是均田制执行较好的时期，违法的土地买卖却并未完全被禁止。唐中宗到唐代宗时期，均田制逐渐被破坏，趋向崩溃。从敦煌文书的记载来看，在开元之前户籍上没有自买田的记载，而从天宝六载以后，户籍中买田的记载明显多起来。至天宝十一年，土地的违法买卖盛行，难以禁止。"王公百官及富豪之家，比置庄田，恣行吞并，莫惧章程，借荒者皆有熟田，因之侵夺；置牧者唯指山谷，不限多少。爰及口分、永业，违法卖买，或改籍书，或云典贴，致令百姓，无处安置。……远近皆然，因循亦久。"❷代宗时"百姓田地，比者多被殷富之家官吏吞并，所以逃散，莫不繇兹"。❸至德宗时均田制已衰败，杨炎指出"丁口转死，非旧名矣。田亩转移，非旧额矣。贫富升降，非旧第矣"❹。可见当时大量农民破产逃亡，户籍散乱，大地主买卖兼并田亩，土地私有化严重。均田制衰败下，大土地私有制占据了主导地位，国家无田可授。唐代实行近四百年的以税入为本的"租赋庸调之法"，失去实施的基础，于是德宗采纳杨炎之议，以户税和土地税为本，行两税法。中国土地制度史也由此进入"不立田制，不抑兼并"的时期，土地的商品化在较为宽松的制度环境下进一步发展。

第四节　基于制度体系下土地市场经济的多维发展

唐中叶至清前期，在均田制被废除后，封建国家不再设立限制土地私有制和私有土地买卖的制度与法令。土地市场在相对自由和开放的制度体系下发展，土地的商品化呈现出新的特点与趋势。有学者将宋清之间的地权市场演进历史特征总结为：地权市场范围的扩大；地权转移的高频率与零细化；地权交易形式的多样化；地权的分析与买卖；地权与资本的相互转化。也有学者认为土地市场在经历汉唐间的初级发展阶段后，从唐代中叶至清代前期为土地市场发展的外延和内涵的扩大阶段。这两者皆是通过提取土地买卖的基本史料来论述土

❶ 司马迁著；李克整理. 二十四史精华（第 8 册）[M]. 北京联合出版公司，2018：2265.

❷ 柳诒徵，周蓓. 中国文化史 上 [M]. 郑州：河南人民出版社，2018：326.

❸ 李希泌. 唐大诏令集补编 下 [M]. 上海：上海古籍出版社，2003：1268.

❹ 高德步. 中国经济简史 [M]. 北京：首都经济贸易大学出版社，2013：49.

地市场本身的发展，诚然是符合土地发展的史实的，得出的观点也很有说服力。唐中叶前后，正是我国古代土地制度体系发生重大变化的变革时期，特别是对私有土地买卖的制度规定，由禁止、限制到放开，土地市场也获得了相对自由的发展。宋清间，土地市场所处的制度环境与唐中叶以前有很大的区别，因此，从土地市场制度环境变迁的角度来研究这一时期土地市场的发展，或许能得到一些新的发现。

唐中叶至清前期，"不立田制"并不意味着没有土地制度，只是国家限制土地私有制发展的制度约束解除。土地国有和私有并存，国家制度法令中要调整的重点不再是国有制与私有制之间的关系，而是不同阶层土地私有的关系。唐中叶以前，国家土地制度主要处理国家与豪强地主在土地占有上的关系。国家控制力强时，能在很大程度上抑制豪强地主的土地侵占和土地的集中，以自耕农为主体的小土地所有权能得到保障；在国家控制力衰弱的时候，大土地私有制得以扩展，国有土地和自耕农所有的土地都受到豪强地主的兼并，并且地方政权与地权趋向于结合。可以说，唐中叶以前，正是由于国家对土地的政治属性的倚重，限制了土地的商品化，也阻碍了土地市场的正常发育。"不立田制"的时代，国家土地制度体系调整的重点转移到私有土地阶层间的经济关系上，土地法令与规定不再是简单的阐明土地是否可以买卖，而是致力于将土地买卖行为规范化和合法化。在宋元明清国家制度调整下，私有土地占据了绝对的优势地位，土地私有制居于主导地位。至清代初期，土地买卖的法规趋于完善，土地市场的秩序得以逐步建立。

一、宋清土地市场发育的特征

（一）土地市场的主体构成发生重大变化

封建国家、地主、农民是我国古代土地市场的三大主体。根据地主是否具有政治权力的庇护又可以将其分为权贵地主和庶民地主。依据农民与地主的人身依附程度则可将农民分为自耕农、租佃农。自耕农拥有国有土地的使用权，并通过税收与国家发生关系，与地主没有依附关系；租佃农没有土地，依靠租赁地主的土地生存，通过地租与地主发生经济关系，具有较强的依附关系。土地买卖在国家强势干预而处于非法交易的历史时期，权贵地主依据其政权的庇护而通过强买等手段在土地市场上占据主导地位。庶民地主、农民出卖土地往往出于被迫，自愿性的土地出卖很少。这一时期的土地买卖也呈现出很强的超经济强制，市场规律难以正常发挥作用。宋清间土地买卖禁令解除，土地私有制占据主导地位，土地市场得到相对自由的发展。土地市场的主体及其相互间的关系也发生了重大的变化。权贵地主在土地市场的强势主导地位逐渐削弱，庶民地主逐步崛起，农民在土地交易中的自由度提升，至明清时代土地交易的自由化趋势已成为主流。首先是庶民地主在土地市场上的逐步崛起。宋清间，虽然权贵地主在南宋至元朝时得到发展，占据了市场统治地位，但从宋清间地主阶层内部关系演变大势来看，权贵地主逐渐受到国家的抑制而趋于衰落，庶民地主地位上升，商人地主有所发展，在土地市场上占有越来越重要的地位。权贵、庶民、商人地主在土地买方市场上形成鼎立之势，打破了宋以前土地买方市场由权贵地主独占的局面，农民在出售土地时有更多的选择和议价的空间。其次是自愿进入土地市场的自耕农数量增加。宋以前，土地买卖受到国家的禁止，自耕农通常是在受生活所迫或强权所压，非自愿性地进入土地市场出售土地，土地的价值自然难以得到完全实现。宋清间的发展，自耕农越来越多的是自愿性地进入市场，估价待售，价高者得。再者，由宋至清，封建国家、地主与农民间的关系发生了变化，农民与地主间的依附关系逐渐减弱。明"一条鞭法"和清"摊丁入亩"的赋役制度改革使自耕农获得更多人身自由，自耕农对封建国家的依附关系减弱。明清时代佃农和地主的租佃制度出现变化。定额租制向预租制过渡，实物地租向货币地租转化，佃农在农业生产过程中的自主性提升。明清时期"一田二主"的现象大量出现，从地主土地所有权中分离出来的使用权"田皮"大部分为佃农所有，佃农和地主开始分享土地的所有权利。可见，明清时期佃农对地主的封建依附关系大为减弱。地主对佃农的经济强制逐渐代替了超经济强制，佃农获得更多的自主权力。因而，明清时期无论是封建国家与自耕农，还是佃农与地主之间的封建依附关系在减弱。这有利于国家、农民和地主在土地市场相对自由和平等地开展土地交易，土地市场的自由交易得到一定程度的发展。

（二）土地市场资金来源构成发生变化

明清间商业资本大量进入土地市场，改变了传统土地市场以官僚资本为主的局面。中国古代商人"以末致富，以本守之"的经营策略由来已久。土地既是保值性高的稳定财产，又可以通过转租或者商业性生产获得收益。因此，商人将一部分商业利润用来购买土地。唐中叶以前，土地买卖受到制度约束，商人投资土地受到一定限制，在重农抑商政策下，虽然也有商人买田宅以守其财富，但在土地市场上来自权贵地主的资本占据着主导地位。宋代土地买卖只需缴纳田契税，便成为政府承认的合法交易行为。商人投资土地的制度障碍消除，商业资本涌入土地市场。北宋后期，陆海商贾"累千金之得，以求田舍"，李孝伯兄之子用商业利润购置田产"以至亿万",南宋海商张愬,在婺州城外购买大量田地,成为地主。平江府经营麨面致富的周氏,买陂泽围成田。明清时期,宋元土地买卖中的"亲邻优先"不再成为法律要求,商业资本进入土地市场更为畅通。商人购买土地已成全国性普遍现象,尤以南方商品经济发达的地区为多。现存明清族谱、墓志铭文和县志中有大量关于商人致富后购置田宅的记载,如《聂氏家谱》记载正统七年南海县商人聂烟波因出海贩运"雷阳之粟"而获利颇丰,从而"大振家产,田园倍增"。《龙氏族谱》记载嘉靖十四年顺德县大商人龙翠云"以贩棉为业",资本充足后,便"以其余蓄分置产业",其中"置田产捌拾余顷"。嘉靖年间南京商人许怀泉"谓治生当以末起家,以本守之,买田数顷"。此类记载颇多,不再逐一枚举,以免赘述。清初商人普遍购买田地的现象引起了朝廷官员的关注。清乾隆五年,陕西道监察御史胡定奏疏"近日富商巨贾,挟其重资,多买田地,或数十顷,或数百顷。农夫为之赁耕,每岁所入盈千万石"。虽然明清商人斥资购买田宅,但是他们多用部分商业利润购买土地,很少将经商资本全部投入土地中。商业资本并不是单向的流入土地市场,也从土地市场流出。商人在需要资本周转或投资其他利润更为可观的经营项目时,会出卖土地以筹集资本。厦门商人见出海经营可以"获利数倍,数十倍",便有"倾产造船者"。清初唐甄也曾变卖田产筹资来设立经营棉布的牙行。因而,商业资本进入土地市场,并不一定将资本凝固在土地上,降低资本的流动性而阻碍商品经济的发展。宋清间,商业资本大量进入土地市场,使传统土地市场资金来源结构发生重大变化,官僚资本不再占据主导地位,商业资本具有了竞争实力。土地市场不同来源的资本间的竞争进一步活跃了土地市场。

二、宋清间土地市场交易秩序趋于完善

唐代中叶以前,土地买卖受到政府的严格管制。政府对土地买卖出台了禁止性的条文。《唐律疏议》规定"诸卖口分田者,一亩笞十,二十亩加一等,罪止杖一百;地还本主,财没不追"。❶ 开元末年,政府颁布《禁买卖口分永业田诏》,规定"天下百姓口分、永业田,频有处分,不许买卖典贴"。天宝十一年又规定"自今已后,更不得违法买卖口分、永业田"。❷ 唐代中叶均田制崩溃后,土地买卖也被放开,不再被禁止。宋清间,土地私有制占据主导地位,土地买卖受到国

---

❶　长孙无忌. 唐律疏议注译 [M]. 兰州:甘肃人民出版社,2017: 363.

❷　周绍良. 全唐文新编(第 1 部):第 1 册 [M]. 长春:吉林文史出版社,2000: 399.

家的制度许可。国家对土地市场的管理则着重于建立和维护合法的土地交易秩序，以保障交易双方权利实现。从宋清间政府对土地买卖的法律规定可以看出，这一时期土地市场正向合法和有序的方向发展。

第一，在土地购买方的选择上，宋清间的相关法律规定经历了从优先特定购买群体到逐步放开为整个买方市场的过程。宋代沿袭了唐后期典卖物业中"先问房亲，房亲不要，次问四邻，四邻不要，他人并得交易"的"先问亲邻"法则。宋太祖开宝年间，为防止民间争端，开封府进一步将四邻购买的优先次序进行细化，"凡典卖物业，先问房亲；不买，次问四邻。其邻以东南为上，西北次之；上邻不买，递问次邻，四邻俱不售，乃外召钱主。或一邻至著两家以上，东、西二邻，则以南为上；南、北二邻，则以东为上"❶。至宋太宗雍熙三年，规定出卖田宅等物业者"据全业所至之邻皆须一一遍问，候四邻不要，方得与外人交易"。亲邻优先权在宋代土地买卖中达到最为兴盛的时期。元代虽然也规定"诸典卖田宅，及已典就卖，先须立限取问有服房亲，次及邻人，次见典主"，但所问亲人只是"有服房亲"，并在时间上"立限"，与宋代相比趋向宽松了。到明清时期，在政府的土地买卖法律中不见"先问亲邻"的规定，但"先问亲邻"在民间土地买卖中依然存在，成为一种民间习俗。这种习俗的约束力显然不及国家法律，土地出卖者出于利益驱使，倾向于卖给价高者。因此，在清代某些地方，家族为了保持田产，不得不规定"族人相互典买，其价比外姓稍厚"。宋清间，亲邻优先权在衰落，政府对土地购买方由限制到逐步放开。传统史学研究中对土地买卖中亲邻优先权持批判态度，认为"亲邻优先权"是宗法宗族制对土地市场的约束和干预，阻碍了土地的自由流通，不利于土地市场规律的发挥。但是在以宗族聚居为特征的中国传统农村，政府在土地市场规定"亲邻优先"，实则明确宗族内待售土地的所有权，避免引发宗族间的土地纠纷，维护乡村社会的稳定。从这个角度来看，国家法律规定"先问亲邻"在保障购买人合法权益和维护土地市场的良好秩序上有着积极的历史意义。随着明清时代商品货币经济的发展，土地市场参与主体范围的扩大，资金来源的多元化，土地卖主们倾向于"价高者得"。当"亲邻优先权"成为压低土地价格借口，侵犯土地卖主的收益，从而破坏土地市场正常交易秩序，政府便以法律形式对其加以禁止。清代雍正三年，河南率先出台禁止土地买卖中先尽业主亲邻的条文。雍正八年，清政府明文规定"及持产动归原先尽亲邻之说借端掯勒，希图短价者，俱照不应重律治罪"。

---

❶ 蒲坚．中国古代法制丛钞 第3卷[M]．北京：光明日报出版社，2001：281．

第二，在土地买卖的法定程序上，宋代到清代不断完善法定程序减少土地纠纷，保障国家税收不因土地交易而流失。土地交易的完成意味着附着于土地上的相关权利义务也一并从卖方转移到买方，宋代到清代国家税役制度基本是以土地为本，加之政府对土地交易要征收契税。因此，土地买卖的进行，关系国家财政收入的来源。政府从买卖程序上以法律的形式加以规范，既是为了维护土地市场的交易秩序，又是为了保障国家的税收来源。宋代土地买卖在程序上，先询问宗族亲属和与所售土地相邻的住户是否有购买意愿。在确定买主后，采用官方统一的契纸订立契约。买卖双方签好契约后，到官府由买方交纳契税，官府核对无误后加盖红印确认，成为具有法律效力的"红契"。最后还须将所交易土地过割，同时将土地上的租税役钱也转至买方。南宋时"富家大室典卖田宅，多不以时税契"导致"得产者不输常赋，无产者虚籍反存"，国家赋税流失严重。政府便规定"先令过割而后税契"，将过割土地的程序提前到交纳税契之前，以保障所交易田宅租税役钱能及时转至买方户下，保证国家赋税不因土地买卖而流失。元代土地买卖的程序在宋代基础上有所改进。元代元贞元年（1295 年）规定"已后典卖田地，须要经诣所属司县给据，方许成交"。大德四年（1300 年），政府将"经官给据"的新程序进一步明细，出卖土地者先"开具典卖情由"向所属官府进行申请，待官府"勘当得委是梯己民田，别无规避"，并且"已委正官监视，附写原告并勘当到情由"，然后官府才"出给半印勘合公据，许令交易典卖"。双方立契交易后，需"赴务税契"。即买卖双方"赍契赴官，销附某人典卖合该税粮，就取卖典之人承管，行下乡都，依数推收。"完成所涉及土地上的权利交割并交纳土地交易税。

明清土地法律条文中虽不见"先问亲邻"的程序规定，但延续了宋元时期立契交税，推收过户的基本法定程序。乾隆时期江浙等地政府在土地买卖过割交契的环节，加入了对契尾的法律规定。由于民间自用契尾，导致"民则贪藏税银，甘印白契，官则巧图侵隐，不粘契尾"❶，土地交易中的争讼纠纷增多。明清规定在过割契税时，必须使用官府统一的契尾。过割纳税完成后，契尾一分为二，买主和官府各持半幅，州县存档备案，以确认土地所有权转移。其次，随着明清土地交易的频繁，在土地产权转移的推收过户程序上，也有所改进。宋元政府规定完成土地所有权的过割基本是在交纳契税前后较短的时间内，而明代规定在每十年大造黄册之年，登记财产时"其事产、田塘、山地贸易者，一开除，一新收，过割

---

❶ 李国章，赵昌平. 中华文史论丛（总第 72 辑）[M]. 上海：上海古籍出版社，2003：322.

其税粮"。❶ 清代"虽逐年陆续过割，总合十年积算，应以上届黄册之数为今番旧管。其以后递年置买产地，不论已收未收，总为新收"❷。可见明清时期，由于土地买卖频繁，短时间内进行大量的过割可能造成紊乱，所以政府放宽了过割的时限。而为保障税粮的征收，便规定将过割税契和编造黄册的时间统一起来。

第三，宋清间政府对具体交易行为进行规范，抑制违法交易行为，保证土地买卖双方的合法权益。首先，政府倡导土地买卖的自由与自愿。虽然宋清间在土地买主选择上，有"先问亲邻"的规定，但在具体交易中尊重买卖双方的意愿，卖主不得强行卖地与亲邻，亲邻也不得借机压价收买土地。《宋刑统》就规定"房亲着价不尽，亦任就得价高处交易。如业主、牙人等欺罔邻、亲，契帖内虚抬价钱，及邻、亲妄有遮怪者，并据所欺钱数，与情状轻重，酌量科断"。❸《元典章》规定，在先问亲邻是否买地过程中"若不愿者，限三日批退。若愿者，限五日批价，若酬价不平，并违限者，任便交易"。❹ 此外，宋清间政府反对官员借权势侵夺私田，并制定惩罚措施。元至元十三年（1276年）规定"强占民田回付本主"。至元十五年，中书省御史台将之完善"官民房舍田土，诸官豪势要之家，毋得擅立宅司庄官，冒立文契，私己影占，取要房钱租米，违者并行纠察"。❺ 明清不仅对侵占他人田宅者有明确的惩罚措施，还禁止官员在任地购买田宅，"违者笞五十、解任、田宅入官"。其次，为保障土地买主的权益，政府规定土地所有者不得重复出售同一块土地。《宋刑统》中规定在重复典当土地等违法行为中，土地所有者、中介人、邻人以及契约上署名者"各计所欺入已钱数，并准盗论"，即按照盗窃罪论。至明清时，政府立法惩处重复买卖土地的行为"若将已典卖与人田宅朦胧重复典卖者，以所得价钱计赃，准窃盗论，免刺，追价还主，田宅从原典卖主为业。若重复典卖之人及牙保知情者，与犯人同罪，追价入官。不知者不坐"❻。宋清间，政府对重复买卖土地行为的惩处有助于保障土地买主的合法权益，减少土地交易纠纷，维护正常的土地交易秩序。最后，禁止盗卖田宅。宋清间政府对盗卖公私田的行为予以惩罚和打击。宋代对盗卖公私田者，"一亩以下笞五十，五亩加一等，

---

❶ 齐豫生. 中国全史（第3卷）[M]. 长春：吉林摄影出版社，2002：1591.

❷ 陈支平. 史学水龙头集 [M]. 福州：福建人民出版社，2016：31.

❸ 窦仪. 宋刑统 [M]. 薛梅卿，点校. 北京：法律出版社，1999：232.

❹ 张金铣校注. 元典章校注 [M]. 合肥：黄山书社，2011：692.

❺ 方龄贵. 通制条各校注 [M]. 北京：中华书局，2001：487.

❻ 朱元璋. 大明律点校本 [M]. 怀效锋，点校. 辽沈书社，1990：53.

过杖一百,十亩加一等,罪止徒二年"❶。《大明律》规定"凡盗卖换易及冒认,若虚钱实契典买及侵占他人田宅者,田一亩、屋一间以下,笞五十。每田五亩、屋三间,加一等。罪止杖八十、徒二年。系官者各加二等"❷。清代在此基础上进一步界定了盗卖他人或官府田宅的行为,并补充了对子孙盗卖宗族土地(祖坟山地、义田、宗祠)的处罚。《大清律例·户律·田宅》中规定,盗卖祖遗祀产至五十亩者"发边远充军",不足五十亩以及盗卖义田者,依照"盗卖官田律治罪"❸。若有盗卖历久宗祠者"一间以下,杖七十,每三间加一等,罪止杖一百,徒三年以上"❹。如果买主明知是宗族产业而购买,则与盗卖者同罪,所买房产由族长收回,而所卖钱财纳官。政府对盗卖公私田产行为的打击有助于维护土地所有者的合法权利,减少侵权行为的发生,维护土地市场的稳定。

(三)宋代到清代土地商品化程度加深

宋代到清代,商品经济迅速发展,土地买卖制度环境较宽松,土地市场秩序逐渐建立,土地的商品化进入一个新的历史阶段。宋代到清代土地商品化程度与前一阶段相比明显深化,土地的经济属性超越政治属性成为土地的主导社会属性,土地产权被分解进入市场交易,土地的投资价值增强,土地价格趋向合理。

1.土地的经济属性上升

宋代以前,土地私有制虽然早在秦汉时期就得以确立,但之后在国家政权的强势干预下,并没有在国家土地制度体系中占据主导地位。土地在国家制度体系中被视为国家政权的基础,大土地所有制的发展也往往导致土地所有权的集中以及地权与政权的结合,进而削弱了中央集权。土地的政治属性在这一时期占据了主导地位。宋代到清代,随着国家赋税制度和土地制度的变革,土地成了国家财政的主要来源。在国家制度体系中,土地的政治属性减弱,经济属性明显上升。宋代到清代,"田制"不立,土地私有制逐渐占据主导地位,土地市场在相对宽松的制度环境下得以发育,土地交易趋向自由。国家制度调整的重点也从之前的抑制土地兼并和防范地方割据转向建立合法的土地市场秩序和保障国家税收来源,土地的经济属性占据了主导地位。

❶ 窦仪.宋刑统[M].薛梅卿,点校.北京:法律出版社,1999:228.

❷ 朱元璋.大明律[M].怀效锋,点校.北京:法律出版社,1999:55.

❸ 井上彻.中国的宗族与国家礼制 从宗法主义角度所作的分析[M].钱杭,译.上海:上海书店出版社,2008:190.

❹ 井上彻.中国的宗族与国家礼制 从宗法主义角度所作的分析[M].钱杭,译.上海:上海书店出版社,2008:191.

2.土地产权被分解进入市场进行交易

土地具有位置固定性和不可移动性，与一般的商品交易不同，土地交易时发生转移的并不是土地本身，而是土地产权。土地产权是由土地的多种权利（土地所有权、使用权、租赁权、抵押权等）所构成的权利束，具有多层次性。宋以前，虽然土地的租佃和典当已经有所发展，但在土地买卖中土地产权并未分解，而是整体发生转移。宋代到清代，随着租佃制度的发展，佃农逐渐取得了对土地经营权的支配。明清押租制、永佃制形成并发展，"佃权"从土地产权中分离出来，并且可以单独进行买卖。在明清土地买卖中出现了土地产权部分转移的"卖田不卖佃"的现象，表明土地产权中土地所有权与使用权已经分离，土地买卖中土地所有权发生转移，而土地使用权可以不变。至清前期，地权与佃权分离的情况很普遍。明清土地买卖契约形式的变化也反映出明清土地产权分解成土地所有权和使用权分别进入市场交易。明代嘉靖以后，土地买卖契约的契式里出现了买卖土地使用权的"赔田契式"。清代这种契约更为普遍，并以卖田皮契、卖税田契等多种名目出现，原来用以表达完整土地产权转让的契约则被用作土地所有权的买卖契约。

3.土地的投资价值增强

宋代到清代，随着人口数量的增加、人地比例的变化，土地作为农业基本生产资料的稀缺性更为突出，而制度上对土地买卖的放开使土地与资本的相互转化更为顺畅。作为一种投资选择，土地投资相对于其他投资具有明显的优点。其一，土地作为不动产，既无折旧耗损之虑，也无水火盗贼之忧。张英《恒产琐言》："独田之为物，虽千百年而常新。或即农力不勤，土敝产薄，一经粪溉则新矣。"因此，土地"无有朽蠹颓坏之虑，逃亡耗缺之忧"。不用担心土地为盗贼所窃和被水火所损："天下货财所积，则时时有水火盗贼之忧……独有田产，不忧水火，不忧盗贼。"❶ 其二，投资土地收益持久而利足。张英《恒产琐言》："若田产之息，月计不足，岁计有余，岁计不足，世计有余。"其三，投资土地具有资本保值和财富调节的独特功能。"以末致富，以本守之"的投资策略，将商业利润转化为土地来保值增值，在商业经营困难时，即可出卖土地，将资金用于商业重新运转，"有钱则买，无钱则卖"。从投资的预期收益角度来看，土地投资具有多种实现收益的形式。一是直接经营，通过自身的合理经营，获取收益；二是出租土地，获取佃农的地租；三是出卖，待价而沽，在国家政权稳定的政治环境下，随着社会经济的

❶ 张英，张廷玉．父子宰相家训 [M]．北京：新星出版社，2015：195-196．

发展，地价在总体上呈现一种上涨的趋势。宋代到清代国家制度上也能保障土地合法投资收益的实现，为土地投资创造了良好的制度环境。宋代到清代，土地市场趋于活跃，"千年田易八百主"，土地转移的高频率与零细化实则加速了资本与土地相互转化，土地不再成为凝固资本的一种投资。因此，宋代到清代土地的投资价值比前代大为增强，土地投资逐渐成为富商大贾置业首选。"凡置产业自当以田地为上、市廛次之，典与铺又次之。"

4.土地价格的形成趋向市场化

宋以前，土地买卖受到以政权为代表的强权干预，非经济因素在土地价格的形成中起主导作用。宋清之际，随着土地买卖的合法化以及国家对土地市场秩序的规范，土地交易中非经济因素的影响减弱，经济因素逐渐增强，土地价格的形成趋向市场化。首先，宋代到清代土地市场"计租定价"的基本原则反映了地租在土地价格形成中的决定性作用。地租是依靠土地所有权而获得的收益，因此土地所有权和使用权的分离是地租产生的前提。这一时期，土地产权已经被分离进入市场，土地所有权和使用权的分离已普遍。在我国古代社会，地租是根据土地肥沃程度、位置等基本性状来确定的，地租在很大程度上反映了土地在当时的农业生产水平下的收益状况。在土地成为商品后，其预期的地租收益就成为土地价格最重要的构成部分。宋清时期，土地买卖为国家制度所许可，国家政权从禁止土地买卖转向构建良好的土地市场秩序。这一时期，"亲邻优先权"对土地市场的影响趋弱，土地价格的形成受强权干预减少，地租成为决定土地价格的主导性因素。宋代土地买卖中，"计租定价"原则的出现表明地租开始成为土地价格的决定因素。《宋会要辑稿》记载绍兴三十二年（1162年）户部奏陈中有言"殊不知民间买田之初，必计租定价"❶。这不仅是在中国文献上是最早的，在世界上也可能是最早的关于地租决定地价的论述。南宋黄震也明确指出其时土地买卖价格取决于地租"买田不以亩为价，而随租以为价"。南宋理宗景定年间（1260—1264年），丞相贾似道在推行购买官吏大户过限之田为官田时，"立价以租一石者，偿十八界四十楮，不及石者，价随以减"❷，也是按照"计租定价"的原则来确定土地价格的。至清代，田地定价"按照租数作价"。而官方购买"公产旗地"定价的惯例也

---

❶　华山．宋史论集 [M]．济南：齐鲁书社，1982：39.

❷　周密．齐东野语 [M]．北京：中华书局：313.

是"按租作等，按等定价"❶。其次，宋代到清代土地价格随着粮食价格的涨落而起伏，体现出土地价格受到农产品市场的影响。清代叶梦珠在《阅世编》中详尽论述了明清时期江苏松江土地价格随米价变动的情形。据《阅世编》记载，明代崇祯中，"华、青美田，每亩价值十余两。上海田美者，每亩价值三、四、五两"，顺治初，因为米价大涨，人争置产，土地价格也上涨。"华、青石五六斗田，每亩价值十五、六两；上海六七斗田，每亩价值三、四两不等。"❷ 此后，米价趋于平稳，加上赋役日重，土地价格"立渐驯减"。康熙元、二、三年间，米价跌至一石五六钱，以致"中产不值一文，最美之业，每亩所值，不过三钱、五钱而已"❸。直到康熙十九年，因为米价上涨，土地价格骤长。"如吾邑七斗起租之田，价至二两一亩，甚至有田地方，各就近争买者，价至二两五钱以及三两。华、娄石四五斗起租之田，价至七八两一亩。"❹ 有人甚至加价赎回原来地价卖出的田地。然而康熙二十年，"米价顿减，其风渐息"。因而，与前一时期相比，宋清间土地价格的形成及变动更多的是受到了土地市场和农产品市场供求关系的影响，而非强权的干预。超经济强制逐渐从土地市场退出，市场规律日益发挥作用。在地租决定地价的基本规律下，土地买卖趋向市场化的价格变动。

❶ 中国人民大学清史研究所，档案系中国政治制度史教研室合编. 清代的旗地（上）[M]. 中会书局出版，1989：129.

❷ （清）叶梦珠撰，来新夏点校. 阅世编 [M]. 北京：中华书局，2007：49.

❸ 叶梦珠. 阅世编 10 卷 [M]. 来新夏，点校. 上海：上海古籍出版社，1981：22-23.

❹ 姚继荣. 清代历史笔记论丛 [M]. 北京：民族出版社，2014：349.

第四章 中国传统农业生产主导下的农贷经济以及资本市场

第一节 中国古代农贷经济的产生条件及发展演变探究

农业资本是指在农业生产过程中为了维持或扩大生产规模所投入的物质或货币形式的资本。在农业生产的三大基本生产要素中，农业资本是最为活跃的要素。在农业向商品经济形态转化的过程中，土地、劳动力的商品化都依赖于农业资本的投入。在我国古代社会，农业生产者主要通过借贷来获取所需的农业资本，农业资本市场的发育情况可以从农业借贷的发展演变中得到体现。我国古代农业信贷可以划分为国家和民间两大层级，国家农贷和民间农贷在发展过程中呈现出多元化的总体特征。

我国古代国家农贷是指国家为了社会稳定和农业生产活动的持续开展，而向农民发放的农业信贷。我国古代国家农贷萌发于西周时期，战国秦汉时期得到初步发展，汉代以国家诏令的形式推动国家农贷的常态化。魏晋南北朝时期，国家农贷得以区域性的延续，汉族政权统治的区域以及受汉族文化影响较深的民族政权大多推行国家农贷，少数民族政权统治区域则难以施行。隋唐至明清时期，国家农贷在常平义仓制度的基础上施行。因而，常平义仓制度的变迁在很大程度上影响了国家农贷活动的开展。在常平义仓制度相对完善和稳定的时期，国家农贷便能较好执行。常平义仓制度衰败时期，国家农贷便难以实行。

一、西周秦汉时期国家农贷的产生与初步发展

我国古代最早有关国家借贷的记载见于《周礼》。《周礼·地官·泉府》记载了掌管国家财政和借贷的机构"泉府"对无货之民所予的"赊"和"贷"两种信

用形式。"凡赊者，祭祀无过旬日，丧纪无过三月"。[1] 周代统治者为维护礼制而以赊的形式保障贫民不弃祭祀、不废丧礼，只需在限定的日期内归还。贷则不同，"凡民之贷者，与其有司辨而授之，以国服为之息"。[2] 有司是泉府的下属官员，负责确定所贷之物的价值，并收取一定的利息。借贷利息的表现形式则根据当地出产而定，如产丝絮的地方就以丝絮偿还，出产絺葛之地，便以絺葛还息。据孙诒让的考证，西周国家借贷利息的比率根据民间情况区分为五等，"或二十而一，或十一，或二十而三，或十二，或二十而五，以此为限，明不得逾溢耳"，由此，可推算当时国家农贷的平均利率为 18%。结合《周礼》的记载和后世学者的注疏，可以确定大致在西周时期，国家借贷活动已经出现，并且设有专门的国家机构和官员负责运营。西周国家的借贷主要面向农、工、商各行业的小生产者，然农业作为主导产业，贫困农民应是借债人的主体。因此，西周时期，国家农贷也已萌发。春秋战国时期，各诸侯国亦采用国家借贷的形式发展农业，赈济灾荒。鲁襄公九年（前 564 年），晋侯伐郑而归，为休养生息，采纳魏绛"输积聚以贷"的建议，"行之期年，国乃有节。三驾而楚不能与争"。鲁襄公二十九年（前 544 年），宋国饥荒，平公以"粟贷"赈灾。"宋亦饥，请于平公，出公粟以贷，使大夫皆贷，司城氏贷而不书，为大夫之无者贷。宋无饥人"。[3] 国家农贷在农业灾荒年份的公益性凸显。而这一时期民间放贷活动的普遍促使国家为减少商人对小农的利息盘剥，保障小农再生产的顺利开展而实行低息的信贷。管子便建议国君采取"春赋以敛缯帛，夏贷以收秋实"的国家农贷来"养其本"，以防止大商富贾豪夺于民，从而保障农民进行农业生产。

秦汉国家统一政权建立后，小农经济逐步成为国民经济的基础。秦朝统一后，庞大的国家机构加重了农民的负担，秦始皇三十二年（前 215 年）后"内兴功作，外攘夷狄"[4]，频繁的徭役和繁重的税负打破了农业再生产的连续过程。农民大量破产，起而反秦。农业生产体系的崩溃成为秦二世而亡的根本原因。汉代统治者吸取秦亡教训，注重与民休息，恢复和发展农业生产。两汉国家尤其注重以国家农贷保障农业再生产的顺利开展，以一系列的国家农贷诏令推进国家农贷的制

---

❶ 周公旦.国学经典：周礼[M].吕友仁，李正辉，孙新梅，注.郑州：中州古籍出版社，2018：147.

❷ 陈戍国.周礼·仪礼·礼记[M].长沙：岳麓书社，2006：83.

❸ 刘勋.十三经注疏集 春秋左传精读 第 1 册[M].北京：新世界出版社，2014：416.

❹ 崔适.史记探源[M].长春：吉林出版集团股份有限公司，2017：90.

度化。

　　汉代国家农贷体现出以下几大特征：其一，国家农贷政令频出，汉代政府高度重视通过农贷来保障农业再生产过程的持续性。汉代政府平均每五年便要颁布一次国家农贷的政令，国家农贷政令颁布之频繁，体现政府之重视。其二，汉代国家农贷政令颁布的原因很多，既有执政者出于体恤贫民而出贷，亦有因水旱、地震等灾害伤农而赈贷，还有因统治者受天现异象所惧而免贷，但尤以应对灾害的救助性农业借贷为主。传统农业对灾害的抵御能力低，农民在水旱等农业灾害的影响下，常处于破产的边缘，农业再生产也难以继续。因而，汉代国家尤为重视对受灾农民的农业借贷，因灾放贷的诏令在汉代国家农贷诏令中也最为常见。例如，汉昭帝始元二年（前85年）八月诏、元凤三年（前78年）正月诏、汉宣帝地节四年（前66年）九月诏、汉成帝鸿嘉四年（前17年）正月诏等。此外，汉代统治者常出于对贫弱之民的怜悯，为体现其爱民之德而以种、食振贷。汉文帝前元元年（前179年），三月诏曰“方春和时，草木群生之物皆有以自乐，而吾百姓鳏寡孤独穷困之人或阽于死亡，而莫之省忧。为民父母将何如？其议所以振贷之”[1]。汉宣帝地节三年（前67年）三月诏“鳏、寡、孤、独、高年、贫困之民，朕所怜也。前下诏假公田，贷种、食。其加赐鳏、寡、孤、独、高年帛”。再者，汉代亦有统治者出于对天人感应之笃信，在天现异象之时，体恤贫民而免贷于民。汉成帝永始二年（前15年）“二月癸未夜，星陨如雨。乙酉晦，日有蚀之”。于是汉成帝下诏曰：“乃者，龙见于东莱，日有蚀之。天著变异，以显朕邮，朕甚惧焉。公卿申敕百寮，深思天诫，有可省减便安百姓者，条奏。所振贷贫民，勿收。”[2]其三，汉代国家农贷的对象以农村贫困弱势群体为主，尤以受灾农民为最。在正常年份，国家通常对鳏、寡、孤、独、废、疾、穷困而无种食之人施以振贷，而灾荒年份则包含受灾地区的农民。汉文帝前元元年（前179年）春，汉文帝怜忧鳏、寡、孤、独、穷困之人，开春之季，无以为食，便下诏振贷。汉武帝元狩六年（前117年）诏曰：“今遣博士大等六人分循行天下，存问鳏、寡、废、疾，无以自振业者贷与之。”汉昭帝始元二年（前85年）三月“遣使者振贷贫民毋种、食者”。汉昭帝始元二年（前85年）、元凤三年（前78年），汉宣帝地节四年（前66年），汉成帝河平四年（前25年）、鸿嘉四年（前17年），东汉和帝永元六年

❶　范伟达，范冰 . 中国调查史 [M]. 上海：复旦大学出版社，2015：56.
❷　《中国皇帝全书》编委会 . 中国皇帝全书　第 1 卷 [M]. 北京：大众文艺出版社，2010：170.

（94 年）、永元十一年（99 年）、永元十二年（106 年）、永元十六年（104 年），东汉顺帝永建三年（128 年）、阳嘉二年（133 年）、永和四年（348 年），东汉桓帝永寿元年（155 年）等受灾年份国家先后下诏或以国库粮食赈济，并贷以农民种食，或免收受灾地区农民往年所贷粮食。此外，东汉顺帝时，开始出现国家向地方王侯以预收租税的方式举债行贷，东汉顺帝永和六年（350 年）"诏贷王、侯国租一岁"。汉安二年（143 年）"又贷王、侯国租一岁"。而在国家财政缺乏时，统治者便发动地方王侯官吏出贷救灾。东汉桓帝永寿元年二月，"司隶、冀州饥，人相食。敕州郡赈给贫弱。若王侯吏民有积谷者，一切贷十分之三，以助禀贷；其百姓吏民者，以见钱雇直。王侯须新租乃偿"。其四，汉代国家农贷短期目标的政治性和长期目标的经济性。汉代国家农贷的利率记载较少，《汉书·食货志》中记载"民或乏绝，欲贷以治产业者，均授之，除其费，计所得受息，无过岁十一"。年利率不过 10%，是比较低的。虽然王莽时"赊贷予民，收息百月三"年利息率涨至 36%，但并不能说明汉代国家农贷的利率高位运行。此外，从汉代国家有关农贷的政令内容来看，其中不乏经常性免除贫民还贷的记载。汉代国家农贷的短期目标并不在于生息谋利，而在于通过农贷来保障农业生产的持续性，避免小农因灾害而破产流亡，造成社会动乱。国家农贷的推行，在短期内可以解决贫困农民对农业生产资料的迫切需求，避免小农的破产，维护社会的稳定。而从长期来看，国家农贷有利于维护以农户为基本单位的小农经济的持续发展，从而为国家带来长期的农业赋税等经济利益。

二、魏晋南北朝国家农贷的区域性延续

魏晋南北朝时期，地方割据势力之间长期的战乱对农业生产造成了较大的破坏，各政权对恢复和发展农业生产都比较重视。国家农贷为部分区域性的政权所沿用，以保障统治区域内农业生产的持续开展，为巩固统治、扩大疆域并尊定物质基础。东汉末，建安二十三年，魏王曹操便根据"去冬天降疫疬，民有凋伤，军兴於外，垦田损少"[1] 而下令对"贫穷不能自赡者，随口给贷"。魏文帝曹丕登基称帝后，于黄初六年二月"遣使者循行许昌以东尽沛郡，问民所疾苦，贫者振贷之"。[2] 东吴赤乌十三年八月"丹杨、句容及故鄣、宁国诸山崩，鸿水溢"。[3]

❶ 曹操. 曹操集校注 [M]. 夏传才，校注. 石家庄：河北教育出版社，2013：172.
❷ 《二十四史》编委会. 二十四史（第 4 册）[M]. 北京：线装书局，2014：1868.
❸ 陈寿. 三国志 [M]. 长春：吉林出版集团有限责任公司，2015：123.

灾害伤农，太祖孙权遂"诏原逋责，给贷种食"，❶ 以助灾民恢复农业生产。西晋统一后，迫切需要恢复农业生产，不仅多次下诏劝课农桑，鼓励发展农业，而且也注重采用国家农贷来应对农业灾荒以保障农业再生产的顺利进行。晋惠帝永平五年"荆、扬、兖、豫、青、徐等六州大水，诏遣御史巡行振贷'。❷ 东晋偏安江左，国家物资供应仰于三吴农业。孝武帝宁康二年"三吴奥壤，股肱望郡，而水旱并臻，百姓失业"，皇太后下诏"三吴义兴、晋陵及会稽遭水之县尤甚者，全除一年租布，其次听除半年，受振贷者即以赐之"❸。公元 420 年刘裕以宋代东晋后，全国陷入南北朝各政权割据混战的分裂局面。小农经济在战乱和灾害面前的脆弱，使国家农贷对农业再生产的维继尤为重要。各割据政权也需要通过农贷来保障农业生产的进行，为其统治提供经济基础。南朝宋文帝元嘉二十一年春正月"凡欲附农，而种粮匮乏者，并加给贷，营千亩诸统司役人，赐布各有差"。❹ 元嘉二十一年六月诏曰："比年谷稼伤损，淫亢成灾，亦由播殖之宜，尚有未尽，南徐、兖、豫及扬州浙江西属郡，自今悉督种麦，以助阙乏。速运彭城下邳郡见种，委刺史贷给。"❺ 元嘉二十八年，下诏对遭受北方少数民族政权侵犯的郡县"赈赡饥流。东作方始，务尽劝课。贷给之宜，事从优厚"。❻ 宋孝武帝孝建二年八月"三吴民饥，癸酉，诏所在赈贷"。❼ 大明二年正月诏曰："去岁东土多经水灾，春务已及，宜加优课。粮种所须，以时贷给。"❽ 大明四年正月"百姓乏粮，随宜贷给"。大明七年九月诏曰："近炎精亢序，苗稼多伤。今二麦未晚，甘泽频降，可下东境郡，勤课垦殖。尤弊之家，量贷麦种。"❾ 宋元徽四年正月己亥，后废帝刘昱"躬耕籍田，大赦天下。赐力田爵一级；贷贫民粮种"。❿ 南朝齐武帝，永明四年闰正月诏曰"凡欲附农而粮种阙乏者，并加给贷，务在优

❶　陈寿 . 三国志 [M]. 长春：吉林出版集团有限责任公司，2015：123.

❷　叶世昌 . 中国金融通史（第 1 卷）[M]. 北京：中国金融出版社，2002：99.

❸　严可均 . 全晋文 上 [M]. 北京：商务印书馆，1999：125.

❹　汪高鑫，李传印 . 二十四史（上）[M]. 北京：蓝天出版社，2008：212.

❺　汪高鑫，李传印 . 二十四史（上）[M]. 北京：蓝天出版社，2008：212.

❻　黄天华 . 中国财政制度史 第 1 卷 [M]. 上海：上海人民出版社，2017：607.

❼　黄天华 . 中国财政制度史 第 1 卷 [M]. 上海：上海人民出版社，2017：607.

❽　王志邦 . 六朝江东史论 [M]. 北京：中国青年出版社，1989：251.

❾　陈安仁 . 中国上古中古文化史 [M]. 上海：上海古籍出版社，2015：353.

❿　王文书 . 宋代借贷业研究 [M]. 保定：河北大学出版社，2014：264.

厚"。❶ 北朝北魏政权注意吸取中原王朝治国之策，在水旱灾荒时亦采用国家农贷，来维护农业生产。孝文帝太和十一年九月诏："去夏以岁旱民饥，须遣就食，旧籍杂乱，难可分简，故依局割民，阅户造籍，欲令去留得实，赈贷平均。"❷ 北魏宣武帝，延昌元年，因水旱灾害，百姓饥弊，五月下诏"天下有粟之家，供年之外，悉贷饥民"。❸ 北魏孝明帝时幽州频遭水旱，国家以"谷数万石，贷民"。❹

纵观魏晋南北朝时期的国家农贷，呈现出以下特征：其一，魏晋南北朝时期的国家农贷对象以遭受灾害和战争破环的农民为主，在正常年份对贫困之民的借贷明显减少。其二，国家农贷的区域性凸显，汉族政权统治的区域以及受汉族文化影响较深的民族政权（如北魏）大多倡行国家农贷，而少数民族政权统治区域则难见施行。其三，魏晋南北朝时期汉族与少数民族经济文化大交融的时代背景，也在一定程度上促进了国家农贷的制度化发展。汉代国家农贷多以皇帝诏令的形式颁布，皇帝遣派特使或令地方官员执行，并未有明确的职官来管理国家农贷活动。北周太祖宇文泰在西魏官制基础上创制六官，在地官府下新创司仓。司仓职责之一便是执行国家农贷"余用足，则以粟贷人。春颁之，秋敛之"。隋文帝"改周之六官，其所制名，多依前代之法"❺，北周所设司仓职责后为隋文帝纳入司农寺，由度支（户部）所属仓部侍郎统领。北周所设专营国家农贷的司仓职责最终进入隋朝官制中，促进了国家农贷的制度化。

三、隋唐至明清时期，常平仓、义仓制度演变下国家农贷的发展

作为我国古代国家仓储制度的重要组成部分，常平仓和义仓也是国家农贷的物质基础。西汉时，常平仓开始设置，最初目的在于通过国家干预，平抑市场粮价，以维护社会稳定。隋唐时期，常平仓便具备了国家农贷的职能。隋唐至明清时期，常平仓虽屡经置废，但其国家农贷的职能基本得以传续。义仓，又名社仓，创设于隋代，以灾荒赈济和借贷为主要职能。义仓在设置之初极具民间自我救济的性质，但随后隋朝政府便将义仓控制权收回，从历代义仓的置废、管理来看，义仓基本上处于国家控制之下，其职能的发挥更多地体现出国家意志。隋唐至明

---

❶ 谭光万. 农业商品化：历史与启示 [M]. 南京：东南大学出版社，2018：122.
❷ 谭光万. 农业商品化：历史与启示 [M]. 南京：东南大学出版社，2018：120.
❸ 王烨. 中国古代商号 [M]. 北京：中国商业出版社，2015：82.
❹ 池田温. 中国古代籍帐研究 [M]. 龚泽铣，译. 北京：中华书局，1984：104.
❺ 吕思勉. 两晋南北朝史（下）[M]. 吉林出版集团股份有限公司，2017：1138.

清时期，随着常平仓、义仓制度的演变，国家农贷也起落变化。隋至宋，常平仓、义仓制度相对稳定，国家农贷活动能较好地进行。元代，常平仓、义仓的职能和性质有所变化，常平仓、义仓的国家农贷职能缺失。但元代的国家农贷并未因此而消失。在明代以预备仓为主体的国家仓储体系下，预备仓承担了国家农贷的职能，常平仓、义仓的国家农贷职能弱化。清代雍正时常平仓、义仓制度普遍设立后，乾嘉时期常平仓、义仓的国家农贷职能得以充分发挥。嘉道年间，常平仓、义仓制度衰落破败，国家农贷难以为继。

　　总体而言，常平仓、义仓制度相对完善和稳定的时期，国家农贷便能较好地执行。反之，国家农贷难以实行。常平仓、义仓制度下的国家农贷对象并不只是灾荒年份的受灾农民，还包括正常年份农业再生产难以维系的贫民。除宋神宗熙宁变法时期之外，其他时期国家农贷的出贷物还多以粮、种、耕牛等实物形式为主，以银、钱等货币形式为辅。国家农贷依然以无息和低息形式进行，其保障农民基本生活和生产需要，维系农业再生产顺利开展的基本目的并未发生改变。

（一）隋至宋常平仓、义仓的国家农贷职能演变

1. 隋至宋常平仓制度下的国家农贷职能演变

　　常平仓始设于西汉宣帝时，设置的最初目的在于通过国家干预平扣市场粮价，以保障百姓的日常生活。东汉明帝时，常平之法在全国推广。魏晋南北朝时期，各政权亦不同程度的对常平仓制度有所继承。例如，晋武帝泰始四年，设立常平仓，"丰则籴，俭则粜，以利百姓"。开皇三年，隋文帝"为水旱之备"在陕州设置常平仓，同年设置了常平监和常平官进行管理。唐建立初，高祖便于武德元年设置常平监官，希望通过常平之法，达到"公私具济，家给人足，抑制兼并，宜通壅滞"的效果。然而据《旧唐书·食货志》记载，常平监官在武德五年十二月被废置。直至唐太宗于贞观十三年十二月下诏"于洛、相、幽、徐、齐、并、秦、蒲等州并置常平仓"。常平仓才在唐代较为稳定地建立起来。虽然安史之乱后常平仓曾一度被废，但唐德宗建中三年，常平仓重新建立直至唐亡。唐代常平仓的主要职能依然是通过籴粜之法来调节市场物价，维护社会稳定。但唐后期，常平仓的职能有所拓展，开始在灾荒年份向农民出贷，以保证农业再生产的顺利开展。唐宪宗元和六年二月"以京畿民贫，贷常平、义仓粟二十四万石，诸道州府依此赈贷"，唐文宗开成三年春正月诏"去秋蝗虫害稼处放通赋，仍以本处常平仓赈贷"。❶

　　宋太宗淳化三年在京畿地区始置常平仓。宋真宗景德三年，设置常平仓的地

---

❶　谭光万. 农业商品化：历史与启示 [M]. 南京：东南大学出版社，2018：97.

域大为拓展，除沿边州郡外，京东、京西、河北、河东、陕西、淮南、江南、两浙各地皆置。在宋真宗的推进下，常平仓被逐步推广至北宋的主要地区，常平仓的运行和管理机制也得以完善，为仁宗、英宗时常平仓职能的稳定发挥奠定了基础。宋初设常平仓的最初目的在于以常平仓之法平抑粮价及储粮备灾。不过，宋代常平仓在饥荒年份除了无偿赈济灾民外，还发挥着国家农贷的职能。宋仁宗景祐初"畿内饥，诏出常平粟贷中下户，户一斛"。宋神宗熙宁二年九月，王安石颁行青苗法，将常平仓和广惠仓的粮食兑换成现钱，在夏秋未收之时，向农民出贷现钱以取利。常平仓的基本职能发生重大转变，由稳定粮价和赈贷救灾转向为政府放贷获利敛财。熙宁七年九月，诸路旱灾，因行新法，常平仓旧有职能尽废，常平司未能赈济。宋神宗见其弊端，对辅臣言"天下常平仓，若以一半散钱取息，一半减价给粜，使二者如权衡相依，不得偏重，如此民必受赐"。熙宁九年八月下诏陕西等五路提举常平仓司"令诸常平存留一半钱，遇斛斗价贱，许趁时收粜"。元丰元年正月，宋神宗又诏令"司农寺，应常平留一半钱谷粜籴数，岁终类聚，逐季点检"。此后，常平仓平抑粮价的职能才得以恢复。宋神宗时，常平仓的国家农贷职能在熙宁变法后有所增强。元丰元年宋神宗便三次下诏放贷常平仓钱谷。元丰元年闰正月十三，"诏河北路以常平米赈贷饥民"。四月十九日诏："开废田、兴水利、建立堤防、修帖圩之类，民力不能给役者，听受利民户具应用之类，贷常平钱谷，限二年两料输足，岁出息一分。"八月二十八日诏："滨、棣、沧三州被水灾，令民贷请常平粮。"神宗死后，高太后为首的旧党执政，元祐元年，青苗法被废，常平仓恢复旧制。元祐元年四月二十六日，三省进言"贷常平钱谷，丝麦丰熟，许随夏税先纳。所输之半，愿并纳者，止出息一分"。十一月二十八日，户部建议"应州县灾伤人户阙乏粮食，许结保借贷常平谷"。❶ 这两次恢复常平仓农贷职能的建言均为当政者所采纳，常平仓的农贷职能依然保留。元祐八年，宋哲宗亲政，重行新法，常平仓亦恢复元丰之制。元符三年，哲宗对常平仓法进行了改变，将常平仓的出粜与放贷按照户等和饥荒程度配合进行"小饥则平价粜与下户，中饥则粜及中户而贷下户，大饥则及上户而贷中户，甚则贷及上户"，在一定程度上防止了青苗法推行过程中向贫民的强行放贷行为，增强了常平仓国家放贷的赈济公平性，也起到了遏制兼并的作用。崇宁五年，宋徽宗在太府少卿张绶的奏请下，恢复设置江湖淮浙常平仓。但宋徽宗时期，常平仓常被州县侵占使用，大大减弱了其功能的发挥。自大观三年起，宋徽宗便下诏要求在常"除依常宪外，重立

---

❶ 谭光万. 农业商品化：历史与启示 [M]. 南京：东南大学出版社，2018：98.

配法，仍增赏典，许人陈告"以禁绝利用常平仓谋私利者。此后，徽宗又于政和元年、七年多次下诏，严格禁止擅自支用借拨常平仓钱粮，然收效甚微，违法支用常平仓钱粮的行为屡禁不止。至宣和元年，常平仓被侵损严重"比年宣失其守，侵耗殆尽，时有水旱，民或流亡"。宋南渡之后，高宗于建炎二年罢废青苗法，"青苗敛散，永勿施行"，并调整常平仓法，扩充了常平仓的物资来源，常平仓国家农贷目的亦从敛财回归至赈济灾民。绍兴七年九月二十二日，明堂大礼赦："勘会人户遇灾伤阙乏种、食，依常平法许结保贷借常平钱谷，限一年随税送纳。"❶绍兴十九年二月三日，宋高宗下令"灾伤去处，令提举常平司借给，可更丁宁户部应副"。四月六日，高宗又授意朝中辅政大臣"两浙等处灾伤去处，可令提举常平官亲诣所部借贷种粮，务要实及饥贫民户，毋令州县及当行人侵克，徒为文具"。南宋孝宗隆兴元年，六月十八日诏："两浙、江东下田伤水，冲损庐舍，理宜宽恤。令诸路常平司行下州县，将被水人户疾速依条借贷，以备布种"。隆兴二年浙西、江东水灾伤农，为防止农民破产逃亡，宋孝宗批准中书门下省所奏"乞下江西常平司，于见管常平、义仓米内，取拨二十万硕赈贷"。乾道七年，庐州旱灾伤农，孝宗准许庐州支拨常平仓粮一万硕，借贷与"饥民及归正人，候将来成熟日拨还"。淳熙七年正月，孝宗"蠲淮东民贷常平钱米"。淳熙十一年，孝宗又批准福建提举司拨常平仓米借贷，以安抚遭受汀州宁化县凶贼姜大老所伤农民，以防农民破产流亡。❷

2. 隋至宋义仓的国家农贷职能演变

义仓于隋开皇五年，文帝采纳度支尚书长孙平建议，令民间为赈济水旱之灾而设置。义仓设置之初，极具民间备荒自救性质，但其后隋朝廷以"义仓贮在人间，多有费捐"之由，将义仓从民间社司并纳于州县管辖，加强了政府对义仓的控制。开皇十五年二月诏曰"本置义仓，止防水旱，百姓之徒，不思久计，轻尔费捐，于后乏绝。又北境诸州，异于余处，云、夏、长、灵、盐、兰、丰、鄯、凉、甘、瓜等州，所有义仓杂种，并纳本州。若人有旱俭少粮，先给杂种及远年粟"。开皇十六年正月，又下诏"秦、叠、成、康、武、文、芳、宕、旭、洮、岷、渭、纪、河、廓、豳、陇、泾、宁、原、敷、丹、延、绥、银、扶等州社仓，并于当县安置"。通过这两次的诏令，义仓的控制权逐步收归朝廷。通过义仓而进行的赈济和借贷行为也上升为国家行为。隋时，为了安定农民生活与恢复农业生产，经

---

❶ 谭光万. 农业商品化：历史与启示 [M]. 南京：东南大学出版社，2018：99.
❷ 谭光万. 农业商品化：历史与启示 [M]. 南京：东南大学出版社，2018：99.

常对农民贷以种子、口粮、耕牛、钱等。虽然,隋初京官及诸州官府利用公廨钱,以放贷生息。但因"所在官司,因循往昔,以公廨钱物,出举兴生,唯利是求,烦扰百姓,败损风俗",于开皇十七年为隋文帝所禁止。因而,隋代的义仓在收归国家后,很可能已经具有了国家借贷的功能。❶

唐朝于武德元年便设置了社仓。至唐太宗贞观二年,尚书左丞戴胄建议"自王公以下,计垦田,秋熟,所在为义仓,岁凶以给民"。唐太宗纳其议,下诏令官员、地主、商人、农民依"土地所宜"和户等情况出谷输入义仓,且规定义仓"岁不登,则以赈民;或贷为种子,则至秋而偿"。唐高宗永徽二年春正月戊戌诏曰:"去岁关辅之地,颇弊蝗螟,天下诸州,或遭水旱,百姓之间,致有罄乏……其遭虫水处有贫乏者,得以正、义仓赈贷。"太宗至武则天当政前期,义仓管辖严格,不得随便支用。而武则天统治后期,由于边郡征战,机构膨胀,国家开支增大,以致常"贷义仓支用"。唐玄宗开元年间虽然曾多次动用义仓储粮以供长安和边郡所需,但依然能将积蓄充盈州县的义仓之粮发往灾区以赈贷青黄不接的灾民。而至天宝年间,义仓粮被转市轻贷,输入长安,全部为政府所占用。义仓的赈贷职能由此缺失。虽然在贞元年间,陆贽提出重设义仓。"谷麦熟则平籴,亦以义仓为名,主以巡院。时稔伤农,则优价广籴,谷贵而止;小歉则借贷。循环敛散,使聚谷幸灾者无以牟大利。"但并未能得以施行。这一时期的国家农贷主要还是依靠常平仓。贞元十四年六月乙巳"以旱俭,出太仓粟赈贷"。义仓在唐宪宗元和元年才得以重设,开征义仓税。"应天下州府,每年所税地子数内,宜十分取二分,均充常平仓及义仓。"元和时,义仓和常平仓已经结合起来,通称常平义仓,并且主要在农民缺乏粮种时,予以借贷。此时的义仓完全成为官方贷借机构,义仓的国家农贷功能进一步强化。元和六年冬十月戊寅诏"今春所贷义仓粟,方属岁饥,容至丰熟岁送纳"。唐文宗时,常平仓和义仓依然延续着国家农贷的功能。太和四年九月戊寅,舒州太湖、宿松、望江三县遭受水灾,六百八十户民受溺,唐文宗"诏以义仓赈贷"。开成三年春正月癸未,文宗又下诏"去秋蝗虫害稼处放逋赋,仍以本处常平仓赈贷"。唐宣宗时亦行唐宪宗元和时义仓之制,此后唐代义仓的国家农贷职能并未发生大的变化。唐代的义仓自贞观设置始,至唐玄宗开元年间,较好发挥了国家农贷的职能。唐玄宗后期义仓制度出现中断。唐德宗至唐文宗时期,义仓已很少无偿救济,基本成为了国家借贷机构,义仓的国家农贷职能得到强化。唐末,国家官员腐败,义仓粮储多为侵盗。此外在灾荒年份,出现贫民难以借贷

---

❶ 谭光万. 农业商品化:历史与启示[M]. 南京:东南大学出版社,2018:100.

到粮种，而富户通过勾结官吏却能获取粮食的怪象。义仓的国家农贷职能在唐末趋于弱化。❶

五代十国时期，地方割据势力之间的混战，对农业生产造成了严重的破坏，农民破产流离，社会经济衰退。北宋建立之初，国家为使农民复业，恢复农业生产，采取了一系列鼓励农业的措施，其中便有重新设置为五代十国时期所废的义仓。北宋初，设置义仓，从根本上是为了避免农民破产，维护农业生产的持续进行。宋太祖于建隆四年三月下诏"宜令诸州于所属县各置义仓，自今官中所收二税，每硕别输一斗贮之，以备凶歉，给与民人"。乾德元年，所置义仓已发挥其赈济和国家农贷职能。乾德元年夏四月旱灾，"辛亥，贷澶州民种食"。乾德三年，为及时发挥义仓的赈贷功能，宋太祖下诏将义仓出贷的审批权下放至州司一级。"比置义仓，以备凶岁救黎元之不济，宜出纳以及时。若俟上言，谅乖赈恤。自今，人户欲借义仓充种食者，委本县具灾伤人户申州，州司即与处分，计户赈贷，然后以闻"。这种国家农贷多为无息借贷，所贷之户秋收后"只依元数送纳"。然而，因地方征收义仓税时"重叠供输，复成劳扰"，加重了百姓负担，违背了宋太祖体恤民情的初衷，乾德四年三月太祖下令停收义仓税，"其郡国义仓并罢之"。直至庆历元年宋仁宗在户部王琪的奏请下，"诏天下立义仓"，不过庆历五年又"诏罢义仓"。宋神宗熙宁元年"诏州县推行义仓之法"，但由于当时神宗起用王安石来变法，为推行新法，州郡借义仓之名聚敛，加重百姓负担。熙宁二年七月，在钱颢上奏"齐州科配义仓米，取数太多，曹、齐州诸县又令长代纳"后，宋神宗下诏"遂罢义仓，其已纳者并给还"。由于王安石废常平仓行青苗法，并未获得预期灾荒赈济的效果。熙宁六、七年大灾，"永兴、秦凤、河东饥民死者相属"，大量农民破产逃荒，"百姓流移于京西就食者，无虑数万"。宋神宗开始逐步恢复义仓。熙宁十年，宋神宗命开封府界提刑司"先自丰稔畿县立义仓之法"，进行试点，在取得"不扰而可行"的效果后，于元丰元年下诏"京东西、淮南、河东、陕西诸路依开封府界诸县行义仓法"，十月将其推广至川峡四路。然而元丰八年宋神宗病逝后，反对变法的旧党在皇太后"见行法不便于民者改之"的口谕下，将义仓再次罢废。宋哲宗元祐五年，殿中侍御史上官均上奏"乞兴复义仓之法"。至绍圣元年，除广南东、西路以外，各地恢复了义仓。此后直至北宋灭亡，义仓未被废弃。北宋义仓在太祖设立之初，较好地发挥了国家农贷的职能。但此后，义仓屡经立废，

---

❶ 谭光万. 农业商品化：历史与启示[M]. 南京：东南大学出版社，2018：101.

国家农贷职能的发挥因受到很大影响而减弱。❶

南宋，义仓制度相对稳定。义仓继续发挥着国家农贷的职能。绍兴十五年七月三日，泉州知州吴序宾上言"汀、虔盗贼鳞集，泉南七县临其荼毒，且致饥饿，虽军储不足，而义仓积粟见存七万石，欲开仓赈贷。内残破四县，乞比附灾伤七分之法，各借种子三千硕，自第四等以下户，委县官随便借贷"。于是宋高宗下诏"每县于义仓米内支拨二千石，应副借贷"。宋孝宗隆兴元年二月十八日，"尚书户部员外郎、奉使两淮冯方言：'据高邮军百姓状：自前年金贼犯顺，烧毁屋宇，农具、稻斛无余，归业之始，无以耕种。欲乞就附近支拨常平及义仓米，委本路提举司令高邮军措置借贷，抱认催索，趁此农时早得布种，以宽秋冬艰食之忧。其余两淮州县经贼马侵犯去处，亦令此体例施行。'从之。"隆兴二年二月二十七日，台州知州赵伯圭上奏"本州缺雨日久，二麦未熟，米价踊贵，细民艰食，依已降指挥将见管常平、义仓赈粜。窃虑贫民艰得见钱，欲特量行赈借第四等以下贫乏之户，候秋成日依元借数随苗偿官。"宋孝宗"诏依。自余灾伤州郡，依此施行"。宋孝宗淳熙十一年，福建提举司收捕汀州宁化县凶贼姜大老后，"窃虑贼发地分被劫之家流移失所，不能自存。已行下常平、义仓取拨米斛借贷，安集流亡，无致失所"。❷

（二）元至清常平仓、义仓的国家农贷职能变迁

元代常平仓、义仓均设立于元世祖至元六年。但元代常平仓和义仓的属性和职能发生了变化。元代常平仓属于官方机构，其职能在于平籴粮价。"丰年米贱，官为增价籴之，歉年米贵，官为减价粜之"。元代义仓则立于乡社，由民间积谷，属于民办性质的救灾赈济机构。"义仓乃民间资自藏之粟，备凶年缺食之用"。《元史》所载使用义仓的粮谷救济灾荒的史料中，以无偿赈给为主，鲜见借贷。元代常平仓、义仓职能在于平籴粮价和救济灾荒，隋至宋常平仓、义仓的国家农贷职能在元代基本被废弃。不过，元代的国家农贷依然见诸史籍。元世祖中统二年七月，"丁丑，渡江新附民留屯蔡州者，徙居怀孟，贷其种食"。至元十七年春正月，磁州、永平县遭受水灾，"给钞贷之"。元成宗大德二年五月"淮西诸郡饥，漕江西米二十万石以备赈贷"。❸元顺帝至顺元年七月西和州、徽州雨雹成灾"民饥，

---

❶ 谭光万.农业商品化：历史与启示[M].南京：东南大学出版社，2018：102.

❷ 谭光万.农业商品化：历史与启示[M].南京：东南大学出版社，2018：103.

❸ 齐豫生.二十五史（第10卷）[M].长春：吉林摄影出版社，2002：261.

发米赈贷之"。❶ 因此，虽然元代常平仓、义仓的国家农贷职能废弛，但元代国家对农民的借贷活动并未停止，元代国家或为鼓励新迁农民垦殖，或为帮助受灾农民恢复农业生产，往往设法贷给农民生产所需耕牛、种子、粮食等。

明代仿唐宋时期仓储制度设置了预备仓、社仓，放贷贫民，赈济救荒，均带有国家农业信贷的性质。预备仓为明代所独有，创于洪武年间，后在明代各地广泛设立，成为明代救济灾荒的重要仓储。预备仓在放粮时采取赈贷和赈济相结合的方式。赈贷，受粮者相当于向国家借粮，需要归还，属于国家农贷活动。预备仓在洪武设立之初，多为无息借贷，"官为籴谷收储备赈，秋成抵斗还官不起息"。至正统朝，开始行有息借贷，正统七年"福建布政司，凡预备仓粮给借饥民，每米一石，侯有收之年，折纳稻谷二石五斗还官"。明代以预备仓为主体，社仓等为辅助的地方仓储体系，在国家农贷活动中都发挥了重要作用。洪武初，费震为官汉中，"岁凶盗起，发仓粟十余万斛贷民，俾秋成还仓"。据《明史·太祖本纪》记载明太祖洪武二十六年夏四月，孝感饥荒"遣使乘传发仓贷之。诏自今遇岁饥，先贷后闻，著为令"。洪武二十七年，春正月"发天下仓谷贷贫民"。代宗景泰二年二月癸巳诏："畿内及山东巡抚官举廉能吏专司劝农，授民荒田，贷牛种。"世宗嘉靖八年，下令各抚、按以二三十家民户为一社，按户等出米，设立社仓。"年饥，上户不足者量贷，稔岁还仓"。虽然"其法颇善"，但"其后无力行者"。❷

清代常平仓、义仓制度建立始于顺治、康熙中期，康雍年间，清代政府颁布了一系列的鼓励措施推动常平仓的普遍设立，至雍正初，常平仓在全国各州县普遍建立。清代社仓的普遍建立在雍乾时期得以完成，至乾隆十九年，全国十九省地区都设置了义仓。清代常平仓、社仓制度皆具有向农民出贷的功能。乾隆四十九年，山东巡抚就曾上书请求对山东五府州"地在三十亩以下无力之户，除照例出借粮外，每亩再行借给籽种银五分，以资耕作"。可见，常平仓谷出借给农户已成惯例。清代社仓筹办章程中，便规定社仓仓谷使用宗旨在于"社仓原备农民籽种，耕田之家无论佃田自田，凡无力者皆许借领"。因此，在雍正朝常平仓和社仓制度普遍设立后，清代的国家农贷活动至乾嘉时期最为突出，国家农贷主要集中在青黄不接时贷给贫民籽种银钱，以及灾荒年份贷给灾民口粮和种粮。乾隆十三年七月，"贷山东农民籽种银"。乾隆十五年十月，"免顺直固安等四十六州县水雹各灾额赋，仍赈贷有差"。乾隆十六年三月"贷黑龙江呼兰地方水灾旗民"。

❶ 宋濂．二十五史（元史）[M]．乌鲁木齐：新疆青少年出版社，1999：133．

❷ 谭光万．农业商品化 历史与启示 [M]．南京：东南大学出版社，2018：104．

乾隆二十六年正月，"贷甘肃渊泉等三县农民豌豆籽种，令试种"。乾隆二十七年正月，"丁酉，以科尔沁敏珠尔多尔济旗灾，贷仓穀济之"。嘉庆朝国家农贷活动则更为频繁。嘉庆十一年正月，"贷三姓、双城堡兵民，直隶磁州等九州县，湖南安乡、华容二县，河南武安县、甘肃会宁等五县被灾口粮、屋费、籽种"。六月，"贷江苏淮安卫灾屯籽种"。十月，"贷甘肃皋兰等十八州县口粮"。❶ 嘉庆十二年，正月，"贷直隶大名等四州县、河南商丘等三县灾民米穀，陕西葭州等四州县、江西南昌等十六县、湖北江夏等二十州县卫、湖南武陵等十州县卫、甘肃渭源等七州县、贵州桐梓县灾民口粮籽种"。三月，"贷甘肃皋兰等七州县灾民、湖南乾州等五州县屯丁口粮籽种，湖北督标、提标及武昌城守营被灾兵丁仓穀"。五月，"贷山西大同等三县被灾兵民仓穀"。六月，"贷江苏淮安卫水灾屯田籽种"。九月，"贷山西山阴县歉收仓穀"。闰九月"贷河南祥符等七州县、陕西兴安府水灾口粮"。十一月，"贷陕西汉中等五府州属、甘肃宜禾县被灾口粮，吉林等七处籽种"。十二月，"贷直隶灾区各营兵饷，山西丰镇等六州县灾民仓穀"。嘉庆十三年四月，"贷盛京义州兵米、湖南新田县民瑶籽种"。六月，"贷直隶博野等三县雹灾籽种"。嘉庆十四年正月，"贷山西朔州等十州县、陕西葭州等十四州县、江西南昌等六县、湖北武昌等十八州县卫、湖南澧州等四州县、甘肃皋兰等九州县上年被灾仓穀口粮籽种"。二月，"贷贵州古州上年被灾籽种"。四月，"贷山西岳阳等十二州县歉收民屯仓穀"。五月，"贷淮安、大河二卫歉收屯田籽种"。八月，"贷甘肃皋兰等六县旱灾仓穀"。九月，"贷广东广州、肇庆二府水灾籽种，打牲乌拉被水旗民仓穀"。十二月，"贷直隶灾区各营兵饷，江宁八旗官兵银米，广东南海等九县籽种并围基修费"。 嘉庆十五年正月，"贷山西太原等三州县，江西南昌等二十六州县，湖南安乡等四州县，甘肃秦州、靖远县被灾仓穀籽种"。五月，"贷山西凤台、沁水二县被旱仓穀"。嘉庆十六年正月，"贷甘肃金州等十四州县、江西莲花等五十一县、陕西葭州等九州县、湖南澧州等四州县、山西保德等十五州县水旱雹灾口粮籽种仓穀"。四月，"贷甘肃秦州等八州县被灾口粮"。五月，"贷直隶宝坻县歉收口粮"。十月，"贷甘肃泾州等八州县、山西山阴县灾歉口粮仓穀籽种"。嘉庆十七年正月，"贷山西朔州等十一州县、陕西葭州等九州县、甘肃金州等十三州县水灾、旱灾、蝗灾、雹灾、霜灾仓穀口粮籽种"。二月，"贷山西吉州等七州县仓穀"。四月，"贷山东濮州等二十四州县卫、山西宁武县仓穀"。六月，"贷江苏淮安、大河二卫被灾籽种"。十一月，"贷甘肃金州等九州县贫民、

---

❶ 谭光万. 农业商品化 历史与启示 [M]. 南京：东南大学出版社，2018：104.

江西南昌等十三县、陕西葭州等五州县被灾籽种口粮仓谷"。十二月，"贷陕西定边、安定二县来春口粮籽种"。嘉庆十八年正月，"贷甘肃固原等十四州县、山西平定等五州县灾民口粮籽种仓谷"。二月，"贷陕西怀远、府谷二县歉收籽种"。三月，"贷山西辽州等十三州县上年歉收仓谷"。嘉庆十九年正月，"贷湖南武陵县、陕西葭州等九州县、甘肃固原等五州县水旱灾雹灾口粮籽种"。嘉庆二十年三月，"贷山西吉州等九州县仓谷"。十月，"贷奉天白旗堡、小黑山水灾口粮"。❶嘉庆二十五年八月，"贷巨流河等处一月口粮"。嘉道年间，常平仓、社仓衰落破败，在官员贪腐和战争破坏下，各地仓储普遍空虚。常平仓和社仓的国家农贷职能难以为继，国家农贷活动也陷入低谷。

第二节　中国古代农贷历史演进与具体特点

我国古代民间农贷是指农业生产者因农业生产和生活所需，向地主、商人、寺庙、富裕农民等非官方主体而进行的借贷活动。民间农业借贷既是农业生产者维持和扩大农业生产，进行融资的重要途径，又是民间资本渗入农业生产领域的重要方式。

一、民间农贷的出现与初步发展

西周时期，民间农业借贷已经出现。《周礼》中借贷被称之为"贷""取予""同财货"，反映借贷关系的"债"则被称作"责"。西周时期，规定民间借贷活动必须在国家法定的利息下进行，违者要受到处罚。"凡民同货财者，令以国法行之，犯令者，刑罚之"，民间借贷必须立以契约文书，"听取予以书契"，官府通过借贷契约文书来判定民间债务纠纷，"凡有责者，有判书以治，则听""凡属责者，以其地傅而听其辞"。从《周礼》中所反映的西周国家对民间借贷的管理来看，西周时期的民间农业借贷行为应已出现。至春秋时期，民间农业借贷现象趋于普遍。这一时期，既有农民因赋税沉重，迫于生计而产生的生活性借贷，又出现了为保障农业生产顺利进行的生产性借贷。春秋时期，各国征伐混战，农民负担沉重。"凡农者，月不足而岁有余者也"，在面临国君横征暴敛时不得不通过借贷来缴纳赋税"倍贷以给上之征矣"。农民在农业生产过程中，"耕耨者有时，而泽不必足"，为

---

❶ 谭光万. 农业商品化：历史与启示[M]. 南京：东南大学出版社，2018：105.

了趋时抗旱，保障农业收成，农民只能通过借贷来雇人农作"倍贷以取庸矣"。因而，管仲认为在调查国情时应"问邑之贫者人债而食几何家""问人之贷粟米有别券者几何家"。齐桓公时，管仲曾派人分赴齐国四方，调查各地以放贷为业的"称贷之家"和负债贫民"受息之氓"，统计出当时齐国"凡称贷之家出泉参千万，出粟参数千万钟，受子息民参万家"。❶ 而在齐国这三万家负债者中，大部分为从事渔业、林业等农业生产的贫民。春秋时期，民间农贷出贷物既有实物形式的粟又有货币形式的钱，实物借贷与货币借贷的利率不一，但总体偏高。就齐国而言，实物借贷利息，在齐国东方"其出之中钟五釜"，利率50%，而在西方"其出之钟也一钟"，利率达到100%，实物借贷的平均利率达到75%。货币借贷利息，齐国北方"其出之中伯二十"，利率为20%，而南方"其出之中百五也"，利率为5%。货币借贷平均利率也为12.5%。相比西周时国家农贷平均利率18%而言，春秋时民间农贷的利率总体较高。

战国时期，随着商品货币经济的发展，高利贷盛行，民间农业借贷亦有所发展。战国时期，地主和商人逐渐成为民间农业借贷的主要放贷主体。战国新兴的地主贵族拥有土地和雄厚的资本，并且可以依靠政权的力量向农民放贷谋利。例如，齐国孟尝君便向薛邑农民大量放贷以取息养客。冯谖至薛收债"召取孟尝君钱者皆会，得息钱十万"。❷ 战国时期，商品经济的发展，催生了一批富商大贾，商人也将商业资本投入民间借贷，司马迁在描述战国时期商人经营活动中便有"子贷金钱千贯"。战国时期农业领域商品经济的发展，也使商人将放贷对象聚集在拥有土地的农民身上。农业的生产性以及土地的抵押，使商人更乐于将资本放贷给农民。战国时期，商人放贷已经普遍使用契约券书。商人放贷时与农民签订借贷券书，写明土地等作为抵押物。然后将借贷券书一分为二，债务人执左券，债权人执右券。若负债农民到期无法偿还高额利息，商人便"操右券以责"，将土地等抵押物收归己有。山东曹邴氏以冶铁起家后便放贷取利，"贳贷行贾遍郡国"。

秦统一后，确立了中央集权式封建统治的基本架构与形式，汉承秦制，进一步巩固了新兴的政治制度，为农业经济的发展创造了良好的社会环境。战国至秦朝时所发展起来的农业生产技术在汉代得到应用，促进了汉代农业的发展。汉代延续秦时的重农政策，不但积极推行各项政策来鼓励农业生产的恢复和发展，而且逐步将国家农贷常态化，以保障农业再生产的顺利进行。汉代国家农贷以实物

❶ 随巢子. 四库家藏：随巢子 [M]. 济南：山东画报出版社，2004：213.
❷ 司马迁. 史记汇纂 [M]. 北京：商务印书馆，2017：124.

形式为主，只能缓解农民在非正常年份延续农业生产和生活的基本需求，并不能满足农民对资金的需求。农民便通过民间农贷来获得所需资金。此外，由于汉代仓储有限，大范围的灾荒发生时，国家农贷也难以满足所有农民的借贷需求。因此，汉代民间农贷依然有所发展。汉代民间农贷的来源依然主要是地主和富商，汉代的王侯和官员也加入放贷者的队伍中来。汉初，丞相萧何曾"贱贳贷，以自汙"。东汉光武帝之舅樊宏"其素所假贷人间数百万"。东汉永平、章和中，"州郡以走卒钱给贷贫人"。此外，汉代民间农贷有了新的发展。首先，在灾荒年份，国家农贷难以满足灾民所需时，国家鼓励官吏富豪向农民低息放贷以保障农民基本生活和生产所需，从而维护社会的稳定。汉武帝时，山东水灾，大量农民受饥，虽然"虚郡国仓库，以振贫民，犹不足"，所以汉武帝"又募豪富人相贷假"。东汉桓帝永寿元年，"司隶冀州饥人相食，敕州郡赈给贫弱，若王侯、吏民有积谷者，一切贷十分之三，以助禀贷"。在灾荒年份，政府鼓励民间农贷并非为了推动民间农贷的发展，而是在国家农贷难以应对灾荒时，发挥民间农贷的辅助作用，以保障农民基本生产和生活的需求。在灾荒年份，民间农贷受到朝廷的鼓励以配合国家赈贷的需要，这是汉代民间农贷发展的新情况。其次，汉代开始对民间放贷者征税。始元六年规定，"王子侯表旁况侯殷坐贷子钱不占租，皆免侯"，即三侯等放贷者皆需将出贷金额报官以交纳相应的税收，违者将受处罚。❶

　　再者，汉代民间农贷活动中出现了借贷中介人，居间作保者和为人起债者，为放贷者奔走以获利。光武帝时，桓谭便指出"今富商大贾，多放钱贷，中家子弟，为之保役，趋走与臣仆等勤，收税与封君比入"。富商大贾放贷时，中等之家的子弟居间作保担信，但从"中家子弟为之保役，受计上疏，趋走俯伏，譬若臣仆，坐而分利"来看，"保役"更多的是为债主提供放贷收息服务，并从中获利。此时的"保役"与后代民间借贷契约文书中的"保人"相差较大。汉成帝时，谷永论述其时有人"至为人起责（债），分利受谢"，颜师古注曰"言富贾有钱，假托其名，代之为主，放与他人，以取利息而共分之。或受报谢，别取财物"，可见，为人起债者实为放贷中介，通过与富贾者合作，从中牟利。汉代民间借贷中介者的出现反映了汉代民间借贷的盛行。汉代民间农贷亦签订契约，以人身自由为抵押品已见于汉代民间农贷契约中。西汉千乘人董永，"父亡，无以葬，乃从人贷钱一万。永谓钱主曰：后若无钱还君，当以身作奴"。可知，汉代已有农民因无法偿还借贷而质身为奴。汉代国家为了防止高利贷盘剥农民，对民间农贷利率进

---

❶　谭光万．农业商品化：历史与启示[M]．南京：东南大学出版社，2018：108.

行了限制，"民或乏绝，欲贷以治产业者，均授之，除其费，计所得受息，无过岁十一"。但在实际的民间农贷中，放贷者出于谋利和转移借贷税收的考虑，利率往往更高。汉代史籍中不乏对取息过律者惩罚的记载。汉武帝时，刘殷"坐贷子钱不占租，取息过律，会赦，免"；汉成帝时，刘诉"坐贷谷息过律免"。❶

二、放贷主体的多元化与借还形式的多样化

魏晋南北朝时期，政局动荡，战乱频繁。农业生产既要应对水旱等天灾，又要遭受兵灾的破坏，农民生活困顿。这一时期的国家农贷只在部分地区得以延续，农民因生产生活而产生的借贷需求多通过民间渠道得以满足。

魏晋南北朝时期，民间农贷的放贷主体开始出现多元化的趋势，有地主、官员、商人等。由于各地方割据政权储备有限，在灾荒年份，官员或富人助官放贷的行为明显增多。北魏宣武帝延昌元年，水旱灾害频发，政府仓储仓赈恤不足。五月，诏"天下有粟之家，供年之外，悉贷饥民"。北魏孝庄帝建义年间，殷州刺史樊子鹄，为抗旱救民，"乃勒有粟之家分贷贫者"。北齐文宣帝天保中，苏琼任清河太守"郡界大水，人灾，绝食者千余家"，苏琼便"普集部中，有粟家自从贷粟，以给付饥者"。魏晋南北朝时期，民间农贷的抵押品趋于多样化，贵重衣物如"白貂坐褥"，活者如"黄牛"，甚至债务人妻儿皆可为质。南齐时，虞愿赴晋平任太守，就发现前任太守放贷予民，对不能偿还债务者"质录其儿妇"。❷

魏晋南北朝时期，民间农贷的借还形式也有了新变化，以往借还多为借物还物和贷钱还钱，南朝宋时出现了贷钱还物的形式。大明年间刘休祐在荆州"多营财货。以短钱一百赋民，田登，就求白米一斛，米粒皆令彻白，若有破折者悉删简不受。民间籴此米，一升一百。至时，又不受米，评米责钱。凡诸求利皆悉如此。"❸ 刘休祐放贷短钱一百而要求借贷农民在丰收后，归还市价一百钱一升的上等白米一斛。按魏晋南北朝时期一斛合百升的量制换算，农民相当于归还了市价万钱的米，债主获利百倍。因此，贷钱还物的借还形式出现，还是以出贷者获取暴利为目的的。此外，在借物还物的形式中，出现了利息以他物代偿的现象。南朝宋元嘉时期，王玄谟"营货利，一匹布责人八百梨"，即以梨代偿贷布之息。魏晋南北朝时期，民间农贷借还形式的多样化充分体现了民间农贷的灵活性，但这

---

❶ 谭光万．农业商品化：历史与启示 [M]．南京：东南大学出版社，2018：109.

❷ 谭光万．农业商品化：历史与启示 [M]．南京：东南大学出版社，2018：110.

❸ 萧枫．二十四史精华（贰）[M]．北京：当代中国出版社，2002：593.

种灵活变通的形式往往是以保障放贷者获利为前提的，借贷农民处于弱势地位。

三、民间放贷机构的发达与民间农贷的高利化

隋唐至宋以常平仓、义仓为基础的国家农贷活动的制度化，在很大程度上满足了农民灾荒年份维持农业再生产的基本借贷需求，但随着常平仓、义仓的废置变迁，农民并非能长期稳定地通过国家农贷获得急需的生产物资。在常平仓、义仓废弛时，农民只能通过民间农贷来获得所需的生活生产物资。即使是在常平仓、义仓制度完善时期，由于地方与国家利益的分化，导致国家农贷在执行过程中出现偏差，而出现"要么是强制农民均摊，要么是最不需要钱的人最能贷到钱"的国家农贷悖论。在这样的国家农贷制度运行下，真正需要借贷的农户反而难以获得贷款，这也就为民间农贷的发展提供了空间。唐宋时期是我国古代社会商品经济发展的第二个高峰，在商品经济发展的刺激下，以放贷获利为目的民间农业借贷也有了新的变化。

隋唐至宋民间农贷的放贷主体进一步增加，在放贷个人方面，除了国内的官员、地主、商人、富户、僧侣外，还增加了边疆少数民族和外籍商人。唐代国家国际化程度较高，外族内迁，大量"胡商""蕃客"在中原经商放贷，连外国使臣也从事放贷业。唐德宗贞元三年（787年）检括久留长安之西域使人达四千人，他们"皆有妻子，买田宅，举质取利，安居不欲归"。右龙武大将军李愆积债数千万，又因"其子贷回纥钱一万一千四百贯不偿，为回纥所诉，文宗怒，贬愆为定州司法参军"。唐朝廷承认外国商人放贷的合法性，使得外籍商人在华放贷更盛。至文宗时"顷来京城内衣冠子弟，及诸军使，并商人百姓等，多有举诸蕃客本钱"❶。唐宋时期，民间放贷机构也进一步发展。唐代出现了僦柜、邸店、质库等民间放贷机构。唐德宗建中三年（782年）四月因两河用兵，府库不支，太常博士韦都宾、陈京建议"又括僦柜质钱，凡蓄积钱帛粟麦者，皆借四分之一，封其柜窖，百姓为之罢市"。

可见，僦柜为民间抵当借贷的机构，为后世典当雏形。从官府强借僦柜质钱、封存其钱柜和粮窖而引发百姓罢市看来，唐代百姓通过僦柜借贷者应不在少数。唐代官员已在民间私设邸店和质库放贷生利。唐政府于开元二十五年（737年）下令"诸王公主及宫人，不得遣亲事帐内邑司，奴客部曲等在市兴贩，及邸店沽卖者

---

❶　范学宗，王纯洁．全唐文全唐诗有关吐蕃资料选编[M]．拉萨：西藏人民出版社，1988：33.

出举"，邸店出卖商品是其基本业务，但政府禁止其出举放贷，表明其时已有部分邸店在王公贵族的支持下兼营放贷。至唐后期，朝中官员在地方通过开设质库放贷获利，政府也明令禁止。唐武宗会昌五年（845 年）正月三日南郊敕文"如闻朝列衣冠，或代承华胄，或职在清途，私置质库楼店，与人争利。今日已后，并禁断"。宋代的商人和手工业者开设质库更为普遍，汴京、临安以及商品经济发达的东南是质库最为集中的地区。民间借贷机构的发达也催生了受雇经营质库的职业者"行钱"，他们受雇于开设质库的富商大贾，为质库主管理经营质库。

四、农业生产性借贷的增长与预押借贷的出现

明清时期，民间农贷的放贷主体虽然延续了唐宋以来官员、地主、商人、富裕农民的基本构成，但是随着货币商品经济的发展，商业资本大量进入民间借贷业，全国逐渐形成了山西、安徽、陕西、山东、河南、苏、浙、江西、两湖、闽广十大商帮。这些民间商帮进行传统的商品贩运转卖业务的同时，依靠雄厚的资本经营民间借贷业。明代商帮中陕西、山西、江西、安徽商人经营放贷最为有名。他们不仅在本地放贷，而且将其借贷业务扩展至外地，推动了民间资本的跨区域流通。明代徽商许明大"挟资游吴楚燕赵间，民之衣食不给者，咸称贷于公"。明中期，江右布商成群进入湖广"群来诱民，取倍息"。成化年间，有人估计来自江西安福、浙江龙游等地的商人在云南"生放钱债，利上生利"者"不下三五万人"。山西、陕西富商在"五谷不生""陈贷为难"的松潘镇"携资坐取厚利"。清代商人延续了异地放贷经营业务。清代山西典当、票号、钱庄林立，晋商在全国各地放贷，因而有"西客利债，滚剥遍天下"之说。安徽新安商人在江南地区大量开设质库，放贷取利。江西商人在广东石城县"多贷息"。

按照资金用途的不同，可将民间农业借贷分为"公私之用"的生活性借贷和"耕桑之本"的生产性借贷。明代嘉靖隆庆年间，高拱在《覆给事中戴凤翔论巡抚海瑞书》中描述江南农民"耕桑之本，匪借不给；公私之用，匪借不周。故或资以赡口食，或资以足钱粮。"明清两代，因灾荒、赋税、婚丧嫁娶、诉讼往来等，农民生活性的借贷普遍存在，但生产性借贷亦明显增多。当时农民生活性借贷依然占据民间农贷的主体地位。灾荒往往是导致明清各地农民借贷最为常见的原因。隆庆《赵州志》记载明代时赵州"一遇凶荒，虽号为富室者亦称贷以卒岁，其他可知也"。《广东通志》也记载广东廉州府农民"一遇凶荒，辄亦称贷"。清乾隆时河南农民"青黄不接，则糊口无资，东挪西借"。山东农民"于岁歉之时，称贷富户"。明清时期，局部地区繁重的赋税也导致农民举债上缴。比如，《明宣宗实

录》便记载宣德年间苏州"田赋素重，其力耕者皆贫民。每岁输纳，粮长里胥率厚取之，不免贷于富家"。明代鹿善继在其《鹿忠节公集》中记载万历初陕西同官县征粮"刑烦民急，假贷求免"。清初"江南之赋税，莫重于苏松，而松为尤甚矣"，以至苏松两府农民"揭债完官"，窘迫之时，"即出四、五分重息，其情犹以为甘"。明清时期，农民因修房盖屋、婚丧嫁娶等日常大额支出而借贷的情况也较为常见。明代河南邓州商人放债者众多，农民"一有婚丧庆会之用，辄因其便而取之"。清康熙《扬州府志》记载扬州农民"终岁所得，仅了官逋私债，曾不能一粒入口，衣食婚嫁、丧葬之需，未能猝办，踆踆然叩富人之门而称贷之"。乾隆五十八年八月，河南光州喻成因修屋缺钱，向王四海借十千零七百文。嘉庆十三年十一月，甘肃秦州张仲礼为娶妻行聘礼向白勇青借四千五百大钱。康熙至光绪年间，在福建安溪等地借贷契约中，便有契约注明借贷是由于"乏银葬公""乏银盖屋"。可见，明清农民因大额日常消费而产生借贷的情况颇多。

因生产资金短缺而无力购买种子、农具、肥料等而产生的生产性农贷虽然早在春秋时期已经开始出现，但其并未在民间农贷中占据主体地位。至唐宋时期，部分地区农民基于对农业丰收的预期，生产性借贷开始呈现增加的趋势。至清代，农民生产性借贷明显增多，而在商品经济发达的地区和行业，农民生产性借贷在一定程度上走向稳定化。明清时期，经济作物种植业中的生产性借贷的增长尤其明显。

明代万历《余杭县志》记载，浙江杭州府余杭县的养蚕农户"乏卒岁之储，缫丝成，贸迁辐辏，质贷之家浚其膏"。万历《崇德县志》记载嘉兴府崇德县蚕农生产所用"饔餐器具，皆从质贷"。清代安徽霍山、云南普洱等茶叶产地，茶农以未收茶叶作抵押借贷生产资金的现象也存在。此外，明清时期地主、商人在经营大规模农场中也通过借贷来解决生产资金不足的问题。明代万历年间松江府上海县大地主潘允端拥有土地一二千亩，雇工经营，生产开支较多，不得不借贷发放雇工工资。万历十二年六月初二"借银二十两，发工"。万历二十二年四月二十九"早，借银发莳秧工本及匠作"。

明清时期，民间农贷的放款形式进一步多样化，预押借贷开始出现。在抵押借贷和信用借贷普遍发展的基础上，出现了预押借贷的新形式。明清时期，抵押借贷可以细化为动产抵押、不动产抵押和人身抵押借贷，信用借贷可以分为个人信用借贷和担保信用借贷。这些借贷形式在明清时期的农村中广泛存在，此外农村的借贷活动中还出现了将田间未收获的作物或来年的收成作为预期抵押来借贷资本的预押借贷形式。明代顾清曾记载"米价翔贵，民以青苗一亩，典银三钱，纳粮一石，至典田五亩以上"。可见，明代便有农民为了交纳征收之粮，以田中尚未成熟的青苗为抵押物来借贷银钱。清代方苞也曾描述"典当无物，借贷无门"的农民向富豪借贷只能"指苗为质"。在清代经济作物种植区，农户为了获得生产资本也采用预押借贷的形式向商人借贷。清乾隆时江西赣州苎麻种植普遍，福建商人"于二月时放苎钱，夏秋收苎，归而造布"。广东糖房商人"春以糖本分与种蔗之家，冬而收其糖利"。

第三节　农业资本市场对商品化经济的影响

一、我国古代国家农贷基本特征及目标

通过对我国古代国家农贷的历史演进过程的考察，可将我国古代国家农贷的特征总结为以下几点：国家农贷的对象以贫民和灾民为主体；国家农贷的发放时间集中于春季；国家农贷的出贷物以实物形态为主；有息国家农贷和无息国家农贷并存，有息国家农贷的利息率虽然呈现上升趋势，但与同时期民间借贷市场利率相比，还是相对较低的。总体而言，我国古代国家农贷的基本目标在于维护以小农为基础的农业再生产的持续开展，从而为其政权的存在提供长期的物质基础。

国家农贷的发放对象以灾民和贫民为主体。在农业生产的歉收和灾荒年份，国家农贷对象则以受灾地区的农民为主。在对国家农贷历史演进的梳理中，我们了解到国家农贷在灾荒年份对灾民的放贷极为明显。在农业生产的正常年份，国家农贷的放贷对象则以"鳏、寡、孤、独、穷困"之类的贫困农民为主。汉代国家对农村贫困农民的赈贷诏令频出。比如，《汉书·文帝纪》记载汉文帝前元元年，三月诏曰"方春和时，草木群生之物皆有以自乐，而吾百姓鳏、寡、孤、独、穷困之人或阽于死亡，而莫之省忧。为悯父母将何如，其议所以振贷之"。《汉书·宣帝纪》记载汉宣帝地节三年三月诏"鳏、寡、孤、独、高年、贫困之民，朕所怜也。前下诏假公田，贷种、食。其加赐鳏、寡、孤、独、高年帛"。《汉书·武帝纪》记载汉武帝元狩六年诏曰："今遣博士大等六人分循行天下，存问鳏、寡、废、疾，无以自振业者贷与之。"《汉书·昭帝纪》载汉昭帝始元二年三月"遣使者振贷贫民毋种、食者"。魏晋南北时期，在延续国家农贷的政权中也不乏针对贫民的放贷。魏文帝曹丕登基称帝后，于黄初六年二月"遣使者循行许昌以东尽沛郡，问民所疾苦，贫者振贷之"。南朝宋文帝元嘉二十一年春正月"凡欲附农，而种粮匮乏

者，并加给贷"。● 宋元徽四年正月己亥，后废帝刘昱"躬耕籍田，大赦天下。赐力田爵一级；贷贫民粮种"。南朝齐武帝，永明四年闰正月诏曰"凡欲附农而粮种阙乏者，并加给贷，务在优厚"。隋唐常平仓义制度建立后，国家在正常年份对贫民的借贷依然存在。唐宪宗元和六年二月"以京畿民贫，贷常平、义仓粟二十四万石，诸道州府依此赈贷"。明太祖洪武二十七年春正月"发天下仓谷贷贫民"。清乾隆四十九年，山东五府州农民"地在三十亩以下无力之户，除照例出借仓粮外，每亩再行借给籽种银五分，以资耕作"。清代社仓粮种亦在正常年份贷给贫困农户"社仓原备农民籽种，耕田之家无论佃田自田，凡无力者皆许借领"。可见，在农业生产的正常年份，我国古代国家农贷主要是面对贫困农民出贷，以帮助贫困农民获得粮种，维持基本生活。

　　国家农贷具有较强的季节性，除了在灾害发生的季节较频繁外，一般集中于春季（正月、二月、三月）。在农业遭受灾害侵袭的年份，国家农贷活动一般都在受灾当年的当月或相近月份展开，但也有隔年进行的情况。比如，南朝宋孝王帝大明二年正月诏曰："去岁东土多经水灾，春务已及，宜加优课。粮种所须，以时贷给。"《旧唐书》记载唐高宗永徽二年春正月戊戌诏曰："去岁关辅之地，颇弊蝗蟓，天下诸州，或遭水旱，百姓之间，致有罄乏。……其遭虫水处有贫乏者，得以正、义仓赈贷"；唐文宗开成三年春正月"去秋蝗虫害稼处放逋赋，仍以本处常平仓赈贷"。清嘉庆十四年正月，"贷山西朔州等十州县、陕西葭州等十四州县、江西南昌等六县、湖北武昌等十八州县卫、湖南澧州等四州县、甘肃皋兰等九州县上年被灾仓谷口粮籽种"；二月"贷贵州古州上年被灾籽种"等，皆为当年受灾，而次年下诏放贷。因为农业生产开始于春季，籽种需求迫切，所以这类放贷一般皆延迟至来年的春季放贷。春季亦多为农民青黄不接之时，是容易发生粮食短缺的季节。因此，我国古代国家农贷活动一般多集中于春季。南朝宋文帝至齐武帝年间颁布的国家农贷政令较多，其颁行时间亦集中于春正月。隋唐至明清，常平义仓制度下，国家所行农贷政令中亦有大部分颁布于春季。《旧唐书》中记载唐宪宗元和六年二月"以京畿民贫，贷常平、义仓粟二十四万石，诸道州府依此赈贷"。元和六年冬十月戊寅诏"今春所贷义仓粟，方属岁饥，容至丰熟岁送纳"。唐文宗开成三年春正月诏"去秋蝗虫害稼处放逋赋，仍以本处常平仓赈贷"。《宋史》载宋太宗淳化二年春正月己丑诏"陕西诸州长吏设法招诱流亡，复业者计口贷粟，仍给复二年"。宋真宗天禧四年三月"以淄州民饥，贷牛粮"。乾兴元年二

❶　谭光万. 农业商品化：历史与启示 [M]. 南京：东南大学出版社，2018: 121.

月"苏、湖、秀州民饥，贷以廪粟"。宋仁宗皇祐四年"春正月己巳，诏诸路贷民种"。宋神宗熙宁元年二月"壬戌，贷河东饥民粟"。宋哲宗绍圣元年三月"癸巳，诏振京东、河北流民，贷以谷麦种，谕使还业，蠲是年租税"。南宋孝宗淳熙三年春正月"振淮东饥，仍命贷贫民种"。淳熙九年春正月庚寅诏"江、浙、两淮旱伤州县贷民稻种，计度不足者贷以桩积钱"。淳熙十四年春正月癸亥，"出四川桩积米贷济金、洋州及关外四州饥民"。❶南宋光宗绍熙四年春正月"丙寅，贷淮西民市牛钱"。元世祖至元十七年春正月"辛亥，磁州、永平县水，给钞贷之"。明太祖洪武二十七年春正月"发天下仓谷贷贫民"。明景帝景泰二年二月癸巳诏"畿内及山东巡抚官举廉能吏专司劝农，授民荒田，贷牛种"。清乾隆二十六年正月"贷甘肃渊泉等三县农民豌豆籽种，令试种"。相关史料颇多，在此不逐一枚举。我国古代国家农贷集中于春季的季节性特征，并非由国家统治者主观意志决定的，而是受农业生产的客观规律所制约。由于春季是一年农业生产的开始，农民对农业基本生产资料需求最为旺盛。同时，春季亦是农民生活青黄不接、相对窘迫的时期，容易发生饥荒。因此，我国古代农业生产的基本规律及农民生活的客观需求决定了国家农贷呈现出较强的季节性。

国家农贷的出贷物以实物形态的农业基本生产生活资料为主，货币形态的出贷物虽然也长期存在，但始终未占据主导地位。汉代的国家农贷诏令中所出现的出贷物以"种、食"并称者多，亦有"谷"者，表明汉代国家农贷以贷给农民生产所需粮食种子和生活基本口粮为主。魏晋南北朝时期，在延续国家农贷的地方政权中，亦以"贷种食"为主，如大明二年正月诏"粮种所须，以时贷给"，元徽四年正月"贷贫民粮种"。大明七年九月诏"近炎精亢序，苗稼多伤。今二麦未晚，甘泽频降，可下东境郡，勤课垦殖。尤弊之家，量贷麦种"。永明四年闰正月诏"凡欲附农而粮种阙乏者，并加给贷，务在优厚"。北魏孝明帝时幽州遭受水灾，政府将"谷数万石，贷民"。隋唐至明清，国家农贷基于常平义仓为代表的国家仓储制度，其出贷物更是以粮食籽种等实物为主体。

货币形态的国家农贷虽然早在战国时期就已经出现，但并未占据国家农贷的主导形式。隋唐时期，政府虽然有以货币形式的"公廨钱"出贷，但是其主要借贷对象为偿还能力更强的商人，农民借贷的情况较少。宋代王安石变法，所行"青苗法"可视为国家农贷货币的尝试，但在其施行过程中政府的敛财获利倾向，反而加重了借贷农民的负担，导致"青苗、免役皆责民出钱，是以百货皆贱而惟钱最

---

❶ 夏时华．宋代香药业经济研究 [D]．西安：陕西师范大学，2012．

贵，欲民之无贫，不可得也"。农民难堪其负而趋于破产，农业再生产难以维继，威胁到封建政权统治物质基础，王安石变法的失败也不可避免。青苗法的失败证明国家农贷以货币形式为主难以达到国家农贷维系小农经济的预期目的。元明清时期，虽然国家农贷中实物和货币形式相互结合进行，货币形式的国家农贷亦有所增加，但以粮食、籽种、耕牛、农具等农业生产资料为代表的实物形式依然占据主导地位。我国古代国家农贷以实物形式为主，既有助于帮助农民直接获得所需的生产生活资料，又可以避免因货币贬值对农民造成新的损失。因而，从帮助农民恢复基本的农业再生产和延续基本生活的角度来看，以实物形态为主的国家农贷更为有效。

　　我国古代国家农贷中无息农贷和有息农贷并存，有息农贷的利息率虽然有上升的趋势，但相比民间借贷利率尚处于低位运行。西周时期，国家借贷便区分为无息的赊借和有息的借贷。据孙诒让在《周礼正义》中的考证，西周国家借贷利息率分为五等"或二十而一，或十一，或二十而三，或十二，或二十而五，以此为限，明不得逾溢耳"，可算得平均利率约为18%。汉代规定"民或乏绝，欲贷以治产业者，均授之，除其费，计所得受息，无过岁十一"。国家放贷的年利率不过10%。隋唐至宋，常平义仓制度下，国家农贷的利息率亦相对较低。宋神宗元丰元年四月十九日诏："开废田、兴水利、建立堤防、修贴圩之类，民力不能给役者，听受利民户具应用之类，贷常平钱谷，限二年两料输足，岁出息一分。"宋哲宗元祐元年四月二十六日，三省进言"贷常平钱谷，丝麦丰熟，许随夏税先纳。所输之半，愿并纳者，止出息一分"。然而，隋唐时代官方利用公廨本钱放贷，则具有很强的谋利性，其利息也相对较高，如唐玄宗开元十八年"复置公廨本钱，收赢十之六"，会昌元年"量县大小，各置本钱，逐月四分收利"。此外，宋代王安石变法所采取的青苗法是国家农贷的货币化尝试，其利息率亦较高，年利率达40%。"今放青苗钱，凡春贷十千，半年之内便令纳利二千；秋再放十千，至岁终又令纳利二千。则是贷万钱者，不问远近之地，岁令出息四千也"。❶ 元代朝廷在使用义仓的粮谷救济灾荒中，多以无偿赈给为主，鲜见借贷。明清时期，官方法定月利息率为三分。明代国家农贷依托预备仓进行，洪武初年，预备仓的放贷多为无息借贷，"官为籴谷收储备赈，秋成抵斗还官不起息"。至明英宗时，开始行有息借贷，正统七年"福建布政司，凡预备仓粮给借饥民，每米一石，侯有收之年，折纳稻谷二石五斗还官"。农民借预备仓 1 石米，等到收获之年，还稻谷 2.5 石，如果

---

❶ 谭光万. 农业商品化：历史与启示 [M]. 南京：东南大学出版社，2018：128.

以 50% 的稻谷出米率计算，合还米 1.25 石，年利息率为 25%。如果以 75% 的稻谷出米率计算，合还米 1.875 石，年利息率则为 87.5%。明代民间粮食借贷月利息率多高于三分，通常在四至七分，高者倍息。换算为年利率，明代民间粮食借贷的年利率则在 36% 至 100% 之间。相比而言，明代国家农贷的利息率较低，而且其还贷期限相对宽松，借贷农民在"有收之年"偿还即可。清雍正后，常平仓义制度普遍设立，乾嘉时期的国家农贷活动最为突出。这一时期的国家农贷主要集中在青黄不接时贷给贫民籽种银钱以及灾荒年份贷给灾民口粮和种粮。贫民和灾民偿还力较弱，清代国家农贷的利息不可能超过法定的三分。然而，清代民间粮食借贷，借一石收息三五斗的情况普遍，倍息亦存在。

因而，直至清代，相比民间粮食借贷的利息率，国家农贷的利息率依旧较低。总体而言，从西周秦汉至明清时期，可以将国家农贷划分为两种：无息农贷和有息农贷。无息国家农贷，利息率为零。有息国家农贷的年利息率，由西周秦汉的 10%~20%，升至明清时期的 30%~40%，呈现上升的趋势。但是，国家农贷的利息率相对于同时期的民间农贷利息率依然处于低位运行。我国古代国家农贷的基本目标在于维护小农经济的持续性，从而为国家政权提供长期的财政来源。在农业生产的正常年份，国家农贷重点面向贫困农户，使其能保障基本的生活和生产而不至于破产流亡，威胁社会稳定。而在灾荒年份，国家农贷则重点面向受灾地区的农民，主要以实物借贷的形态向灾民提供生活和生产资料。从短期来看，国家农贷可以满足受灾农民对农业生产资料的迫切需求，尽快地恢复农业再生产，防止农业生产过程的大面积中断和小农的大量破产。而从长期来看，国家农贷有利于维护以农户为基本单位的小农经济的持续发展，从而为国家带来长期的农业赋税等经济利益。

因而，我国古代国家农贷即可视作统治者为防止农业经济崩溃而采取的国家救助行为，亦可看作是统治者为保障国家长期财政收入，维护政权长期存在而进行的长期投资行为。从国家有息农贷利息率的上升趋势来看，国家农贷在发展过程中具有一定的趋利性倾向。但在小农经济的脆弱性以及放贷对象偿还能力较低的限制下，统治者只能放眼国家农贷的长期收益，而放弃其短期盈利的倾向。

二、国家农贷对农业商品化进程的影响

国家农贷维护了以小农家庭为基本单位的自给自足式农业生产的持续性，是农业商品化生产的基本前提。我国古代社会是传统农业社会，农业在我国古代国民经济中占据着主导地位。农业生产的持续开展，既是国家政权的物质基础，也

是社会经济发展的前提。在我国古代社会，自给自足的自然经济长期占统治地位，商品经济是在自然经济的环境条件下所产生和发展起来的。在我国古代农业商品化进程中，农业领域商品生产成分的增长也是以小农家庭为基本单位的自给自足式农业的生产效率的提高为条件的。随着农业生产率的提高，当小农家庭的农业生产不仅可以满足自身所需，而且可以面向市场提供农产品的时候，农业商品化生产才成为可能。因而，首先必须保障的是农业生产的持续性，如果小农家庭无法抵御灾害而纷纷破产，社会基本的农业再生产过程被中断，那么农业商品化生产更无从谈起。我国古代国家农贷的基本目标在于维护小农经济的持续发展，从而为国家政权提供长期的财政来源。国家农贷的存在为农民应对农业生产的风险提供支持，在保障基本的农业再生产方面发挥了重要作用。在自然经济占主导地位的社会经济环境下，我国古代农业商品化的基本前提是农业生产的持续开展，然后才是农业生产率的提高，农业生产目的和经营方式的转变。国家农贷的长期存在，维护了以小农家庭为基本单位的农业生产的持续性，虽然在主观上并不是为了促进农业商品化发展，但是客观上却为农业商品化发展提供最基本的前提条件。

国家农贷难以提供农民在进行商品化生产时所需的资本，为民间资本进入商品性农业生产提供了空间。从我国古代国家农贷的历史演进及其特征的考察中，皆可以看出无论在灾荒年份或是在正常年份，国家农贷只在于满足农民生活和生产基本资料，并不具备为农民提供资本以扩大农业再生产的功能。然而，随着农业生产水平的提高，在正常的农业生产年份，富裕农民在向商品性农业生产转变的过程中必然会产生对农业生产资本的需求。国家农贷的出贷物长期以实物形式为主导，放贷对象又以贫民和灾民为主体，自然无法满足富裕农民的资金需求。可以说，国家农贷在满足农民因农业商品化而需较多资本方面是乏力的。农民的资金需求只能通过民间借贷市场来解决，从而为民间资本进入商品性农业生产提供了空间。

在国家农贷执行过程中，地方政府与国家的利益分化与目标偏离，为农业商品化发展提供了契机。我国古代国家农贷的基本目标在于维护小农经济的持续发展，而非通过放贷获取短期的利息收入。随着封建官僚体系的逐步完善，国家农贷的基本目标需要借助相应的国家官僚组织结构才能得以实现。在我国古代国家农贷的组织结构演进过程中，地方政府发挥的作用日益增强。在国家农贷的执行过程中，地方政府的利益目标与国家农贷的长期目标取向并不一致。掌控国家农贷资源的地方官员更偏向于通过组织和发放农贷资源来获取最大的利益。因而，在国家监管不力的情况下，地方官员往往会私自贪墨、转贷或提高国家农贷的利息，从而使传统国家农贷偏离了既定的目标，同时造成了国家农贷实际执行过程中"最需要贷钱的人贷不到钱"的问题。大量的国家农贷资源在地方政府的寻租行为下流向了有能力向官员行贿或支付更高利息的商人、地主和富裕农民手中。商人、地主或富裕农民贷取钱物的目的更多的不是为了维持基本的生产和经营，而是为了进一步扩大生产和经营规模以获利。商人、地主和富裕农户以谋利为目的，将资本投入农业，通过农产品市场来实现投资收益，才能收回其为获得国家农贷资源所付出的成本。在国家农贷执行过程中，地方政府与国家的利益分化与目标偏离为商人、地主以及富裕农民进行商品化的农业生产提供了非正常的融资渠道，也正是这种非正常的融资渠道为我国古代农业商品化发展提供了契机。

三、民间农贷的演进趋势及其影响

（一）我国古代民间农贷的演进趋势

我国古代民间农贷在发展演变过程中总体呈现出以下趋势：放贷主体多元化，民间农贷的高利贷化，货币借贷和生产性借贷逐渐增长。

我国古代民间农贷市场放贷主体呈现多元化的趋势。我国古代民间的放贷主体既包括地主、商人、官员、富裕农民等个人，还包括僦柜、邸店、质库、书院等经营放贷业务的机构。战国秦汉时期，地主和商人便逐步成为民间农贷最主要的个人放贷主体。汉代在灾荒年份，因国家农贷无法满足农民借贷需求，而鼓励王侯、官吏、富豪向农民低息放贷，使政府官员逐步加入到民间农贷主体的队伍中，进一步拓展了民间农贷的个人放贷主体。唐代官员通过设立僦柜、邸店、质库等机构在民间农贷市场放贷生息，推动了民间借贷机构的多元发展。宋代汴京、临安以及商品经济发达的东南地区成为质库等民间放贷机构最为集中的地区。元代某些地方的书院也开始经营借贷业务。明清时期，质库又被称作质铺、解铺、当铺、典当、当店等。随着明清商品经济的发展和明清商帮的形成，明清商人在全国各地开设众多当铺。清代当铺的放贷形式从以往的抵押放贷发展到信用放款。明代中叶，产生了以货币兑换为主要业务的钱铺。明末清初，钱铺也开始经营放贷业务。此外，清前期的钱庄、账局、票号等民间金融机构也兼营放贷。

我国古代民间农贷利率普遍高于同期法定利率，民间农贷的高利率趋向明显。春秋战国时期，关于民间农业借贷利率的史料较少，使我们难以全面地考察这一时期民间农贷利率的情况。但是，从《管子》中农民"倍贷以给上之征""倍贷以取庸"的记载来看，农民借贷支付"倍贷"之息是较为常见的情况。汉代国家对民间农业借贷利率有律法规定，但法定利率鲜见记载。从《汉书·食货志》中所载"民或乏绝，欲贷以治产业者，均授之，除其费，计所得受息，无过岁十一"可见，汉代政府曾以年利率10%为限。而《汉书》中对放贷"取息过律"王侯的惩罚记载表明在实际的民间农贷中，利率往往更高。唐宋时期，虽然政府严格管制民间借贷利率，并且法定利率呈现下降趋势，但民间农贷利率依然普遍高于法定利率，高利倾向明显。无论出贷物为钱还是粟谷，唐代民间农贷的利率常见月利率为8%，年利率达100%，甚至有数倍之息。宋代民间农贷年利率亦多达100%。此外，虽然唐宋时期复利为政府所明令禁止，但是在实际民间农贷复利却长期变相存在，使民间农贷的高利贷倾向更加明显。元初，民间农贷的复利盛行，经过元太宗和元世祖的整治后，民间农贷的复利有所抑制，但并未完全消失。元代官方法定放贷利率为月息三分，但元代民间农贷利率依然高于官方法定利率，"添利息每两至于五分或一倍之上"，高者更有数倍之息。明清朝廷将民间借贷利率限定为月利三分。明清民间粮食借贷利率趋于高利化，粮食借贷的利率一般高于月利三分，更不乏倍息。民间货币借贷则多为年利二分、三分，货币借贷中高利率特别是"倍息之利"的情况相对较少。

　　根据出贷物的形态，民间农贷可以划分为实物借贷和货币借贷；根据借贷物的用途，民间农贷可以分为生活性借贷和生产性借贷。在我国古代民间农贷发展过程中，实物借贷与货币借贷、生活性借贷与生产性借贷长期并存。随着商品经济向农业的渗透，货币借贷和生产性借贷呈现明显的增长趋势。在我国古代民间农贷市场中，实物借贷以种子、粮食、耕牛、农具等农业生产生活基本物资为主，货币借贷则以当时通行的钱币为主。

　　春秋战国时期，民间农贷的出贷物已经形成了实物与货币并存的局面。比如，齐桓公时，齐国称贷之家"出泉参千万，出粟参数千万钟"。实物借贷在我国古代民间农贷的发展过程中长期存在，尤其是在国家分裂动乱和灾荒频发的时代，实物借贷更能满足农民对生活和生产资料的迫切需求。然而，在国家稳定统一和商品经济发达的时期，货币借贷则更为频繁。从民间农贷的长期演变过程看，货币借贷呈增长的趋势。清代前期，货币借贷已逐渐占据民间农贷市场的主导地位。根据对中国科学院经济研究所存嘉庆朝刑部案件中各省农村各类借贷件数的统计（1796—1820），在共计411件农村借贷案件中，货币借贷的案件占据了绝大多数，为388件，占94.4%。可见，清前期货币借贷已经占据主体地位。我国古代农民生活性借贷和生产性借贷亦长期并存，虽然长期以生活性借贷为主，但生产性借贷趋于增多。唐宋时期，生产性借贷在部分地区开始呈现增长的趋势，至清代前期，农民生产性借贷增长趋势更为明显，在商品经济发达的地区和经济作物种植业中生产性借贷已经普遍存在。

（二）民间农贷对农业商品化发展的影响

我国古代民间农贷的高利率趋向，使以往学者将民间农业借贷与农村高利贷混同起来，并倾向于对其进行批判和否定。诚然，高额的利息会挤压农民再生产的经济收益，甚至造成农民的破产。但是，在正常的生产条件下，农民即便通过高利贷进行农业生产，也基本能够偿还债务并维持再生产的顺利进行。民间农贷并不是长期维持在高利贷的水平，货币借贷的利率水平在总体上呈下降的趋势。因此，有必要将民间农业借贷与高利贷区分开来，从农业再生产的维系及农业商品化发展的角度来重新审视民间农业借贷的历史影响。

民间农贷为我国古代农民获取基本的农业生产生活资料以维持农业再生产提供了筹集资金的渠道。我国古代社会经济以小农经济为基础，而小农经济是一种自然经济和商品经济相结合的经济模式，自给性的农业生产与商品性的农业生产在小农经济生产过程中相互补充。自给性的农业基本再生产的维系，是农业向商品化方向发展的前提和基础。以小农户为基本单位的农业生产应对自然灾害和社会动乱的能力较弱，农业再生产很容易被迫中断。如果自给性农业基本再生产中断，农民大量破产，小农经济的发展必然受挫。虽然我国古代国家农贷活动一直致力于维护农业生产的持续开展，但是国家农贷资源的稀缺性以及在执行过程中的目标偏离，使农民难以贷到所需的农业生产资料。民间农贷市场的发展及其多元化的放贷主体，为农民提供了相对方便的筹资渠道。无论是在灾荒年份还是正常年份，农民都可以通过多种借贷形式从民间农贷市场获取所需的生产生活资料以维持基本的农业再生产。

民间农贷是我国古代民间资本渗入农业生产领域的重要方式。民间农贷发展过程中货币借贷和生产性借贷的逐渐增多，推动了农业生产过程中商品经济因素的增长。在我国古代，除了地主、商人等投资主体，直接以购买土地、雇佣劳动力等方式自主经营农业以外，民间资本进入农业生产领域主要是通过向农业生产者放贷，从而以利息的形式间接获取农业生产的经济收益。在民间农贷发展过程中，货币借贷增多的趋势表明货币经济对农业生产的影响逐渐增大。同时，在农业生产者使用货币购买所需的生产生活资料以及为偿还所借贷的货币本息而面向市场出售农产品的过程中，农业生产者与商品市场的联系不断增强。此外，农民将农产品变现以偿还借贷本息的现实需要也促使农业生产过程中的市场导向性逐渐增强，使商品性农业得以发展。随着农业领域商品生产的发展，农民生产投入增加，生产资金出现短缺，生产性借贷便逐步增多。尤其是在商品经济发达的农业生产区域和经济作物种植区域等商品性生产突出的农业生产部门，生产性借贷得到更为显著的发展。农民生产性借贷的增多，表明更多的借贷资本用于农业再生产过程，而且这种再生产过程更趋于商品性的生产，从而推动了农业生产的商品化发展。

第五章　中国传统农业生产主导下的生产雇佣关系

农村劳动力的商品化问题是研究农业商品化不可回避的问题之一。传统农业雇佣关系是研究我国古代农业劳动力商品化问题的一个切入点，早在战国秦汉时期，我国就已经出现了农业雇佣关系。但是，在封建国家的等级制度下，农村劳动力难以摆脱束缚其人身自由的政治和经济强制。直到明清时期，农业雇佣关系的发展虽然有所突破，但并未发生质的变化。我国古代农村劳动力的商品化始终处于前资本主义商品经济时代，相对自由、平等和市场化的农业雇佣关系并未在劳动经济关系领域占据主导地位。不过，明清时期农业雇佣双方依附关系的减弱和双方地位趋于平等，在一定程度上推动了我国古代农业商品化的进程。

我国古代农业雇佣关系的发展演变大致可以划分为三个阶段，战国秦汉至唐宋时期是农业雇佣关系的衍生与民间自由发展时期；元朝时期，以"和雇"为代表的国家雇佣行为常态化，是农业雇佣关系的国家干预与法制化肇始时期；明清时期是农业雇佣关系普遍化和趋向市场化的时期。我国古代农业雇佣关系的发展总体上呈现出主雇双方地位不平等以及农村劳动力出雇受经济胁迫和政治强制双重约束的基本特征。

第一节　中国传统农业雇佣关系的产生条件及民间发展探究

我国古代的农业雇佣关系早在战国时期就已经出现，战国秦汉至唐宋时期是农业雇佣关系的民间发展阶段，雇佣关系源自雇佣双方的现实需求，国家政权的干预较少，传统农业雇佣关系得到相对自由的发展环境。这一时期，传统农业雇佣关系的演变突出表现为受雇者由无田受雇向有田寻雇的方向变化；受雇者的动机则由因贫困受佣向逐利雇佣发展；雇主的基本构成则由民间（百姓、地主）向官方（政府）扩充，趋于多元化。民间因生产生活所需而发展起来的雇佣关系，逐步受到国家政令的关注。国家律令尚未对雇工的地位做明确规定，雇佣双方的地位和权利经由民间契约来确定。在实际的传统农业雇佣关系中，雇佣双方的地位因雇主身份地位和雇期长短不同而有所差别。受雇者出卖劳动力具有较强的经济胁迫性，雇主以平民为主体。农业领域的雇佣关系在整个社会雇佣关系中占主导地位，也是战国秦汉至唐宋间农业雇佣关系的主体。

一、传统农业雇佣关系的衍生与初步发展

早在战国时期，我国农业雇佣关系就已经出现。《韩非子》中便有对农业雇佣关系的论述："夫卖庸而播耕者，主人费家而美食，调布而求易钱者，非爱庸客也，曰：如是耕者且深，耨者熟耘也。庸客致力而疾耘耕者，尽巧而正畦陌畴者，非爱主人也。曰：如是羹且美，钱布且易云也。"即主雇双方是因金钱利益而发生关系并非源自人情。据《战国策》记载，战国时期，齐国闵王被杀，其子法章改易姓名，受雇于莒太史家灌溉田园。至秦朝，"陈涉少时，尝与人佣耕。索隐广雅云：'佣，役也。'按：谓役力而受雇直也。"从《史记·陈涉世家》中的这段记载可见，陈胜年轻时，曾受人雇佣而从事农业生产。秦末战乱，农民流离失所，为生计所迫，不乏受雇为农者。秦末王高"父母兄弟死者，十有五人，家贫徒壁立"，夫妇两人"昼则佣耕，夜则伐草烧瓦"。至汉代，因家贫而为人佣耕者亦见诸史籍。《后汉书循吏列传》中记载京兆长陵人第五访，"少孤贫，常佣耕以养兄嫂"。会稽上虞人孟尝，则"隐处穷泽，身自耕佣"。汉灵帝时期，黄巾军起义，渤海骚动。青州千乘人董永便奉父迁徙至汉阳府"家贫佣耕以养"。即便在边郡张掖的居延县，也有雇工关系的存在。现存《居延汉简》中记载库卒成更"庸同县阳里大夫赵勋年廿九，贾二万九千"。国家行为的农业雇佣在汉代开始出现。东汉章帝元和元年二月甲戌诏曰："自牛疫已来，谷食连少，良由吏教未至，刺史、二千石不以为负。其令郡国募人无田欲徙它界就肥饶者，恣听之。到在所，赐给公田，为雇耕佣，赁种饷，贳与田器，勿收租五岁，除算三年。其后欲还本乡者，勿禁。"战国秦汉农业雇佣关系的出现，多因农民家贫无业或战乱失业，而雇佣关系也不受地域的限制，其中不乏异地受雇的情形。

魏晋南北朝时期，政局动乱，战事频繁，农民流散迁徙。失去生产资料的自耕农沦为地主豪强的依附民，亦有农民寻求雇主以出卖劳动力来维持生存。西晋惠帝元康八年，齐万年造反。临近六郡的流民移入汉川者数万家，这些人便为人佣耕以求生存。李特兄李辅自略阳到四川，向其述说当时的中原地区"方乱不足还，时流民散在列郡，为人佣力，年谷不等"。针对流民大量涌入，李特等请求

"至秋收流人布在梁益，为人佣力"。永康年间，石勒流荡在山东，"寄旅平原师劝家，佣耕耳"。《晋书》中也记载石勒"少时常佣耕"。据《宋书·列传·孝义》中记载，南朝宋时，会稽永兴人郭世道"贫无产业，佣力以养"。元嘉初，盱眙直渎人王彭兄弟，父亲丧亡，无钱安葬，便"昼则佣力，夜则号感"。梁朝文人何逊也曾感叹自己"佣耕乏脊力，倚市惮劬劳"。北齐由吾道荣，年轻时好道法，听闻山西晋阳有人会大明法术，久寻始得，此人正"为人家佣力"。《齐民要术》中亦记载皇甫隆教敦煌的农民制作犁、耧用以耕地，"所省庸力过半"。可见此时，敦煌地区已有雇佣劳力从事农业生产。

隋唐五代时期，佣工已经被广泛用于各生产领域，而又以农业生产中为最多。唐太宗时，尚未为官的王方翼在凤泉别墅"躬率佣保，肆勤给养，垦山出田，燎松鬻墨，一年而良畴千亩"。唐武则天时，根据李峤在《谏建白马坂大像疏》中所言"天下编户，贫弱者众，有佣力客作，以济糇粮"，可知其时百姓为食粮而沦成为雇工者不在少数。唐武则天久视年间，襄州人杨元亮于虔州汶山观佣力。《旧唐书·文苑列传》记载同州下邽人徐元庆为报杀父之仇，"变姓名于驿家佣力"。敦煌出土的长安三年（703年）文牒记载沙州逃往甘、凉、瓜、肃等州的农民"例被招携安置，常遣守庄农作。抚恤类若家僮，好即薄酬其佣，恶乃横生构架"。唐玄宗天宝年间，耕民郑郿，因母亲生病，无钱医治而"佣耕侍疾"。贫民力气足而勤劳者，凭借佣工亦可维持生存。唐德宗贞元初，广陵人冯俊"以佣工资生，多力而愚直"。唐穆宗长庆年间，开州里人勾龙义于领县"佣力自给"。迁入京畿鄠县的三蜀移民有从事市肆杂业者，亦有"趋农桑业者十五。又有太子家田及竹囿，皆募其佣艺之"。五代梁太祖贫微之时，也曾佣力于萧县刘崇家。《十六国春秋·后燕录》记载后燕魏郡人王高"家贫徒有四壁，夫妇二人昼则佣耕，夜则伐草烧砖以卧"。笔记小说中对当时的农业雇佣亦有所反映。《续仙传》记载坊州宜君王老在成仙之前还与所"佣打麦二人"一同打麦。《会昌解颐录》中亦记述徐州陈黑老受雇于人种瓜。《仙传拾遗》中记载九陇人张守珪在仙君山的茶园，每年要雇佣采摘人力百余人，"男女佣功者杂处园中"。《稽神录》记载陕西池阳人胡澄"佣耕以自给"。

敦煌出土的隋唐五代雇工契约文书中也有不少为农业雇佣契约。比如，《吐蕃巳年敦煌令狐善奴便刘价契》记载吐蕃巳年，敦煌令狐善奴雇人于"秋七月内刈麦一十亩"。《戊戌年敦煌令狐安定雇工契》记载戊戌年敦煌洪润乡百姓令狐安定雇龙勒乡百姓龙聪儿造作一年，将"所有农具付等，并分付与聪儿"。《甲申年敦煌韩壮儿受雇契》记载甲申年，敦煌乡百姓苏流奴雇效谷乡百姓韩壮儿，"造作营种，从正月至九月末"。在这些契约中雇佣双方皆为平民百姓，地位相对平等，受雇者与雇主间的关系相对于魏晋时佃客与豪强地主间的依附关系大为减弱。

在政局动乱时，农民贫困流离，"佣力""佣耕"成为谋生的常态，而在政局稳定的情况下，国家则希望通过归还农民土地，使其能稳定在土地上，进行农业生产。唐代农业雇工的普遍存在，也引起了国家的重视。唐代政令便透露出国家对民间农业雇佣行为的关注。唐玄宗开元二十三年五月诏曰："旧债亦宜停征，贫下百姓有佣力买卖，与富儿及王公以下者，任依例程。"《唐大诏令集·置劝农安抚户口诏》描述北塞西陲，大军之后，"水旱相仍，浦亡滋甚。或因人而上，或佣力自资"。唐玄宗开元二十四年《听逃户归首诏》曰："黎氓失业，户口凋零，忍弃榆枌，转徙他土，佣假取给，浮窳求生"。唐懿宗咸通十五年闰四月二十一日诏曰："度支所奏处分，如尚踵前必举朝典制，置新岁酒钱，其户贫破者，州县不令破户或卖柴佣力以纳税"。《置劝农使安抚户口诏》曰："客且常惧，归又无依。积此艰危，遂成流转。或依人而止，或佣力自资。怀土之思空盈返本之途。"政令对民间农业雇佣的关注，既表明当时农业雇佣普遍存在，又预示着农业雇佣上升到国家层面。唐后期，官田（如内苑稻田）便开始采用和雇的方式，雇佣平民来耕作。唐宪宗末年，"天下营田皆雇民，或借庸以耕"。封建国家也逐步成为农业雇佣关系中的雇主。

宋代，传统农业雇佣关系不仅在地域上有所拓展而且有了新的动向。在传统农区的关中和中原地区，农业雇佣关系依然存在。河南寿安人张绎"家甚微，年长未知学，佣力于市"。安阳人制飞"尝为人佣耕"。南宋时尚属边疆之地的四川茂州，当地之丁"半市人无月给，半有为夷人佣耕者"。山东青州北海人郑玄，在外游学十余年，归乡后"家贫佣耕"。宋南渡之后，大量人口的南迁以及江南农业的开发，带动了江南农业雇佣关系的发展。乾道十年春，湖州域外大钱村，农民朱七"为人佣耕"。《夷坚志》中记载江西饶州有农民"朴纯无他技，唯与人佣力受直"，以每日三十钱的价格为人所雇以舂谷。宋代文人诗词作品中对佣耕的关注也从侧面体现出此时佣耕之普遍。唐庚《南行祭江渎文》中有"不能与田夫野老佣耕南亩"。张嵲所作《避贼》记载，为躲避贼寇而入深谷"已与农父言，佣耕事田畴"。朱松"仅成旋劲以不堪，虽复佣耕而何憾"。赵蕃《晚晴四首》记载："三十六中第一策，脱却世故甘佣耕"。范成大《后催租行》记载"佣耕犹自抱长饥"。陆游《闲游》记载"迷途每就佣畦问，薄饭时从逆旅炊"。与前代相比，宋代的农业雇佣有了新的动向。前代受佣者多为无田而佣，宋代有田而佣者明显增多，其因既有因土地出产不足以供食，亦有利用农闲时节增加收入。宋代颍昌人杜生，虽有田三十亩，"尚有余力，又为人佣耕，自此食足"。蔡襄《奏蠲漳泉兴化丁钱疏》言"南方地狭，人贫终生佣作，仅能了得身丁，其间不能输纳者，父子流移他所"。农业生产的季节性使农民具有一定的农闲时节，宋代已有农民利用农闲时节外出雇工，以增加收入。宋代商业性农业的发展，吸引商人投资农业，雇工经营经济作物。比如，临川人王明在市肆贸易经商"资蓄微丰，置城西空地为菜圃"，自己无暇管治，便"雇键仆吴六种植培灌，又以其余者俾鬻之"，将自给有余的蔬菜向市场出售。此外，宋代还出现用出卖劳力所得钱财进行再次投资以求获利的新情况。元和初，洛阳村王清"佣力得钱五镮，因买田畔一枯栗树，树将为薪，以求利"。

二、战国秦汉至唐宋间农业雇佣双方地位探析

战国秦汉至唐宋，雇佣关系在农业生产领域较为普遍。无论是因雇主开展农业生产缺乏劳力还是因受雇者为生计所迫，传统农业雇佣关系源于民间雇佣双方的现实需求而非国家的政策强迫。传统农业雇佣关系中雇佣双方的地位和权利经由民间契约来确定和约束。国家法律虽未对雇工的地位做明确的规定，但从《唐律》中所定律文无定者，"各准良人"的原则来看，雇工在法律地位上与良人相当。雇工有独立的户籍，在雇佣关系中具有议价和选择雇主的权利。单从雇佣关系而言，雇佣双方地位相等，亦无人身隶属和依附关系。然而，在实际的农业雇佣关系中，雇佣双方的地位，因雇主身份地位和雇期长短不同而有所差别。

首先，雇主的身份地位对传统农业雇佣关系中双方的实际地位有很大影响。秦至宋，平民、官僚地主和国家都曾充当过传统农业雇佣关系中的雇主。在雇主为官僚地主和国家的传统农业雇佣关系中，雇佣双方处于不平等的地位上，受雇者处于弱势，受雇者对官僚地主有较强的依附性。唐代以前，国家修建大型工程皆以徭役的方式为主，唐代出现了国家出钱雇佣劳工的和雇。唐代后期，国家采用和雇的形式来雇佣农民耕种官田。唐代只规定了雇佣工匠的雇价为日绢三尺，但对其他领域的雇佣工价未作统一规定。在实际支付中则偏低，甚至不支付。唐宪宗元和末年，令狐楚担任山陵史"部吏盗官物，又不给工人佣值"。官僚地主也常以"和雇"之名行派役之实。唐德宗时，陆贽就曾上疏弹劾户部侍郎裴延龄，"名曰'和雇'，弗与之庸"。在平民作为雇主的传统农业雇佣关系中，受雇者在地位上相对有所提升，但实际中仍受颇多约束。"官有政法，民从私契"，从民间发展起来的传统农业雇佣关系，最先在平民间是以契约的形式来防范风险的。从

汉代开始，民间农业雇佣关系便以契约形式来确定，经魏晋至唐宋，契约格式趋于规范。因而，在平民为雇主的传统农业雇佣关系中，双方的实际地位可以从现存雇佣契约中得以窥见。

汉代雇工契约始见于《居延汉简甲乙编》，其中《汉陆浑县成更雇工契约》记载："张掖居延库卒弘农郡陆浑河阳里大夫成更廿四，庸同县阳里大夫赵勋年廿九，贾二万九千。"该契约内容简要，确定雇价却无其他约定。不过雇佣双方均为大夫，在爵级上同属二十级之第五级，双方地位相当。至魏晋南北朝时期，农业雇佣契约的内容更为丰富，双方权利义务规定得更为清晰，从中可体现出雇佣双方地位的变化。《高昌午岁武城诸人雇赵沙弥放养券》中注明赵沙弥受雇为武城诸人放羊，雇价"中羊三口，与粟一斗"，雇期"从未岁正月，到未岁十月廿日"，佣钱结算"正月内偿放羊价钱使毕"。若养有所损失，受雇者需赔偿，"羊朋大偿大，朋小偿小。若羊……折骨，仰放羊儿"。不过，受雇者能使羊繁殖成功，增加羊羔，则另加钱物，"若……卅日，羔子入郡（群），与大麦一斗"。最后双方相约成契，规定违背契约的行为需受罚，"卷（券）成之后，各不得反悔。悔者一罚二，入不悔者"。在这一契约中，雇佣双方的权利义务规定得十分清楚，但更多的是对受雇者的要求，并未规定雇主过期不偿雇值的惩罚，受雇者处于相对弱势的地位。此外，在雇值的给偿形式上为实物粟、麦，也表明此时该地的劳动力交易尚处于实物交换的阶段，受雇者更多的是出于生活所需而出卖劳动力。不过，在此后的《高昌延昌二十二年（582年）康长受岁出券》中，受雇者的地位有较大提升，其中相对平等地规定了雇佣双方在雇值偿还中违约所应受的处罚。雇主"若过期不偿，听曳家财，平为麦直"。受雇者"若长受身东西无，仰妇儿上偿"。在契约末注明，雇佣双方"先和后券"，即出于自愿协商，并无强迫。最后还有见证人做证，"时见倩书道人法慈侯三安"以证明契约的有效性。魏晋南北朝时期，民间农业雇佣契约的基本格式初步成型，对雇佣双方的权利义务规定较为清晰，雇佣双方的地位相对平等。综合所存契约，可将这一时期所形成的民间农业雇佣契约的基本契式归纳如下。

某年某月某人雇某人为某事（岁作、放养、上烽等）契

某年某月某日，某人雇某人，从某年某月某日至某年某月某日。与雇价数钱（物），某年某月与毕。若雇主过期不偿，听曳家财，平为麦直。受雇者应

尽事宜。若受雇者行为造成雇主损失，则罚数钱（物），受雇者不偿，仰妇儿上偿。双方先和后券。券成之后，各不得返悔。悔者一倍（赔）二，入不悔者。民有私要，各自署名为信。

雇 主：某人
受雇者：某人
见 人：某人
见 人：某人

在魏晋南北朝时期所形成的基本契约格式的基础上，唐宋时期民间农业雇佣契约更为完善。契约中对雇佣双方违约的各种可能情况规定得更为具体，对受雇者的要求也更为严格。在契约中体现出主雇双方，受雇者处于相对弱势。契约的格式不仅进一步完善，在内容上还增加了保人作保，以降低受雇者违约而对雇主造成的损失。《吐蕃巳年敦煌令狐善奴便刘价契》中不仅要求受雇者在限期内"刈麦十亩"，更要求受雇者在雇主"麦熟吉报，依时请收刈，如法了，不得为时限"。如果受雇者未按时吉报，或者"欠收刈不了"，则"其所将斛斗，请陪罚三硕二斗"，而且受雇者当日就需缴纳所罚财物。受雇者若违约，"一任挚夺家资杂物牛畜等，用充麦直。其麦亦一任别雇人收刈。"受雇者违约而逃，保人就要代为偿还。《戊戌年敦煌令狐安定雇工契》中雇主令狐安定家中因欠缺人力而雇佣龙聪儿，造作一年。雇价每月五斗粮食，此外雇主供"春衣一对，汗衫领、幔裆霄，皮鞋一两"。雇主供衣看似利于受雇者，实则不然，敦煌冬季严寒，雇期在一月至九月，雇主却不提供冬衣。可见这一条实则是从雇主的利益出发。而且契约中规定，立契约后，受雇者便开始劳作，"不得抛工，一日勒物一斗"。只有在受雇者家中突然有死生大事时，才能宽容三日。这意味着受雇者若有家人去世，头七未过，受雇者就需回雇主家劳作。此外，若受雇者有病患，宽者规定"五日将里，余日算价下"，严则"算日勒价"。可见雇主要求之苛刻，受雇者居于弱势。宋代的农业雇佣契约在格式上基本沿袭了唐代的格式，在契约内容上对受雇者抛工的处罚更为细化。《甲戌年敦煌窦跛蹄雇邓延受契》中规定，受雇者如果在雇主农忙抛工一日，克罚物二斗。农闲时抛工一日，克物一斗。与唐代"抛工一日，勒物一斗"的处罚相比，有所加重。受雇者若将农具打损，亦需赔偿。这点在唐代的契约中是未曾注明的。《戊子年敦煌史氾三雇杜愿长契》《某年敦煌某人雇工契》等契约中都有相似的规定。因而在实际的民间雇佣关系中，受雇者的地位依然处于弱势，并没有较强的议价权利。唐宋时期民间的农业雇佣契约格式已趋于完善，其基本格式可归纳如下。

某年某地某人雇某人契

某年某月某日，某人雇某人，从某年某月某日至某年某月某日。雇价数钱（物），雇主供衣（食），分付与农具。受雇者应尽事宜。若受雇者行为造成雇主损失，则罚数钱（物）。受雇者不偿，或身东西不在，一仰保人弋还。两共对面稳审平章，书指为凭。不许反悔。如若先悔者，罚钱物，充入不悔人。恐人无信，故立此契，用为后验（凭）。（押）

> 雇　主：某人（押）
> 受雇者：某人（押）
> 保　人：某人（押）
> 保　人：某人（押）
> 见　人：某人（押）
> 见　人：某人（押）

秦汉至唐宋间，从以平民为雇主的农业雇佣契约内容上来看，主雇双方是以自愿协商的方式达成契约，但在具体条款要求和雇价的确定上，双方的地位并不平等，受雇者实际上还处于相对弱势的地位。从农业雇佣契约格式的完善过程上来看，唐宋时期的契约进一步细化加重了对受雇者违约或有损雇主行为的惩罚，并增加了保人以减少雇主的风险，契约中却没有增加有利于受雇者的契约要件。因此，从这一时期民间契约的演变来看，以平民为雇主的雇佣关系中，主雇双方的地位并不平等，雇主占优势，受雇者明显处于弱势。但相对于官僚地主和以国家为雇主的雇佣关系中，受雇者拥有更高的地位，依附性也更弱，具有较大的自由度。平民雇主在雇佣关系中所占有的优势并不是来自于封建等级关系和制度因素，更多的是源于经济因素。这也是与以官僚地主和以国家为雇主的雇佣关系中，雇佣主体所拥有的超越经济强制的不同的根源所在。

在实际的传统农业雇佣关系中，雇期的长短对雇佣双方的地位也有较大的影响。短期雇佣中的受雇者有着较大的自由度，对雇主的依附性较弱。短期雇佣的雇期一般不足一年，可分为日雇和月佣。短期的受雇者通常是在雇主农忙时，充当短期补充人力的角色。日雇的受雇者按日取值，月佣则按月计佣。短期雇佣关系中，受雇者虽然有较大的自由度，但雇价通常较低。现存唐代吐鲁番地区的雇佣契约中，有诸多雇期在 15 天的雇人上烽契，其雇价大约在银钱 4~5 文。按吐鲁番地区"银钱一文，籴得青科一斗三升"的粮食价格计算，银钱 4~5 文可购买青稞 5~6 斗。而据《唐会要》载内园丁"计一丁一岁当钱九百六，米七斛二斗"，可推算唐代雇佣劳力每日供食标准约为 2 升，每月则为 6 斗。因此，15 日短雇所值刚够一人一月的基本生活所需，受雇者欲借此养家实属难事。月佣的雇价也偏低，唐大中初，张茂实在洛中游玩，于南市雇得一人，"佣作之直月五百"。唐末粮价上涨，若按相近年份最低粟价 30 文来计算，500 文钱可购粟 16 斗左右。雇工一月所值，满足五口之家的基本需求亦不容易。长期雇佣的雇期在一年及一年以上。契约中所言"岁作"，"岁佣"常不足一年，多为一月至九月。从敦煌和吐鲁番出土的雇佣契约中可知，岁佣的实际雇期常只有九个月，岁佣的计价方式依然是按月而计，雇价多为每月一石，有的才 8 斗。受雇者一年的雇价约为 9 石。此外，在岁佣的契约中，受雇者要达到雇主的诸多要求，一旦有所违背，还被罚财物。受雇者与雇主之间的实际地位并不相等。长期雇佣还包括保留户籍的典身于人与卖身为佣仆，这两种雇佣期限都较长，实际上是出卖劳动力来偿还债务。在债务还清之前，受雇者人身自由受雇主管制，虽然他们在法律上还属于良人，但实际地位与当时的奴婢相当。

三、战国秦汉至唐宋间传统农业雇佣关系的基本特征

从战国秦汉至唐宋是传统农业雇佣关系在民间的自由衍生和发展时期，传统农业雇佣关系尚未受到国家法律的规范，具有较强的原生性。结合前文的分析，我们可以将这一时期传统农业雇佣关系的基本特点概括如下。

首先，受雇者大多是出于家庭贫困或因流亡失业而求雇于人，其出卖劳动力具有较强的经济胁迫性。受雇者大多具有独立的户籍和家庭经济来源，并未完全丧失人身自由。虽然他们的法律地位与一般百姓相当，但他们在实际的雇佣关系中却处于相对弱势地位。通常情况下，受雇者多就近求雇，跨区域的雇佣关系多为战乱和灾害所致。

其次，雇主的构成包括百姓、官僚地主和国家。从所存民间雇佣契约资料来看，平民百姓为雇主的构成主体。平民雇主的家庭成员大多没有脱离农业生产。平民雇主雇佣劳力的动机在于补充农忙时节的劳动力，而非出于压榨雇工的劳动力。所存的契约中大多阐明雇佣劳力是"为家内缺少人力""为缘家中欠少人力"。

官僚地主一般蓄有奴仆或有依附农，雇工也并非其劳动力的主要来源。在以国家为雇主的雇佣关系中，因带着政权的强制力，受雇者的基本权益缺乏保障。

再者，传统农业雇佣关系在雇佣劳动关系中占据着主导地位。虽然唐宋间，手工业、商业的雇佣工人有所增加。但在总体上，农业劳动力求雇的主要行业还是在农业领域。雇佣劳动力所进行的农业生产，其主要目的是以自给为主。虽然在宋代经济作物生产领域，开始出现了商人投资农业雇工经营的新动向，但以市场为导向的农业雇佣经营方式并未普遍。

第二节　法制化背景下传统农业雇佣关系的常态化趋势分析

元代是我国古代农业雇佣关系演变的一个转折点。在此之前，传统农业雇佣关系处于民间自由发展的阶段，非国家行为的传统农业雇佣关系更为普遍。元代以"和雇"为代表形式的国家雇佣行为成为常态，大部分户籍之民在国家正常的劳役之外均需要承担国家为雇主的"和雇"。元代的法律中首次明确论及雇工的法律地位，并且将国家行为的雇佣关系纳入到法律体系中，是传统农业雇佣关系法制化的开端。元代民间农业雇佣行为并未消止，依然有所发展，民间的雇佣契约格式业已规范化。

一、元代国家农业雇佣行为的常态化

徐元瑞在《习吏幼学指南》中解释"和雇"为"两顺曰和，庸赁曰雇"，"和雇"即国家以统一的价钱出资雇佣劳力、车、船等以进行开垦荒田、修河建坝、转运物资等大型国家工程。国家虽然给予受雇者一定的佣钱，但带有一定的行政强制性。元代法律中就常将和雇与杂泛差役同提，凸显农民对和雇具有一定的封建义务性。唐代和雇已经在农业领域出现，但只是一种国家临时性的措施。到元代，和雇的涉及范围扩大，使用次数增多，逐步成为了一种制度化的常态。元统一前，和雇已经较多。元统一后，和雇"不绝于流"，相比统一前"转增数倍"。元朝廷将和雇的相关规定纳入国家法律体系，逐步建立起了和雇的相关制度，和雇俨然成为了"常法"。

元代和雇的承担对象一般为拥有土地和户籍的民户，但亦有例外。元世祖时，民户、军户、站户都要承担和雇。至元十八年六月"安西等处军、站，凡和雇和买，与民均役"。十九年九月"命军、站户出钱助民和雇和买"。成宗元贞元年

十二月"诏大都路，凡和雇和买及一切差役，以诸色户与民均当"。不过，成宗在大德七年三月诏令里规定"今后除边远出征军人，并大都、上都其间站户，依着在先已了的言语，休当者"，明确了在边远地区服役的军人及大都至上都间驿站供食往来使臣的站户可以免除和雇，这一原则在元代中后期也得以执行。此外，虽在元代前期儒、医、僧、道户可以不用承担和雇，但延祐五年，元仁宗批准了中书省的奏议，此后儒、医、僧、道、灶户、运粮户等亦需承担和雇。在征雇各种人户时，其先后亦有明确的规定。至大三年十月诏要求"民间杂役，先尽游食之人，次及工贾末技，其力田之家，务夺农时"。至大四年三月诏书："各验丁产，先尽富实，次及下户。诸投下，不以是何户计，与民一体均当，应有持把除差圣旨、懿旨、令旨，所在官司就便拘收。"可见，官府在征雇劳力时，在坚持不夺农时，保证正常的农业生产的大原则下，根据民户的丁产物力及贫富情况来安排先后。此外，官府在雇佣车船时，应从具有车船的民户中征雇。《至元新格》便规定"诸和雇脚力，皆尽于行车之家，少则听于其余近上有车户内和雇"。

元代国家雇佣劳力主要用于耕种荒田、转运物资和修筑工程。其一，国家雇佣农民大规模的耕种荒田。元在统一过程中的征伐，对农业生产造成了较大的破坏。元统一后，世祖忽必烈便实施有利于农业生产恢复的政策。面对大量荒芜的公田，元朝廷采取招募农民耕种的方式来恢复农业生产。至元二十一年，募人开耕江淮间自襄阳至东海的荒田，"免其六年租税并一切杂役"。至元二十三年湖广行省设立营田都总管府，负责招募农民开垦耕种江南的荒芜土地，开垦者可免去一切杂泛差役。至元二十八年七月又下诏"募民耕江南旷土，户部过五顷，官授之券，俾为永业，三年后征租"。然而开垦荒地的农民并不能占有土地，土地属于国家所有和经营，开垦后继续耕种的那部分农民最终成为国家的佃农。因而元初采用免除租税赋役方式来招募农民开垦荒地，实际上可看作是以所免租税为佣钱，雇佣农民为朝廷开垦荒地。其二，国家常雇佣拥有车船的农户转运采购的物资。《元典章》中即规定"国家应办，支持浩大，所用之物，必须百姓每根底和雇和买应办。"国家雇佣车船转运物资有着严格的制度规范，如大德七年中书省宣徽院所呈雇工往上都运米面的事宜中就明确规定"凡雇车运物，不分粗细，例验斤重里路，官给脚价"。从宣徽院选派"有职役廉干人员"负责押运，押运官员需要将所运物资过称打包，"如法封记，斟酌合用车辆"，然后令大都路巡院正官负责招募劳工和车户，还需"明立脚契，编立牌甲，递相保管，然后许令揽运"（出自《元典章》）。雇佣契约上需写明受雇者所载物资及其重量，受雇者有保管物资的义务。如果因受雇者装卸或失误而造成损毁，或是物资被盗，受雇者都负有责任，轻则

"将行车人监勒，追征不敷之物"，重则"以物多寡量情断罪"。若国家通过水路转运物资而雇佣渔民和商户船只，也需严格按照规定订立雇船文约。至元二十一年二月，中书省发文规定："今后凡江河往来雇船之人，须要经由管船饭头人等三面说合，明白写立文约"；雇船文约上需要写明受雇船户的籍贯、姓名，"不得书写无籍贯并长河船户等不明文字"；受雇船户在转运中如果有所疏失，不仅受雇者受罚，而且"元保、饭头人等亦行断罪"；雇佣文约订立后"于所属官司呈押，以凭稽考"。由此可窥见元代政府对国家雇佣行为规范要求之严格。元代政府通过一系列律令颁布国家雇佣行为的规范，也促进了国家雇佣关系的法制化。其三，元统一后，兴修水利工程，以恢复农业生产和疏通水路运输。在这些工程修建中既有强制性的征役，也有国家雇佣的方式。元世祖至元十七年，世祖核准耿参政、阿里尚书奏请"以钞万锭为佣直，仍给粮食"，开通济州河漕运。十八年又批准免除益都、淄莱、宁海三州一岁的税赋，"入折佣直，以为开河之用"。元成宗大德十年春正月，为疏浚真、扬等州的漕河水利，成宗令"盐商每引输钞二贯，以为佣工之费"。元英宗至治元年十月，陕西屯田府修筑洪口渠，"官给其粮食用具，丁夫就役使水之家，顾匠佣直使水户均出"。元代平定江南后，迁入江南的豪族权贵在镇江练湖中"筑堤围田耕种侵占既广，不足受水，遂致泛溢"。至治三年，为疏浚练湖雇佣三千丁夫"九十日毕，人日支钞一两、米三升"。同年，江浙为疏浚通海故道，开浚河道五十五处。但工程浩大，所需米粮数多，于是将官给之粮用以佣民疏治，而劝导需要用河水的佃户自备口粮。泰定元年十月，疏浚江浙吴松江河道，并立闸以节水势，所雇丁夫"依练湖例，给佣直粮食"。

　　元代律法中规定国家雇佣劳力及百姓车船，皆需"两支平价"，付给受雇者一定的钱物作佣酬。《通制条格》中便记载至元四年三月，元世祖下诏要求"一切佂约，毋蹈前非。其和雇和买，验有物之家，随即给价"。如果有"克减欺落者"，由监察御史和肃政廉访司负责查办。至元十六年十月，张融上诉西京军户在和雇中"有司匿所给价钞计万八千八锭"，涉案官吏因此受罪罚。至元十九年十月，又补充国家和雇计价总体原则："并依市价，不以是何户计，照依例应当，官司随即支价，毋得逗留刁蹬。"并且再次重申官吏、权豪势要之家"不许因缘结揽，以营私利，违者治罪"。国家雇佣百姓车船运输物资则"不分粗细，例验斤重里路，官给脚价"。《元典章》中规定了国家雇佣车船支付脚价具体标准。《水路和雇脚价》提到旱路脚价已有标准，但未见著录，不过记录了12组下水路脚价。根据其中数据编制成表，可计算出元初下水路的脚价大约为每千斤百里钞0.95钱（见表5-1）。而元初旱路每千斤百里脚价钞1.3两，至元十五年添至1.95两。至元二十四年规定，每千斤百里平路钞 10 两，山路 12 两，水路上水 8 钱，下水 6 钱。随着物价上涨，成宗大德五年时，脚价有所上调，旱路脚价每千斤百里山路 15 两，平川 12 两；江南、腹地河道水路脚价每千斤百里上水 8 钱，下水 7 钱；淮江黄河上水 1 两，下水 7 钱。

表 5-1　元初水路和雇脚价表

物重（斤）	传输距离（里）	脚价（钱）	每百里脚价（钱）
100	1445	1.16	0.080
100	1615	1.51	0.091
100	1745	1.77	0.101
100	1770	1.83	0.103
100	1345	1.0	0.074
100	1515	1.4	0.092
100	1675	1.66	0.099
100	1675	1.72	0.102
100	1300	1.4	0.107
100	1500	1.38	0.092
100	1630	1.64	0.101
100	1660	1.70	0.102

下水路脚价均值：每千斤百里钞 0.95 钱

资料来源：《元典章》户部卷之十二《赋役·脚价·水路和雇脚价》

可见，元代国家雇佣车船运输工价根据旱路和水路之别而不同，旱路又分为平路与山路，水路分为上水与下水。总体而言，旱路脚价均高于水路，山路高于平路，上水高于下水。此外，若是运军人及其物资出征，脚价则不一。至元二十三年湖南道运军人出征，"每千斤百里支脚价三钱七分"，雇船脚价"每千斤百里上水一两，下水减半"。运军人出征具有很强的义务性，因而其脚价相对较低。

元代以"和雇"为主要形式的国家农业雇佣行为的常态化，使国家律法中开始规范由民间发展起来的农业雇佣关系。原本相对自由发展的农业雇佣关系受到国家政权的干预后趋向法制化。然而，以国家为雇主的农业雇佣关系的发展并未使受雇者的身份趋向自由，反而因为受到国家政权的干预，受雇者在农业雇佣关系中的地位更趋弱势。具有国家强制力的"和雇"，虽然在元朝政府律法中要求"两支平价"，但在实行过程中却有官僚以和雇为名，强行摊派谋利。至元十九、二十年间，江南行御史台便发文指出，"诸处官司指以雇船装载官粮官物为名，故纵公吏、祗候、弓手人等强行拘刷捉拿往来船只，雇一扰百，无所不为"。而在支付雇价过程中也常有官员扣支或支付以烂钱，甚至不支价钱。元初王恽在其《中堂事记上》直陈和雇弊病："官支价钱，十不及二、三，其不敷数，百姓尽行出备，名为和雇，其实分着。"元中期，刘敏中也指出官吏在发放雇钱时，"易新钞为烂钞"，发与百姓，从中谋利。因此，元代国家政权对农业雇佣行为的强势干预，并未引导农业雇佣关系趋向自由化和市场化，不过却在客观上推动了雇佣关系的法制化，也促使元代民间农业雇佣行为更趋规范。

二、元代民间农业雇佣行为的规范化

虽然元代国家为雇主的农业雇佣行为成为常态，但民间农业雇佣行为依然在史料中有所体现。伴随着国家对农业雇佣行为的干预和律法诏令中对雇佣关系的规定，元代民间雇佣行为趋于规范化。

元世祖至元年间，戴表元在《送赵学古归永嘉序》中写道："余家世剡人，幸既得一区于剡源之上，筋骸方强，法当佣耕以供三老人养具。语不云乎：'人穷则反本'，势使然也。"可见，当时百姓贫困者为佣耕而求谋生。《元史·列女》记载大德年间，绍兴俞新之妻闻氏，丈夫死后不改其志，照顾其姑姑，姑死时，家贫无资，闻氏佣工筹资葬姑；《元史·孝友》记述延祐年间邵武人郭回，其母九十八卒，家中贫穷无以葬，郭回便"佣身得钱葬之"；至顺年间，奉元孝子刘德，侍奉父亲所娶后妻何氏如同亲生母亲，"家贫佣工，取直寸钱尺帛皆上之"；泰定年间，山阴史甲"佣作富民高丙家"。元代诗词碑刻中亦有农业雇佣的记载。元初诗人王恽有"谁羡佣耕陇上豪"的诗句，其在《大元故真定路兵马都总管史公神道碑铭并序》中记载："向也流通佣耕之民，今为恒产完美之室。"元诗四大家之一的揭傒斯在杂文《题邹福诗后》介绍邹福："吾乡田夫之子，也粗读孝经论语，家贫与人佣耕。"姚燧《羍苇叹》描绘江淮农田收获时"秋风霜露落，百谷时已实，处处佣千夫，豚酒健力铚"；陈旅所作《勤耕亭铭》也曾言"富州民邹福少时与人佣耕"；揭傒斯所作《重修全州学记》中记载，泰定二年，郭侯曾于全州率官僚斩木伐石，食工佣力，重修夫子庙，陶宗仪"今人之指佣工者曰客作，三国时已有此语，焦光饥则出为人客作，饱食而已"，元明之际，诗人王逢《将归三首》中亦有"天未厌乱离，且复寄佣耕"之句。

国家对民间农业雇佣行为的干预集中体现在元代民间契约格式的统一和规范上。与前代相比，元代雇佣契约的格式要求更为严格，根据雇佣内容不同而区别为不同的契式。元人所刻《新编事文类要启札青钱》中即收录了其时雇佣小厮、脚夫与船只的契约格式，为便于分析，现摘录于下。

元雇小厮契式

某乡某里姓 某

右某有亲生男子名某，年几岁。今因时年荒欠，不能供赡，情愿投得某人保委将本男雇与某里某人宅充为小厮三年。当三面言议断，每年得雇工钞若干贯文。其钞当已预先借讫几贯，所有余钞候在年月满日结算请领。自男某计工之后，须用小心伏事，听候使令，不敢违慢抗对无礼，及与外人通同搬盗本宅财货什物，将身闪走等事。如有此色，且保人并自知当，甘伏赔还不词。或男某在宅，向后恐有一切不虞，并使天之命也，且某即无他说。今恐仁理难凭，故立此为用。

谨契。

年 月 日 父 姓 某 号 契

保人 姓 某 号

元雇脚夫契式

某州某县某里脚夫姓 某

右某等今投得某乡么里行老姓某保委，当何得某处某官行李几担，送至某处交卸。当三面议断，工雇火食钞若干贯文，当先借讫上期钞几贯，余钞遂时在路批借，候到日结算请领。且某等自交过担仗之后，在路须用小心照管。上下不敢失落，至于中途亦不敢妄生邀阻需索酒食等事。如有闪走，且行老甘自填还上件物色，仍别雇脚夫承替，送至彼处交管。今恐无凭，立此为用。

谨契。

年 月 日 脚夫姓 么 号 契

行老姓 某 号

元雇船只契式

某州某县某处船户姓 某

右某今托得某乡某里船牙姓某保委，揽载得某处某官行李几担，前到某处交卸。当三面言议断得工雇水脚钞若干贯文，当已借讫几贯为定，余钞候载到彼岸交卸了当，尽数请领。自装载后，须用小心看管，不敢上漏下湿。如有损坏，甘伏一一偿还不词。

谨契。

年 月 日 船户姓 某 号 契

船牙姓 某 号

元代民间雇佣契约在延续唐宋契约的基本体例的基础上有所发展和变化。从元代契约格式中所体现出的变化可窥得其时民间农业雇佣关系中主雇双方地位的变化。首先，在唐书的农业雇佣契约中，雇佣双方约定雇价但并未有提前支付部分雇工价钱之约，而在元代的这三种契约中，均有提前支取部分雇钱，待雇期到后结清余款的条约，如《雇小厮契式》中"其钞当已预先借讫几贯，所有余钞候在年月满日结算请领"；《雇脚夫契式》中"当先借讫上期钞几贯，余钞遂时在路批借，候到日结算请领"；《雇船只契式》中"当已借讫几贯为定，余钞候载到彼岸交卸了当，尽数请领"。受雇者可提前支取雇钱的条约，有利于保障受雇者的权益。相对前代，受雇者的权益在契约中体现有所增多，表明受雇者的地位有所提升。其次，契约中保人的作用有所变化。唐宋契约中保人多是作为受雇者违约时以代偿雇主损失的角色出现，其维护雇主权益的倾向性较强。唐宋契约中保人和见人区分开来，而元代则将两者合一，保人在契约中的中立性和独立性更强。最后，元代契约中增加了受雇者人身伤亡，雇主不负责任的条款。《雇小厮契式》中有"或男某在宅，向后恐有一切不虞，并使天之命也，且某即无他说"。此外内蒙古自治区黑城出土的元至正十一年雇佣契约中亦有"如有雇身博神乃连死伤，当罪并不干雇主之事，本人一面承当"的条文。可见，在履行雇佣条约过程中受雇者的人身安全难以受到保护，其在契约中处于相对弱势的地位。综上可知，虽然相比前代，元代的农业雇佣契约在保障受雇者权益上有所提升，但受雇者的弱势地位并未彻底改观，主雇双方在雇佣契约中所体现出的地位并非相对平等。

三、元代农业雇佣关系的法制化

元代国家政权对农业雇佣行为的干预，在客观上促进了传统农业雇佣关系的法制化进程。在元以前，传统农业雇佣关系的确立和约束通过民间契约的形式，处于"官无政法，民从私契"的阶段，受雇者的法律身份和地位没有明确的界定。元代随着以"和雇"为主要形式的国家农业雇佣行为的常态化，国家政令和律法中对雇佣行为进行规范和约束的条文开始出现和增多，这推动了传统农业雇佣关系的法制化。

元世祖忽必烈于至元八年停用《泰和律》，至元二十八年颁布元朝第一部法典《至元新格》。《至元新格》虽已亡佚，但现存的《元典章》中保留了部分内容。《元典章》中引用《至元新格》中对国家雇佣行为的规定，即国家雇佣百姓行车转运物资时，"和雇脚力皆尽行成之家，少则听其余近上有车户内"，避免官吏强行向无车的百姓摊派以增加负担。还特别指出"和雇仍须置簿轮转立法"，以防止司吏、里正、公使等作弊挪用雇钱。此外，元英宗时所编《元典章》中也收录了不少至元年间调整雇佣关系的诏令，如至元十五年，官方根据雇佣市场价格变化而调整和雇价钱的《添荅脚力价钱》；至元二十二年，雇车船载运官物应写明斤重以计算雇钱的《递运官物开写斤重》；至元二十三年，关于雇劳力运军人出征的雇价问题的《雇船脚力钞数》。元世祖时，以《至元新格》为代表，国家已经出台了一系列的律令条文来规范国家农业雇佣行为，这也是传统农业雇佣关系进入国家法律体系的开端。

元英宗至治三年，制定了一部国家政令法规汇编性质的《大元通制》，标志元代法典的基本定型。《大元通制》大部分已经亡佚，第二部"条格"流传至今，内容即为《通制条格》。《通制条格》中对国家雇佣承担者的范围和次序、雇钱的支付、雇佣文书等方面都作了严格的规定，如要求国家雇佣"务夺农时"，雇钱的支付不分户等而要根据市场价格"随即支付"，订立雇佣文书时要"三面说合，明白写立文约"，并规定由监察御史、肃政廉访司负责纠察贪扣百姓雇钱的官员。可以说，英宗《大元通制》对国家雇佣行为的规范进一步加强，有关国家雇佣的法律体系趋于完备。

元代传统农业雇佣关系法制化的开端，除了体现在法律体系中对国家雇佣行为的规范外，还表现在国家律令中首次明确受雇者的法律地位。元仁宗延祐七年诏令中就首次从税法的角度来确定受雇者的法律地位与佃户、单丁贫下小户等相当。元仁宗延祐七年开征包银，税额为每户二两，但"与人作佃、佣作、赁房居住，日趁生理，单丁贫下小户不科"。成书于元顺帝至正元年的《刑统赋疏》则从刑法的角度界定了受雇者的法律地位："受雇佣之人，既与主家通居，又且衣食俱各仰给，酌古准今，即与昔日部曲无异，理合相容隐。刑部议得：诸佣工受雇之人，虽与奴婢不同，衣食皆仰于主，除犯恶逆及损侵己身，理应听从赴诉，其余事不干己，不许讦告。亦厚风俗之一端也。"可见，元代受雇者与奴婢不同，其身份与前代"部曲"相似，衣食皆仰于雇主。但若有"损侵己身"者，受雇者可以独立赴诉。与前代相比，元代受雇者的地位不仅已经为法律所清晰界定，而且还有了较大的提升，受雇者具有相对自由的诉讼权。不过，在实际雇佣关系中，因经济胁迫或政治强制，受雇者的相对弱势地位并未得到很大的改观。

第三节　传统农业生产雇佣关系对商品化经济的影响

明清时期，传统农业雇佣关系在全国范围内已属于普遍现象。清代农业雇工专门市场的出现和形成，反映出传统农业雇佣关系开始朝着市场化的方向演进。明清农业雇工的法律地位逐步提升。在实际雇佣行为中主雇双方的地位趋于平等，农业雇工的身份趋于自由。

一、明清农业雇佣行为的普遍化

明清时期农业雇佣现象在地域上遍布全国，农业雇佣契约文书格式也规范化和普及，农业雇工被进一步细分为长工、短工、忙工等，这些都充分表明明清时期农业雇佣行为的普遍化。

明清时期是传统农业雇佣关系在各地普遍发展的时期。在明代实际控制疆域的"两京十三布政司"中，除云南、贵州两地外，各省史志资料中均有农业雇佣的记载。明英宗正统二年，户部主事刘喜就上言："比闻山东、山西、河南、陕西并直隶诸郡县民贫者，无牛具种籽耕种，佣丐衣食以度日。"可见其时山东、山西、河南、陕西以及直隶已有贫民迫于生计而受雇于人。万历年间所修的山东地方志《滨州志》、记载直隶顺天府宛平县风俗的《宛署杂记》、崇祯年间所刊山东济南历城地方志《历乘》皆有对当地农业雇佣情况的记载。明代后期山西江州的农民"作息之余，并无生计，近多佣力他乡"。明代江南地区的农业雇佣记载颇多，弘治《吴江县志》、正德《松江府志》《华亭县志》、嘉靖《吴江县志》中皆有对农业雇佣中长工、短工、忙工的划分。嘉靖、万历之际，扬州府"无力受田者名为雇工"，嘉兴府"富者倩雇耕作"。万历年间，秀水县"四月至七月望日，谓之忙月，富农倩佣耕"。乾隆《江南通志·人物志》记载，天启初，颍州人张远度买田于颍南，"有田畏徭役，尽委之族，为人佣耕"。长洲人杜遵"家贫佣力，养亲父母"。郴州人黄佐"事母尽孝，佣耕以养"。万历至明末，福建古田农民多流至外地佣工，万历《福州府志》记载，"壮者多佣之四方"。江西南丰县农民则到宁都县佣工。明代四川地区不仅汉人颇多受雇，而且不乏少数民族农民，"冬则避寒入蜀，佣赁自食"。明初永乐年间，广东刘细奴妻伍氏"偕夫往翁源佣工"。明代广西贵县人岑孝子家赤贫，"佣力邻家，以其直养亲"。此外，农业雇佣普遍存在的情况在明代政治、法律以及文学等方面都有所反映。可见，明代的农业雇佣在地域上已普遍存在。

明代流传于民间的通俗日用类书《世事通考》《新刻邺架新裁万宝全书》《文林妙锦万宝全书》《鼎镌崇文阁汇纂士民万用正宗不求人全编》《新刊翰苑广记补订四民捷用学海群玉》等中均有雇工、雇船只、雇脚夫等文约格式，并且这些契约格式趋于统一，在一定程度上反映了当时民间农业雇佣关系的普遍。为便于分析，现摘录几种类书中的雇工契约格式如下。

雇工人文约

立雇约某都某人，今因生意无活，自情托中都到某都某名下替身农工一年，议定工银若干。言约朝夕勤谨，照管田园，不懒惰。主家杂色器皿，不敢疏失。其银归按季支取额，不致欠少。如有荒失，照数扣算。风水不虞，此系天命。存照。

雇工样帖

某里某境某人为无生活，情愿将身出雇典某里某境某人家耕田一年，凭中议定工资银若干，言约朝夕勤谨，照管田地，不得闲戏。主家杂色动用器皿，不至损失。其银约四季支取，不缺。风水不虞，此系天命，不干主家之事。今恐无凭，立此为照。

雇长工契

某里某境某人为无生活，情愿将身出雇典与，某里某境某人家，耕田一年。凭中议定主资银若干。言约朝夕勤谨，照管田园，不敢逃懒。主家杂色动用器皿，不至损失。其银约四季支取，不缺。如有风水不虞，此系己命，不于银主之事。今欲有凭，立契存照。

　　从不同通俗日用类书中所摘引的雇工契约可以看出，明代农业雇佣契约的内容和格式已较为统一。各书中所言雇工文约实则皆为农业雇工所作，"照管田园"为受雇者的主要工作内容，受雇者一般自愿为人所雇，雇期通常为一年，工钱按季支取额，订立契约，以作凭证。《世事通考》《新刻邺架新裁万宝全书》《文林妙锦万宝全书》等通俗日用类书多为书坊面向市场所编，主要供平民百姓日常生活所用，具有很强的实用性。因而，此类书中大多皆收录农业雇佣契约，亦能反映出其时农业雇佣行为在民间的普遍存在。

　　清代，农业雇佣进一步发展，农业雇佣所涉及的地域得以拓展，此时农业雇佣已遍布全国。根据学者对雍正、乾隆、嘉庆三朝的部分刑事档案的研究表明，清代十八直省以及东北、西北地区均有雇工命案，而且各省区内农业雇佣现象并非某州某县特有，已趋于普遍。清代十八直省地方志中有关农业雇佣的记载进一步证明了清代农业雇佣的普遍。直隶乐亭县"为工居肆者少，代佣受值者为多"。河南邓州人王文秀"佣耕陈氏"。陕西泾阳李白少"佣耕养母"。山西寿阳县"受雇耕田者谓之长工，计日佣者谓之短工"。顺治时，山西霍邱县农民贫困多质子女"计佣值定岁月"。康熙时，甘肃靖远人韩育惠妻子黑氏，在丈夫死后"佣绩以哺孤儿"。甘肃人于一化妻许氏，十九岁丧夫，"佣绩以葬其夫，抚遗子成立"。山东登州府"农无田者为人佣作"。兖州府滋阳县，十月朔"农家皆设洒肴，燕佣人"。宁阳县，十月一日，田主"辞场圃，犒农工"。沂州，十月朔，"农家皆设酒肴，燕佣人，名曰散场"。高唐县"农民之贫者，专恃佣趁"。青州府裴贵妻赵氏"为人佣工"。乾隆《江南通志·人物志》记载江苏昆山人雇存儒，贫困无银葬父，又遇邻居失火"存儒负母出，随偕一佣作舁父棺"，可见其村中有人为佣工。江宁府吴县人袁七"佣作数出"。《宁海州志·风俗》载康熙年间，浙江宁海"农无田者为佣作"。光绪《平湖县志·风俗》描述平湖县"田多募佣"。乾隆《乌程县志》载"防水旱不时，车戽不暇，必预雇月工"。乾隆《金山县志》记载金山县"农无田者，为人佣耕"。宁波府戴樗妻李氏，家境贫困，子稍长便命其"佣工钱塘，以供饔飱"。《太平府志》记载安徽太平府有善做农具的农民冬闲时"挟操作之手而走他方"，至春天则归来耕作。据《东乡县志》记载，康熙时江西东乡县农忙季节农业雇工供不应求，雇主"必先夕而约"，或"未佣而先以值给"。同治《新城县志》记载嘉庆年间，江西新城县因为种植烟草工价较高，"佣者尽趋烟地，而弃禾田"。嘉庆《巴陵县志》记载湖南巴陵县农民难以自给，"无业者往往远去川陕佣工"。顺治《蕲水县志》载湖北蕲水县"最贫者为人佣工"。雍正《四川通志》载康熙年间，四川巡抚采运楠木雇佣农民，"每夫日支米一升，雇工银六分"。乾隆《福建通志》记载漳州府长泰有大姓吴翁，家中蓄童数千，邵武人施宜生"佣其家者三年"。康熙年间，广东香山人毛可珍，为贫民儿女"计其佣值，还诸父母"。广西义宁县农民"贫则佣工以度日"。云南人陈履蕴，"世乱家贫，夫妇佣工自给"。道光《遵义府志》记载遵义府农民正月"雇长年，纠犁驱"。思南府"无常职闲民，出力为人代耕，收其雇值"。

　　明清农业雇工种类的细分也反映出明清农业雇佣的普遍发展。在明清以前，在民间农业雇佣契约中虽然对农业雇工有"岁佣"或"月佣"之分，但其划分并不严格。明初所定《大明律》中最先使用"雇工人"一词，表明国家律法开始明确雇工人的法律地位。民间则将农业雇工进一步细化，多地方志中便有相关的记载。弘治《吴江县志》"无产小民投顾（雇）富家力田者谓之长工。先供米谷食用，至力田时撮忙一两月者谓之短工"。正德《松江府志》"农无田者为人佣耕曰长工，农月暂忙者曰短工"。正德《华亭县志》"农无田者为人佣耕曰长工，农月暂佣者曰短工"。嘉靖《吴江县志》"若无产者，赴逐雇倩抑心殚力，计岁而受直者曰长工，计时而受直者或短工，计日而受直者曰忙工"。嘉靖时湖州府"无恒产者雇倩受值，抑心殚力，谓之长工。夏初农忙，短假应事，谓之忙工"。清代山东登州府"农无田者为人佣作，曰长工；农日暂佣者曰忙工；田多人少，倩人助己曰伴工"。乾隆《金山县志》"农无田者，为人佣耕，曰长工；农月暂忙者曰忙工；田多人少，倩人助己而还之者，曰伴工"。山西寿阳县"受雇耕田者谓之长工，计日佣者谓之短工"。综合以上明清各地方志的记载，可知明清农业雇工的种类已被细化为长工、短工、忙工。长工没有田产，长期为人佣耕，工价以年计；短工可有田产，只是在农忙时节受人雇佣劳作，工价以时计；忙工也是在雇主农忙时节暂雇劳力，不过其工价以日计。清代还出现了农忙时节"倩人助己而还之者"的"伴工"，属于亲邻之间的劳动互换，不涉及劳动力的交易，不属于农业雇佣行为，但也在一定程度上反映出农忙时节，农业雇工存在着较大的需求市场。《东乡县志》便记载康熙时，江西东乡在农忙时节雇工需求大，雇主必须提前预约，并且"未佣而先以值给"。

二、清代农业雇工市场的出现

　　从清代前期开始，各地陆续出现以"人市""佣市"为名的农业雇工专门市场。康熙初年，山东青州贫民"每当日出，皆荷锄立于集场"，等待有田雇主前来雇佣。康熙九年山西运城薛盛方等"上市"雇工，表明当地已有专门的雇工市场。广东嘉应州（今梅县）畲坑堡正月五日墟市不进行商品贸易，而形成了专门的雇工市场"春哥墟"——"凡雇倩春作佣役者，于是日订议，谓之春哥墟"。雍正元年广东新会姓何的地主，在墟市上雇得四名工人，并雇船去割禾。雍正十三年山东齐河县杨坤令人去雇工市场雇人锄地，工价为每日九十文钱。乾隆二年，钦州，有梁兴地主在峒利墟上寻雇佣工。正定府无极县，"西郭旧有佣市"，在农业歉收年份，农业劳动力需求锐减，数十人在"佣市"上待雇。乾隆十三年山西阳高县张世良在"街前"寻雇人去锄田。乾隆《林县》志记载乾隆十六年，河南林县无业之民在农忙时节手持农具，清晨赶赴集市"受雇短工，名曰人市"。乾隆十六年山西雇工滑大、董立，均在"市上"寻求人雇佣。乾隆《献县志》记载乾隆二十六年，直隶献县农民没有租到田地者"荷锄于市以受雇"。嘉庆十年，吉林宁古塔客民李经晏在"站上"雇佣了十人锄麦子，每人一天工钱二百二十文。嘉庆十九年左右，安徽《凤台县志》记载当地在农村耘田之时便有"佣者方集，荷锄入市"。《番禺县志》亦记载清末广东番禺县的南村沙市每年正月初二晨"打耕种工者，群集以待雇……欲雇工人者，须按时往商，迟则不及矣。以工为市，此则尤为特别者也"。

清代农业雇工市场呈现出以下特点：第一，受雇者以短工为主体。短工大多拥有田产，他们只是利用空闲时间出卖劳动力以增加家庭收入。第二，雇工市场大多在乡镇的集场或墟市上，地点固定，雇主以本地人较多。第三，雇工市场供需关系受季节和农业丰歉年份影响大。农业生产的季节性，使春、秋两季对劳动力的需求量较大，冬季需求量小。农业丰收年份，雇工需求量大，荒歉年份则需求量小，大量雇工滞待于雇工市场。第四，雇工市场的地域分布，北方雇工市场比南方普遍，华北地区的雇工市场尤为普遍。总体而言，清代农业雇工市场的发展并不完善，但雇工专门市场较为普遍的在各地出现表明这一时期农业领域对劳动力的需求量在增加，农村劳动力的商品化程度在加深。

第六章　中国古代经济作物种植业商业化的产生与特性

　　根据生产目的，我们可以将农业划分为自给性农业和商品性农业。自给性农业是为满足农业生产者自身需求而进行生产的农业。商品性农业是指为满足市场对农产品的需求而发展起来的、以出售或交换农产品为目的的农业。农业商品化就是逐步实现自给性农业向商品性农业的转化。以商品生产和商品交换为目的的商品经济形态的发展是商品性农业发展的经济条件，而我国古代社会长期以自然经济为主体、以粮食生产为主要内容的自给性农业长期处于农业生产的主导地位，商品性农业的发展举步维艰。但随着商品经济的增长，商品经济因素向农业生产领域的渗透，土地、劳动力、资金逐渐被以商品形态投入到农业生产中，商品性农业也得到缓慢发展。我国古代商品性农业的发展首先表现在经济作物种植业的发展，其次便是粮食的商品化。因此，在探究我国古代经济作物种植业如何成为一个相对独立的商品性生产部门的基础上，对商品化的土地、劳动力、资金在经济作物种植业中的渗透和组合进行深入分析，有助于更好地理解我国古代农业商品化的发展趋势以及演变程度。

第一节　中国古代经济作物种植的萌芽与发展

　　经济作物是指具有某种特定经济用途的农作物。在我国古代，经济作物一般能够为手工业生产提供必需的原料。因此，根据经济作物的用途，可以将经济作物划分为为纺织业提供原料的纤维作物（棉麻类、蚕桑）；为榨油业提供原料的油料作物（花生、油菜、芝麻、大豆等）；为制糖业提供原料的糖料作物（甜菜、甘蔗）；为印染业提供原料的染料作物（蓝靛、红花、紫草、栀子等）以及满足人们嗜好性消费的嗜好作物（茶叶、烟草）和满足人们蔬菜瓜果消费需求的园艺作物。可见，经济作物与粮食作物满足人们基本的生存需求不一样，它可以满足人们生活和生产多元化的消费需求。因而，经济作物的生产具有经济价值和商品率高的特点。随着我国古代手工业经济和商品经济的发展，经济作物种植业逐渐从农业中分离出来，成为相对独立的商品性生产部门。在经济作物种植业的发展过程中，随着人们需求的多元化，经济作物的种类不断增多，市场需求的变化也引发经济作物种植结构的变迁。

一、经济作物种植的萌芽

中国是世界农业作物起源中心之一。就经济作物的栽培起源而言，早在原始社会新石器时代晚期，我国已经开始种植纤维作物苎麻。山西襄汾陶寺龙山文化遗址出土的麻织物、甘肃东乡马家窑文林家遗址出土的大麻都为大麻在原始农业时期的栽培提供了考古证据。此外，浙江吴兴钱山漾遗址出土的苎麻布片、麻绳也表明这一时期太湖流域已经开始栽培和利用苎麻了。

这一时期，我国人民也开始植桑养蚕，并将蚕丝用作衣被原料。浙江吴兴钱山漾遗址出土的丝织品中有绸片、丝带、丝线等，经过现代技术的检测证实了绸片、丝带、丝线均是以桑蚕丝为原料织成，表明蚕桑业已在江浙一带萌发。唐云明综合考察新石器时代晚期黄河流域和长江流域文化遗址出土的相关文物后认为在黄河流域的仰韶文化中晚期已有了育蚕织绸业，长江流域江浙一带，不仅已经有了育蚕织绸业，而且要早于黄河流域。夏商周至春秋时期，我国由石器时代进入青铜器时代，青铜农具的使用推动了农业生产的进步。

二、经济作物种植业的第一次引种高潮

战国秦汉时期是我国传统农业的奠基时期，铁器和畜力在农业生产中的使用和推广、精耕细作农业技术体系的形成都极大地提高了农业生产的效率和产量，农业成为国民经济的主导产业。在粮食产量提高的同时，经济作物的种类和生产规模都有了新的增长，而且经济作物种植业逐渐摆脱作为粮食种植业附庸的地位，逐步从农业中分离开来，成为独立的生产部门。战国秦汉时期，桑、麻等纤维作物不但继续发展，而且在农业经济中上升到与粮食种植相当的地位。染料作物的种类不但增多，而且形成了规模化的专业生产。以苴和芝麻为代表的油料作物开始种植。园艺作物的品种也进一步丰富。秦汉时期疆域的拓展，与域外各民族间科技文化交流增强，从而引进了一批新的作物品种，丰富了经济作物的种类，形成了我国古代社会经济作物引种的第一次高潮。战国秦汉时期，纤维作物中大麻已经完全退出粮食作物的行列，成为主要的衣着原料来源。汉代造纸术被发明以

后，大麻也成为重要的造纸原料。大麻在秦汉手工业经济中的地位进一步提高。秦汉时期，齐鲁地区麻田已经规模化种植。《史记·货殖列传》记载"齐鲁千亩桑麻"。从长沙马王堆汉墓出土的大麻子和麻布可见，秦汉时期大麻的生产地域已经从黄河流域扩展到了长江流域。大麻的种植技术也在这一时期总结成文。秦汉时代，与域外各民族间的频繁交流，在农业方面则表现为大量作物新品种的引进。就经济作物而言，引进的主要有园艺作物和油料作物。秦汉时期从域外引进的园艺作物有葡萄、胡蒜、胡荽、胡瓜，油料作物则是芝麻。

葡萄，在《史记》中记作"蒲陶"，《汉书》则写为"蒲桃"，《后汉书》中写作"蒲萄"。古埃及是葡萄最早栽培地区之一。葡萄由西汉张骞出使西域引种回中原。《史记·大宛列传》记载，"宛左右以蒲陶为酒，富人藏酒至万余石，久者数十岁不败。俗嗜酒，马嗜苜蓿。汉使取其实来，于是天子始种苜蓿、蒲陶肥饶地。"除了葡萄以外，张骞还从西域带回其他多种作物。北魏贾思勰所著《齐民要术》中引王逸曰"张骞周流绝域，始得大蒜、葡萄、苜蓿。"大蒜，即为胡蒜，原产自欧洲南部和中亚，也是通过张骞出使西域而带回中原。胡荽，又名香荽，即香菜，原产地中海和中亚地区，"张骞使西域得种归，故名香荽。"[1] 胡瓜，即黄瓜，"张骞使西域始得种，故名胡瓜。"[2] 油料作物最早在战国秦汉时期开始被驯化栽培，包括本土的荏和引种的胡麻。荏，又名白苏，种子被称为苏子，可榨油。西汉杨雄所著《方言》中记载："苏亦荏也。关之东西或谓之苏，或谓之荏。"可见汉代关东和关西地区已有荏种植。胡麻，为域外引进作物，又名油麻，即芝麻，原产自非洲，由张骞从大宛引种至中原。"胡麻直是今油麻……张骞始自大宛得油麻之种，亦谓之麻，故以'胡麻'别之，谓汉麻为'大麻'也。"[3]

三、经济作物品种的大增长与第二次引种高潮

魏晋至隋唐时期，是我国古代多民族国家由分裂走向统一的历史时期，也是农业生产技术和作物品种在不同地域之间的大传播时期。这一时期，大量作物品种的引进，进一步丰富了农作物的品种结构，也形成了我国古代农业历史上的第二次引种高潮。魏晋至隋唐时期，经济作物的种类有了更大的发展。园艺作物的品种大量增加，商品化程度提高。染料作物的种类增多，植物染料的提取和加工

[1] 谭光万. 农业商品化历史与启示 [M]. 南京：东南大学出版社，2018: 140.
[2] 谭光万. 农业商品化历史与启示 [M]. 南京：东南大学出版社，2018: 140.
[3] 谭光万. 农业商品化历史与启示 [M]. 南京：东南大学出版社，2018: 140.

技术趋于成熟。荏子、大麻子和芜菁子均被用以榨油，芝麻在油料作物中的垄断地位被打破。在蚕桑和麻类作物继续发展的基础上，纤维作物中的棉花开始在沿海和边疆地区栽培。甜菜虽然已经被引种栽培，但是甘蔗依然是主要的糖类作物，甘蔗种植地域由岭南向北扩展至云南和江南地区。嗜好作物的发展则集中表现在茶叶集中产区的形成与槟榔的引种成功。园艺作物品种大量增加。魏晋南北朝至隋唐时期，通过人工驯化、培育以及引种，使得园艺作物的品种大量增加，仅《齐民要术》中便记载了 30 多种园艺作物，其中甜瓜、葫芦、芋、冬葵、蒜、菾、葱、韭菜、蜀芥、芸薹、芥子、胡荽、兰香、蓼、姜、蘘荷、芹菜、苦菜、苜蓿、椒、茱萸、芜菁有专篇论述。附记栽培方法的有冬瓜、越瓜、胡瓜、菘、萝卜、泽蒜、紫苏、荬芥、薰柔。论及可做蔬菜食用的有藕、芡、胡荽、紫菜、雍、冬风菜、蓴菜、萍、凫茈、芸、莪蒿、人苋、土瓜、菭、藻、菰、鹿豆、蕨、蘧蔬等。唐末五代时成书的《四时纂要》按照月份论述了 30 多种园艺作物的栽培方法，其中约有四分之一的种类是隋以前没有的，如菌、百合、枸杞、莴苣、术、黄菁、决明、牛膝、牛蒡、薯蓣。此外，唐代菠菜和西瓜也已经传入。

　　蚕桑业在魏晋至隋唐时期得到了极大的发展。在北魏至隋唐的均田制度下，农户可受桑田二十亩，并被要求"课种桑五十根"。政府的鼓励和硬性规定促使桑树的种植趋于普遍。天宝年间"是时中国强盛，自安远门西尽唐境万二千里，间阎相望，桑麻翳野"[1]。唐代前期十道之中，种桑最多的地方是河北道、河南道与剑南道，其次是淮南道、山南道和江南道。唐代蚕桑产区面积广泛，分布已由点成面，形成了三大蚕桑丝绸集中产区：黄河下游、长江下游和长江上游地区。唐代麻的种植规模和生产面积也有所扩大。据学者统计，唐代麻织州有 291 个，占总数的 88.7%。可见，唐代麻的种植普遍程度之高。唐代前期，江南地区的麻类种植最为繁盛。在麻、苎、葛等麻类作物广泛种植的基础上，浙东、浙西、宣歙三道成为麻布的集中产区。黄淮地区、河南道和西南地区也是唐代麻种植较为兴盛和集中的地区。

　　魏晋至隋唐，在蚕桑和麻类作物继续发展的基础上，棉花开始在华南、西南和西北边疆地区栽培。随着棉花的推广，我国古代原以蚕丝和麻类作物作为主导性衣被原料的局面逐渐被打破。棉花在我国古籍中常以"白叠""吉贝""古贝""木棉""梧桐木"等记载，虽然早在汉代文献中即记载有棉布，但棉花并非中国原产，而是从域外引进。西晋郭义恭所撰《广志》中记载"木棉树赤华，为房甚繁，偪则

❶　谭光万. 农业商品化：历史与启示[M]. 南京：东南大学出版社，2018：152.

相比，为绵甚软，出交州永昌"，永昌为今云南大理以西的地方。《华阳国志》中也记载永昌郡有木棉，"民竞以为布"。《吴录》中记载"交趾安定县有木绵树"。交趾为今广东、广西、越南北部一带。《农政全书》引南北朝宋人所撰《南越志》也载"桂州出古终藤，结实如鹅毛，核如珠珣，治出其核，约如丝绵，染为斑布"。《梁书》中也记载高昌国有白叠子，"国人多取织以为布，有甚软白，交市用焉"。从以上古籍记载可见，魏晋南北朝时期，棉花不但已经开始引种，而且在华南沿海的广东、海南，西南的云南大理、广西苍梧一带以及西北的新疆吐鲁番等地方开始种植。隋唐五代，棉花种植由边疆地区逐步向腹地扩张，岭南棉花种植趋于普遍，西南地区的棉花种植向四川、贵州推进，西北地区新疆的棉花也传入腹地。在棉花的集中产区，棉花已经商品化了。新疆吐鲁番唐墓出土的残文中，记载了唐天宝二年交河郡的市场上，棉花的价格"緤花一斤，上直钱七文，次六文"。

我国最早引种槟榔至中原地区大约在汉代。在汉武帝平定南越后，从南越移植至上林苑的扶荔宫中的奇花异草中便有槟榔，但槟榔为热带作物，因而向黄河流域的引种栽培失败。晋代嵇含所著《南方草木状》记载槟榔树出自林邑，林邑为今越南北部地区。魏晋时期，我国人民已经认识到槟榔只适合热带气候，不宜在北方栽种，并开始在海南、广州等热带地方成功引种栽培。《齐民要术》记载槟榔"性不耐霜，不得北植，必当遟树海南"。《广州记》曰："岭外槟榔，小于交趾者，而大于纳子。"槟榔的引种栽培，影响了当地的礼仪风俗，槟榔成为当地招待的必备之品。《南中八郡志》记载："槟榔，大如枣，色青似莲子，彼人以为贵。婚族好客，辄先呈此物。若邂逅不设，用相嫌恨。"

四、经济作物种植结构的重大变化

宋以前，我国经济作物的种植结构中，纤维作物以麻、蚕桑为主，油料作物以芝麻为主，而至宋元时期，随着棉花传入中原，逐渐代替了麻、苎，成为主要的纤维作物，油菜在油料作物中的地位上升，成为继芝麻之后最为重要的油料作物。宋元时期，园艺作物种类进一步增多，出现了诸多新的品种。糖料作物、染料作物、嗜好的种类结构并未发生大的变化，甘蔗和茶叶得到较大发展。罂粟虽然已经被栽培，只是作为药用种植，尚未成为嗜好作物。

魏晋隋唐时期，棉花主要在岭南、西南以及西北边疆地区种植。宋元时期，棉花传入长江和黄河中下游地区。棉花传入中原，引起了纤维作物种植结构的变化。宋元以后，棉花逐渐取代麻，成为普通百姓最主要的衣着原料。

宋元时期，棉花传入中原的路线，根据棉花品种和传播方向的不同，大致可以分为南北两条。一年生草棉北传的路线，起自岭南地区，向北经闽广至两浙，进而传入长江中下游地区。宋元以前岭南地区所种皆为适合热带和亚热带气候的多年生木棉，难以将其向北引种至有霜冻的长江流域及其以北的地区。直至宋元时代，岭南地区才有了一年生的草棉，才使棉花能够推广到冬季低温的长江流域。宋末元初，江南已经有了植棉的记载。浙江人胡三省在注释《资治通鉴》中写道："木绵，江南多有之，以春二三月之晦下子，种之即生。……至秋生黄化结实。及熟时，其皮四裂，其中绽出入绵。"从棉花种收月份和形态可以确定江南地区所引种的为一年生的草棉。宋代，海南岛及雷州半岛皆属于广南西路，宋代文献《太平寰宇记》《舆地纪胜》《岭外代答》中记载，广南西路的雷州、化州、廉州和宾州都盛产木棉和木棉布。宋代福建路也已经广泛种植木棉，"闽岭以南多木棉，土人竞植之，有至数千株者，采其花为布，号吉贝布。"[1] 福建沿海一带种植棉花也较为普遍。兴化莆田家家种植棉花，以至于棉花成为家庭主要收入来源，"家家余岁计，吉贝与蒸沙。"[2] 福建漳州、建安等地也广泛种植木棉。宋代棉花由岭南、海南岛一带传入闽广，并广泛种植。此后，木棉继续向北传播，宋元之际，木棉已经跨越大庾岭传到江西路，并逐步传至江浙一带。《元典章》记载"江南百姓每的差税，亡宋时秋夏税编纳有：夏税木棉、布、绢、丝、绵等各处城子里生产的折作差发斟酌教送有来，秋税止纳粮。如今江浙行省所管江东、浙西这两处城子里，依着亡宋例纳"。可见早在南宋时，江东、浙西地区的百姓以当地所产木棉作为夏税上缴。木棉在南宋时应该已经在江浙一带种植，而元代江南地区的棉花种植进一步发展。至元二十六年，政府为扩大木棉生产，在浙东、江东西、福建、湖广等地设置木棉提举司。至元二十九年，中书省又命江西行省"于课程地税内折收木棉白布，已后年例必须收纳"[3]。《辍耕录》中记载了松江府乌泥泾因土地贫瘠，"民食不给"，向闽广引种棉花。元代元贞年间，黄道婆从海南崖州将棉纺织技术传入松江府乌泥泾，从而提升松江地区的棉纺织技术，带动了松江府棉花种植的发展。宋元时期，棉花南传的路线大致是，一年生的非洲草棉从新疆吐鲁番地区向东南方向越过河西走廊，传入黄河中下游地区。宋代以前，新疆吐鲁番地区便已经种植棉花，但其棉花与岭南地区的木棉品种不一样，新疆吐鲁番地区所种的棉花为经中亚传入的非洲棉。非洲棉的植株矮、产量低、纤维短，但其成熟期早，

---

❶ 夏时华 . 宋代香药业经济研究 [D]. 西安：陕西师范大学，2012.
❷ 夏时华 . 宋代香药业经济研究 [D]. 西安：陕西师范大学，2012.
❸ 夏时华 . 宋代香药业经济研究 [D]. 西安：陕西师范大学，2012.

生长期短，耐旱性较强，能够适应我国西北地区的气候条件。元代农书《农桑辑要》记载"苎麻本南方之物，木棉亦西域所产，近岁以来，苎麻艺于河南，木棉种于陕右，滋茂繁盛，与本土无异，两方之民，深荷其利"。

油菜种植的兴起，改变了油料作物的种植结构。油菜在我国古代文献中常被称为芸薹，魏晋南北朝时期油菜已经作为蔬菜栽培，虽然《齐民要术》中已记载芸薹取子用，但并未明确是否用以榨油。直到北宋时，不仅将芸薹改称为油菜，而且有文献明确记载可用油菜籽榨油。北宋苏颂的《本草图经》记载："油菜，形微似白菜，……但（子）赤灰色，出油胜诸子，油入蔬清香，造烛甚明，点灯光亮，涂发黑润。饼饲猪易肥，上田壅苗堪茂。"南宋《务本新书》也记述"明年初夏间收籽取油，甚香美，陕西唯食菜油，燃灯甚明"。宋元时期，油菜作为重要的冬作物在南方地区广泛栽培，"自过汉水，菜花弥望不绝，土人以其子为油。"❶ 油菜具有耐寒、过冬不死的特点，九月至十一月种而次年初夏可收，刚好可用于与水稻搭配形成稻油轮作一年二熟。《务本新书》记载："十一月种油菜。稻收毕，锄田如麦田法。即下菜种，和水粪之，芟去其草，再粪之。雪压亦易长，明年初夏间，收子取油。"元代《农桑衣食撮要》也记载："九月种油菜，宜肥地种之，以水频浇灌，十月种则无根脚。"这充分表明，宋元时期，油菜不仅已经成为南方重要的冬季稻田轮作作物，而且积累了关键的栽培经验。宋元油菜种植的发展具有多方面的原因。从油菜本身来看，油菜具有多种用途，其茎叶可作蔬菜食用，其籽榨油可食用和作燃料，榨油后的籽饼可作饲料和肥料。油菜的生长特点又刚好可以与水稻搭配形成稻油一年二熟的耕作制度，既养地还以有效利用土地。此外，宋元时期榨油技术也得到改进，《王祯农书》中还记载了专门榨油的工具，可使"得油甚速"。榨油技术的进步进一步推动了油菜种植的发展。宋元以后，油菜在油料作物中的地位不断提高，成为芝麻之后最为重要的油料作物。

宋元时期的茶叶生产兴盛。宋代全国生产茶叶的州郡扩展到110个，茶叶生产集中在长江流域和淮南一带，四川最为集中，其次则为江南路、淮南路、荆湖路、两浙路，此时福建路产茶最少。元代茶叶生产地区沿袭宋代，并扩展至两广一带，江西、湖广是元代茶叶的主产区。与隋唐时期茶叶的普遍种植相比，宋元时期茶叶生产重心向南方集中。随着饮茶的普及和百姓对饮茶方便的需求，宋元茶叶在生产上呈现出由以团饼形式的片茶向散茶转变的趋势。宋代已经形成了淮南、荆湖、归州、江南等散茶产区，推动了茶叶的区域性专业化生产。

---

❶ 葛金芳.南宋全史（五） 社会经济与对外贸易卷上 [M].上海：上海古籍出版社 ，2016.

第二节　基于地域特色的经济作物种植业特性探究

农业生产区域专门化是农业生产分工深化在空间上的表现，也是农业商品化生产程度加深的重要体现。明清时期，随着商品化程度的加深，经济作物生产在地域上趋于集中。至清初，全国已经形成了华北、江南、华南三大经济作物生产区。随着经济作物生产地域分工的进一步细化，在各大经济作物主产区的内部，又形成了以各类经济作物为中心的专门产地。

一、华北棉烟产区

明清时期华北地区种植的经济作物有棉花、烟草、蓝靛等，但从史料的记载来看，棉花和烟草的商品化程度较高，已经成了商品。明清时期，山东、河南、北直隶成为华北商品棉主产区。山东成为商品烟的主产区。

（一）商品棉集中产地

明清华北地区的棉花生产以山东为最，其次为河南、北直隶。明清华北地区的棉花生产商品化程度较高，形成了棉花交易的专门集市。明代华北棉花主要通过商贩销往江南地区，随着清代华北地区棉纺织业的发展，华北棉花在本地销量增多，但仍有大量棉花销往全国各地。棉花种植业逐渐成为华北棉区农民的主要收入来源和农业经济的主导产业。

明末，山东已经成为全国三大棉花品种中的"北花"集中产地，不但亩产量较高，"亩收二三百斤以为常"[1]，而且总产量也较大。嘉靖十二年，山东上缴棉花52 450斤，占全国总量的五分之一。明清时期，山东棉花种植已经普遍。明嘉靖至万历年间，山东六府104州县中，史籍中有记载植棉的州县有40余个，占总数的40%。至清代，山东植棉的州县不但增加至90多个，占近90%，而且棉花种植的专业化、商品化程度更高。明清时期山东的棉花生产已经超越了自给自足式的自然生产，而成为面向市场的商品生产。明清山东六府中，以东昌府棉花产量最多，其商品化程度也最高。明代，东昌府所产棉花便被贩运至江淮地区，居民以植棉致富。万历《东昌府志》记载东昌府所属高唐、夏津、恩县、范县种植木棉，"江淮贾客，列肆贩收，居人以此致富"。至清代，东昌府的棉花已经远销全国各地。

---

[1] 谭光万. 农业商品化：历史与启示 [M]. 南京：东南大学出版社，2018：158.

"棉花六府皆有之，东昌尤多。商人贸于四方，民赖以利。"❶ 济南府的临邑县所产棉花质量最佳，当地人民种植棉花出售以交纳官府赋税和维持生计。嘉庆年间临邑棉花丰收"境大熟，吉贝以数千万计，狼藉与仓城困窭衡矣，贩者四方至"。因而，当地人已认为"五谷之利，不及其半"。清初，山东许多州县已经形成了棉花专业市场，棉花成为诸多州县的主要流通农产品。东昌府夏津县棉花市场的贸易情况已经影响到当地百货的流通。农民年成收入好坏，皆可以从棉花市场的贸易情况反映出来，表明棉花种植业已经占据当地农业经济的主导地位。乾隆《夏津县志》记载夏津县"自丁字街又北，直抵北门，皆为棉花市。秋成后，花绒纷集，望之如荼。否则百货不通。年之丰歉，率以为验"。东昌府清平县土地适合种植棉花，棉花种植面积超过粮食作物，农村棉花市集发达，商贩云集，棉花交易兴盛。嘉庆《清平县志》记载："清平四野多沙土，人多种木棉，连顷遍塍。大约所种之地，过于豆麦。……俗例，本家三拾之后，听旁人自行拾取，不顾不问。故土人望木棉成熟，过于黍稷。盖有力种者，固可得利；即无力种者，亦可沾余惠也。木棉市集，向来新集最盛，近来王家庄、康家庄、仓上等处亦多买卖。四方贾客云集，每日交易以数千金计。"❷

河南也是明清华北重要的棉花产区，棉花的商品化程度较高。河南八府一州皆产棉花。清初，河南棉花集中于黄河两岸的洛阳、孟县、偃师、巩县等地。在这些棉花集中产地，种棉收入已经超过种粮收入，成为农民的主要收入来源。巩县农民"恃棉花为业，收花之利，倍于二麦，民食资焉"。张九钺在《拾棉曲》中描述"三川棉花之利，赢于粟麦"，可见河南黄河、伊水、洛水两岸，农民种棉收益大于种粮收入。明清，北直隶逐渐成为华北棉花的一大产区。明代万历年间，北直隶棉花产量已经较高。万历六年，全国实征棉花 244 130 斤，其中北直隶上缴 103 741 斤，占全国总量的 42.5%。明代北直隶除北部延庆州、保安州外，其他八府皆产棉花，尤其以中部、南部真定府、广平府、大名府为盛。清初乾隆年间，直隶棉花种植更为普遍，冀州、赵州、深州、定州成为集中产区，棉花远销四方。方承观在《棉花图》中记载"冀赵深定诸州属，农之艺棉者十八九""三辅种棉之地，约居十之二三。岁恒充羡，输溉四方"。

（二）商品烟集中产地

明清时期华北地区的商品烟草生产主要集中于山东。直隶、山西等地虽也产

❶ 谭光万. 农业商品化：历史与启示 [M]. 南京：东南大学出版社，2018：162.
❷ 谭光万. 农业商品化：历史与启示 [M]. 南京：东南大学出版社，2018：163.

烟，但烟草生产规模和商品化程度不及山东。据郑昌淦先生对明清十八直省地方志中产烟州县数的统计，山东产烟州县数在全国各直省最多，达到 25 个。从明代至清初的地方志资料中所反映出的烟草种植和销售情况来看，山东的烟草种植已经成为商品生产。济宁州、兖州府、青州府寿光县成为明清时期山东商品烟生产中心。济宁州明代便开始种植烟草，至清代乾隆年间，济州烟草行销全国。乾隆《济宁直隶州志》记载"若淡巴姑之为物，始于明季，本产遐方，今则遍于天下。而济州之产，甲于诸郡"。种植烟草获利远胜于种植粮食作物，利益驱使农民将肥沃田地种植烟草。"齐民趋利若鹜。无异弃膏腴，以树稂莠。"❶ 刘汶圻作《种烟行》便感叹"愚民废农偏种烟，五谷不胜烟值钱"。至道光年间，王培荀在《乡园忆旧》中描述济宁"环城四五里皆种烟草""大约膏腴尽为烟所占，而五谷反皆瘠土"。道光初，济宁已经出现了规模化的专业烟草生产户，不但产销量大，而且出现了雇工经营的烟草生产。包世臣在道光九年所记《闸河日记》中便记载济宁"出产以烟叶为大宗。业此者六家，每年买卖至白金二百万两，其工人四千余名"。兖州府滋阳县的烟草种植始于顺治年间，"旧无其种，自皇清顺治四年间。城西三十里颜村店、史家庄创种，相习渐广"❷，至康熙年间"每岁京客来贩，收买不绝。各处因添设烟行，稍为民一生息云"。乾隆年间，兖州府肥沃土地也多植烟草。"兖属向不以五谷为重，膏腴之地，概种烟草"。青州府寿光县在康熙年间从济宁引进烟草种植，"烟草寿邑向无是种，自康熙时，有济宁人家于邑西购种种植，获利甚赢"。此后，寿光农民纷纷效仿种植烟草，"不数年而乡村遍植，负贩者往来如织，遂成邑产"。

二、江南棉桑茶蓝产区

　　明清时期江南地区商品经济发达，尤其是纺织业的兴盛刺激了相关经济作物的生产。明清时期长江三角洲地区成为全国重要的商品棉产区，至清代前期长江三角洲地区的植棉业已成为当地农民的主要收入来源。明清江南地区丝织业的发展，为蚕桑生产提供了市场。明清时期，江南地区不但形成了以湖州为中心的湖苏杭嘉蚕桑产区，而且蚕桑业内部的垂直分工和市场分化更为细化，反映出明清江南蚕桑业商品化程度的提高。明清江南地区纺织业的发达，刺激了以蓝靛为代表的植物染料的商品化生产。明清江南商品蓝靛的生产以福建最为兴盛。明清时

❶　谭光万．农业商品化：历史与启示 [M]．南京：东南大学出版社，2018：165.
❷　谭光万．农业商品化：历史与启示 [M]．南京：东南大学出版社，2018：165.

期，江南的茶叶生产呈现出名茶品种多、茶叶贸易兴盛的特点，并形成了以福建、浙江为中心的商品茶叶产区。

（一）商品棉集中产地

明清时期江南棉花生产主要集中在长江三角洲地区。元明之际，棉花种植在上海县兴起后，向长江三角洲地区扩展。明代中叶，松江府、太仓州、通州各县沿江地带遍种棉花，已经成为全国最重要的棉花产区。至明代后期，松江、苏州等府沿海沿江的高地上，棉花与水稻面积相当，甚至超过水稻面积而占十之七八。至清代前期，长江三角洲地区的植棉业已经成为当地农民的主要收入来源。

明清时期，长江三角洲地区的植棉业以松江府和太仓州最为发达。至明末清初，松江府、太仓州商品棉的种植已经普遍，而其发展主要体现在棉田面积的扩大和植棉户的增多。明末，松江、太仓一带的耕地，棉田面积不断扩大，与稻田趋于相当。徐光启在《农政全书》中便记载"海上官民军灶，垦田几二百万亩，大半种棉，当不止百万亩"。[1] 明末太仓州"郊原四望，遍地皆棉"，原种稻的农民"皆弃稻袭花"，植棉户大增。明代松江府、太仓州等植棉业发达的地方，商品棉贸易兴盛，不但农民依赖种植棉花致富，地方财政也因此富饶。吴伟业《木棉吟》中记载明代隆庆万历年间，"闽商麇至镇洋，采购木棉，州赖以饶。……眼见当初万历间，陈花富户积如山；福州青袜乌言贾，腹下千金过百滩"。[2] 万历年间，上海县"邑人藉之，以给衣食"。[3] 嘉定县"其民托命于木棉"。万历年间，嘉定县的稻田只占十分之一，棉豆地占十分之九。[4] 清代前期，松江府、太仓州的植棉业得到更大发展。部分州县的植棉农户已经超过了种稻农户，棉田面积也逐渐超过了稻田的面积，植棉业成为当地农业经济的主体。叶梦珠在《阅世编》中记载顺治康熙年间松江府上海县"地产木棉，行于浙西诸郡，纺织成布，衣被天下，而民间赋税，公私之费，亦赖以济，故种植之广，与杭稻等"。[5] 褚华《木棉谱》也记载乾隆后期，上海县"邑种棉花，自海峤来。初于邑之乌泥泾种之。今遍地皆是。农家赖其利，与稻麦等"。上海县棉花贸易兴盛，既有外来之贩运商人，也有本地棉商。"今邑之贩户，皆自崇明、海门、两沙来。土人惟碾去其子，卖与诸处，以

❶ 谢国平 . 中国传奇：浦东开发史 [M].上海：上海人民出版社， 2017：63.
❷ 谭光万 . 农业商品化：历史与启示 [M].南京：东南大学出版社，2018：174.
❸ 谭光万 . 农业商品化：历史与启示 [M].南京：东南大学出版社，2018：174
❹ 谭光万 . 农业商品化：历史与启示 [M].南京：东南大学出版社，2018：174.
❺ 胡世庆 . 中国文化通史 （上册） （第 2 版）[M].北京：北京师范大学出版社，2005：98.

性强紧，不中纺织也。邑产者另有行户，晨挂一秤于门，俟买卖交集户外乃为之，别其美恶而贸易焉。"[1] 太仓州的棉花则通过海商远销福建、广东。"太仓净花闰于闽广，远商海舶捆载而去，民以殷富。自嘉庆中刘河口塞，专售江右，每岁尚易数万金，故民间殷实之户犹多。"[2] 正是由于种植棉花获利远胜过种植水稻，松江、太仓州等地农户改种棉花，至乾隆后期，种棉农户已经超过了种稻农户，如乾隆时南汇县"傍浦种粳稻者十之三，种木棉者十之七"。乾隆四十年，两江总督高晋在《奏请海疆禾棉兼种疏》中便记述"窃照大江以南，……惟松江府、太仓州、海门厅、通州并所属之各县，逼近海滨，率以涨沙之地宜种棉花。是以种花者多，而种稻者少"。同时，高晋还通过实地考察，发现这些地区并非不宜种稻，而是种棉收益更高，导致种棉者多过种稻者。包世臣也在《答族子孟开书》中记载"松太利在棉花棉布，较稻田倍蓰"。

至清道光十三年，江苏巡抚林则徐在《太仓等州县卫帮续被阴雨欸收请缓新赋折》中也论及"太仓所属之镇洋、嘉定、宝山等县，种稻……十仅二三，而木棉居其七八。……今太仓、镇洋、嘉定、宝山四州县，地处海滨，收成本属最迟。每俟立冬以后，始可收割。且向来多种木棉，纺织为业。小民终岁勤动，生计全赖于棉"。可见，至清代前期，松江、太仓等商品棉产区农业种植结构已经转变为以植棉为主，植棉业成为当地农村经济的一大支柱。

（二）商品蚕桑集中产地

明清时期，蚕桑业的发展由于受到棉花的挤压而收缩于气候适宜和市场需求旺盛的江南地区。江南蚕桑生产集中湖州、苏州、杭州、嘉兴四府，其中尤以湖州府最盛。明清时期江南蚕桑业不但桑蚕生产户增多，而且出现了更为细化的垂直分工和市场分化，体现了明清江南蚕桑业的商品化程度的提高。

早在宋元时期，江南已经成为全国蚕桑业中心。宋代湖州府的蚕桑业已较为发达。吴兴县"山乡以蚕桑为岁计，富室育蚕有至数百箔"。[3] 安吉县"惟借蚕桑办生事"。[4] 至明清时期，江南蚕桑业的发展仍以湖州府最为兴盛。明代湖州府的蚕桑已经达到"合郡俱有"的普及程度，所产蚕丝远销全国"湖丝遍天下"。[5]

[1]　胡世庆. 中国文化通史（上册）（第2版）[M]. 北京：北京师范大学出版社，2005：98.
[2]　胡世庆. 中国文化通史（上册）（第2版）[M]. 北京：北京师范大学出版社，2005：98.
[3]　李晓. 宋代工商业经济与政府干预研究 [M]. 北京：中国青年出版社，2000：53.
[4]　李晓. 宋代工商业经济与政府干预研究 [M]. 北京：中国青年出版社，2000：53.
[5]　李晓. 宋代工商业经济与政府干预研究 [M]. 北京：中国青年出版社，2000：53.

明代湖州的蚕桑业已经商品化，蚕桑户种桑养蚕获利可成倍。徐献忠在《吴兴掌故》中论述到"蚕桑之利，莫盛于湖。大约良地一亩，可得叶八十个，计其一岁垦锄壅培之费，大约不过二两，而其利倍之，自看蚕之利复稍加赢"。❶ 蚕桑业的丰厚利润，使得"浙十一郡，惟湖最富"。❷ 明代湖州府的蚕桑业以归安、吴兴县最盛，至清代湖州府蚕桑业进一步发展，德清、乌程等县也成为蚕桑业生产的中心。德清县"穷乡僻壤，无地不桑，季春孟夏时，无人不蚕"。❸ 乌程县南浔镇"无不桑之地，无不蚕之家"。❹ 清代湖州府蚕桑业之发达，以致农民将各处空地都种满桑树，集约用地，以求最大化的提高蚕桑收入。"其树桑也，自墙下檐隙以及田之畔、池之上，虽惰农无弃地"。❺ 明清嘉兴府蚕桑业以桐乡、石门两县最为兴盛。张履祥记载"地得叶，盛者一亩可养蚕十数筐，少亦四五筐，最下二三筐，米贱丝贵时，则蚕一筐，即可当一亩之息"。农民认识到"蚕桑之利，厚于稼穑"，不愿种水田，更趋于开垦旱地种桑养蚕。据学者统计，从明代万历九年至康熙二十五年，桐乡县的旱地有八百三十四顷增加至八百八十二顷，而石门县的旱地则由万历间的六百二十三顷增长到康熙间的二千零七十顷，翻了两倍。苏州府和杭州府也是明清江南重要的蚕桑产区。苏州府在明洪武初年，"七县栽桑一十五万一千七百株"，至明孝宗弘治十六年，不仅有"农桑二十四万九百三株"，而且产丝万余两上交税。吴江县从洪武年间始种桑饲蚕，至宣德七年，已植桑四万四千余株，亦成蚕桑产区。杭州府的蚕桑业在清代发展迅速，嘉庆间，余杭、临安县"隙地皆树桑、虽田便小径，树低叶茂，植列成行"。于潜县户户都养蚕，而且"蚕熟丝多，乡人多资其利，出息不亚于嘉湖也"。至光绪年间杭州府九个县"皆养蚕缫丝，岁入不赀，仁和、钱塘、海宁、余杭贸丝尤多"。❻ 江南地区的蚕桑产地由明末的湖州、苏州两府十余县，发展到湖州、嘉兴、苏州、杭州四府共二十余县，逐渐连片成区，成为全国最为重要的蚕桑产区。

明清时期江南蚕桑业商品化发展的另一突出表现就是蚕桑生产垂直分工的细化及市场的细分。明清江南蚕桑业在生产上的专业分工更为细化。蚕桑业由种桑和养蚕两大部门构成。随着明清时期桑树栽培技术和养蚕技术的发展，在种桑和

❶ 李晓. 宋代工商业经济与政府干预研究 [M]. 北京：中国青年出版社，2000：54.

❷ 李晓. 宋代工商业经济与政府干预研究 [M]. 北京：中国青年出版社，2000：54.

❸ 李晓. 宋代工商业经济与政府干预研究 [M]. 北京：中国青年出版社，2000：54.

❹ 李晓. 宋代工商业经济与政府干预研究 [M]. 北京：中国青年出版社，2000：54.

❺ 李晓. 宋代工商业经济与政府干预研究 [M]. 北京：中国青年出版社，2000：54.

❻ 谭光万. 农业商品化历史与启示 [M]. 南京：东南大学出版社，2018：182

养蚕的内部专业分工又进一步细化。种桑分化为专业化的桑苗育种、栽培、桑叶摘收；养蚕则分化为专业的育蚕种、养蚕、缫丝。蚕桑业生产专业性分工发展的基础上，形成了相应的商品市场。江南蚕桑市场逐渐分化为桑市和蚕市，桑市和蚕市又进一步细化。首先，桑市细化为桑苗市和桑叶市。明代江南，植桑业逐渐拓展，产生了对桑苗的需求，部分农民便以培育桑苗为业，桑苗市场开始出现。《蚕经》记载"有地桑出于南浔，有条桑出于杭之临平。其鬻之时，以正月之上旬"。这表明，明代江南桑苗市场不但已经出现，而且形成了以南浔地桑、临平条桑为代表的桑苗品种产地。清代前期，湖州府蚕桑业兴盛，有大量的桑苗需求，促使当地桑苗市场的发展。康熙时，湖州长兴县桃城不但出现了桑苗培育专业户，而且商人还设有桑苗行经营桑树苗。"树桑有秧，往多来自桃城。春分后捆载而至，投行发卖❶，培育桑苗利润可观，成为部分农民的本业。"育桑秧，一亩可得五千余本，本售三厘，亩可十五六金，乡民多效之，几无虚地，亦本业也"。❷ 明清时期江南蚕桑业种桑和养蚕两大部门在局部地区开始分化。在种桑养蚕分离的地方，养蚕户需要通过购买桑叶来养蚕，而种桑养蚕尚未分离的地方，养蚕户因桑叶不足也会产生对桑叶的需求。江南地区的桑叶市场便应运而生。明代乌程县养蚕业发达，"叶不足，又贩于桐乡、洞庭"。❸ 清代濮院镇的蚕桑业便出现了分离，街巷养蚕户需要通过市场购买桑叶。清代濮院人杨树本描绘当地养蚕户买桑叶景象："四月中旬，青叶盛开。自晓至辰，放叶接叶，踵接肩摩"。南浔"载桑地狭，所产仅足饲小蚕"，当地养蚕户也需要从外地购入桑叶。清代湖州府桑叶买卖已经出现了赊购、预买等方式。"预立约以定价，而俟蚕毕贸丝以偿者，曰赊稍。有先时预值俟叶大而采之，或临期以有易无，胥曰现稍"。❹《西吴蚕略》记载桑叶已有专业的经纪人和桑叶行来经营，"蚕向大眠，桑叶始有市。有经纪主之，名青桑叶行，无牙帖牙税。市价早晚迥别。至贵每十个钱至四五缗，至贱不值一饱。"❺ 可见，当时桑叶市场发展不但趋于完备，而且桑叶价格遵循市场价值规律，随市场需求变化而起落。其次，明清江南的蚕市细化为蚕种市、成蚕市和蚕茧市。明末清初，蚕种生产已经从家庭自留种逐渐演变成专业的种茧和丝茧，专门的制蚕种业也开始出现。清嘉庆时期，余杭蚕种较优良，便有农民专门制蚕种出售，商人贩运转售。"于收茧后，以厚桑皮纸生蚕子其上，携卖海盐、桐乡等处，其价自四五百文一张至千余文不等，获利甚厚。且有开行收买以转售者"。❶ 可见当时余杭地区专业制蚕种和蚕种市的兴盛。明清江南地区亦有养蚕户购买成蚕饲养，成蚕市开始出现。嘉庆时，余杭农民养蚕出售，"乡人牟利，趋之若鹜，每当蚕将二眠之际，各乡买蚕之船，衔尾而至"。嘉庆道光年间，吴县亦有农民"畏护种出火辛苦，往往于立夏后，买现成三眠蚕于太湖以南之诸乡村"。由于蚕茧一般在一周左右便会化蛾而出，缫丝便要求在较短的时间内完成，缫丝效率低的养蚕户只能将多余的蚕茧出售，而缫丝技术高的农户则可买茧缫丝。明代南浔镇缫丝技术较高，"看缫丝之人，南浔镇为善"，至清代道光间，南浔镇开始出现了买茧缫丝的专业生产者。"绵四五月间，居民竞相营治，或从外方买茧谓之，或有将茧鬻与镇者"。❷ 可见，至清代前期，茧市也开始从蚕市中细分出来了。

（三）商品蓝靛集中产地

明清江南地区纺织业的发达为植物染料提供了巨大的市场。明清时期，百姓衣服多以蓝色为主，因而染蓝色所用的蓝靛便成为纺织染色所需的一大原料。明清时期福建、江西、浙江均有蓝靛出产，但蓝靛的商品性生产则以福建最为兴盛。福建蓝靛主要面向江南地区的棉布染坊生产，商品化程度最高。江西、浙江的蓝靛生产皆由福建引入，商品性的生产直到清代后期才有所发展。

明代福建的蓝靛生产闻名全国，"福州而南，蓝甲天下"。万历间，福建蓝靛已被称作"福建青"，"靛出山谷中，种马蓝草为之。利布四方，谓之福建青"❸。明代福建山区之地皆以蓝草为主要经济作物。"闽人种山皆茶蓝，其数倍于诸蓝，山中结箬篓，输入舟航"❹。万历年间，福州府永福县地处万山之中，漳州、泉州、延平、汀州等府之民皆流聚于此种菁。"引水不及之处，则漳、泉、延、汀之民种菁种蔗，伐山采木，其利倍于田"。❺ 至清代，由于蓝靛生产获利较大，福建的蓝靛生产由山区扩展至平原地区。例如霞浦县，"西区平原之农常种靛，清乾嘉间最盛。其货能通于浙温，乡民有以贩靛而致巨富者"。❻ 明清福建蓝靛生产的兴盛以

❶ 谭光万．农业商品化：历史与启示［M］．南京：东南大学出版社，2018：182．
❷ 谭光万．农业商品化：历史与启示［M］．南京：东南大学出版社，2018：183．
❸ 谭光万．农业商品化：历史与启示［M］．南京：东南大学出版社，2018：182．
❹ 谭光万．农业商品化：历史与启示［M］．南京：东南大学出版社，2018：182．
❺ 谭光万．农业商品化：历史与启示［M］．南京：东南大学出版社，2018：182．
❻ 高寿仙．明代农业经济与农村社会［M］．黄山：黄山书社，2006：63．

及江南对蓝靛需求市场的广阔，推动了专门贩卖蓝靛商人的出现。明代贩运蓝靛以洞庭商人规模最大。清代乾隆年间福建靛商则建成了行业会馆，靛青贸易街也相应形成。乾隆四十年，福建汀州商人何元瑞建立鄞江会馆，俗名靛青会馆，靛商皆聚集于此。在靛青会馆旁便形成了靛青街，街南至西洋场，东至参将署。嘉道以前，福建上杭县外出经商者"以靛青业为最著"。乾隆《宁都县志》记载宁都县"西乡几都，菁客盈千"。专营蓝靛的靛商之多，反映出福建蓝靛贸易之盛。江西的吉安府万羊山，明隆庆年间便开始种蓝，"四方商民种蓝其间"。明代成化末年，福建蓝靛传入泰和县，"成化末年，有自福建汀贩买蓝子至者，于是洲居之民，皆得而种之"。❶ 此后发展迅速，"不数年。蓝靛之出，与汀州无异，商贩亦皆集焉"❷。清代前期，江西的蓝靛生产已经逐渐从山区贫瘠之地向富饶土地拓展。康熙《赣州府志》记载，康熙年间赣州府"虔惟耕山者种此，而赣县山谷间尤多"。乾隆《新城县志》描述建昌新城县"田之硗薄者种蓝"。乾隆嘉庆年间，广信府、饶州府"近时江西广饶，不可耕之处，皆种蓝"。至清代中叶，江西蓝靛的商品化程度大为提高。江西东乡县形成了近千人的蓝靛墟市，"东北源里多蓝靛，比户皆种，八月中旬，县城墟期，市靛者常集至千余人"❸。乐平县的蓝靛更运销外省，"往来吴楚市场"❹。

（四）商品茶叶集中产地

明清时期，虽然江南地区的福建、浙江、江西、安徽、湖南等地皆出产茶叶，但福建、浙江的植茶业和茶叶贸易相对较为发达，江西、安徽和湖南的茶业直到清代中叶以后才有所发展。明清时期，江南的商品茶叶产区主要以福建和浙江为中心。

明清时期，福建以武夷山的茶最为著名。武夷山下居民"数百家，皆以种茶为业，岁产数十万斤"❺。福建武夷茶不但销往福州、厦门、香港、汕头等地，而且还出口到国外。武夷茶的出名也带动了福建其他各地茶叶的生产，"而凡建属之产，尽冒武夷，于是有山无不种茶"。清代，武夷山地区已经形成了茶叶集散市场，梁章钜在《归田琐记》中描述到"武夷九曲之末为星村，鬻茶者骈集交易

❶ 高寿仙. 明代农业经济与农村社会 [M]. 黄山：黄山书社，2006：63.
❷ 高寿仙. 明代农业经济与农村社会 [M]. 黄山：黄山书社，2006：63.
❸ 高寿仙. 明代农业经济与农村社会 [M]. 黄山：黄山书社，2006：63.
❹ 高寿仙. 明代农业经济与农村社会 [M]. 黄山：黄山书社，2006：63.
❺ 薛国中. 逆鳞集续编 [M]. 北京：世界图书出版公司，2017：83.

于此。多有贩他处所产，学其焙法，以膺充者，即武夷山下人亦不能辨也"❶。此外，福建安溪的茶叶也较为有名，商品化程度较高。明代嘉靖《安溪县志》记载"安溪茶产常乐、崇善等里，货卖甚多"❷。乾隆年间，武夷人用先进工艺加工安溪茶叶，使安溪茶叶出口西洋。清阮旻锡《安溪茶歌》记载"安溪之山郁嵯峨，其阴长湿生丛茶。居人清明采嫩叶，为价甚贱供万家。迩来武夷漳人制，紫白二毫粟粒芽。西洋番舶岁来买，王钱不论凭官牙。溪茶遂仿岩茶样，先炒后焙不争差"。除了武夷、安溪这两大名茶产地外，明清福建其他县的茶业也有所发展，部分地区茶业已成为主导产业。福宁府"茶，郡治俱有。佳者福鼎白琳、福安松罗，以宁德支提为最"。乾隆《上杭县志》载上杭"凡山皆种茶。多而且佳者，惟金山为最"。宁德县"于今西乡未尝种桑麻，而所产之利，固几倍于桑麻也。其地山陂泊附近民居旷地，遍植茶树，高冈之上，多培修竹。计茶所收，有春夏二季，年获息不让桑麻"。南平县"新兴、梅西、峡阳、梅南之地多产茶，民以茶为业"。

明清时期浙江的产茶县也较多，所形成的名茶品种也较丰富。据汪孟鋗《龙井见闻录》记载，乾隆年间，浙江著名的茶叶已有"龙井茶、垂云茶、天目茶、径山茶、昌化茶，凡六品"。浙江产茶的州县以杭州府、湖州府产量最盛。明代杭州西湖"南北两山及外七县皆产茶"。至光绪年间，杭州也形成了名茶富阳茶。"杭州之特产而良者曰富阳茶"，富阳每年丝茶的收入就达到十万多金，"丝茶两项，约有十余万金"。杭州府于潜县茶业也兴盛。乾隆时期，于潜县农民以茶叶为主要收入来源，"民之仰食于茶者十之七"❸。至嘉庆年间，于潜县各山都产茶，所产茶叶"盛行于关东"。当地农民依赖茶叶生存，"乡人大半赖以资生"。明清湖州府长兴、安吉、孝丰、武康四县山区植茶业发达。湖州府所产茶被称为本山茶。"凡湖地所出，概称本山茶"。湖州所产本山茶品质较好，市场销路畅通。"本山茶色绿味薄。立夏前后，竞贩新茶转鬻，捆用布缚，售论缚不论斤，每缚约二百两"。❹此外，宁波府和温州府亦有茶叶生产出售。宁波府下属慈谿、奉化、象山、南田各县及定海厅均产茶，作为货物出售。据明万历《温州府志》记载，温州府"五县俱有（茶）。乐清雁山龙湫背者为上。瑞安胡岭、平阳蔡家山产者亦佳"。明代，

---

❶　薛国中. 逆鳞集续编 [M]. 北京：世界图书出版公司，2017: 83.
❷　薛国中. 逆鳞集续编 [M]. 北京：世界图书出版公司，2017: 83.
❸　杭州市临安区地方志办公室. 于潜县志 [M]. 浙江：浙江古籍出版社. 2018: 124.
❹　杭州市临安区地方志办公室. 于潜县志 [M]. 浙江：浙江古籍出版社. 2018: 124.

温州府雁山茶叶已经出名，"浙东多茶品，而雁山者称最"。清乾隆时期，《雨航杂记》所记雁山五珍中便以雁山茶为首。明清时期安徽茶叶集中于庐州、池州、徽州、安庆等，安徽以六安州所产六安茶最为有名。湖南的茶叶生产主要在南部州府，尤其安化和新化所产茶叶有名。"楚南产茶之区，尽属西境。长郡之安化，宝庆之新化为尤著"。❶ 江西、湖南茶叶的商品化发展主要在清代中叶以后，清初茶叶产量尚小，商品化程度不及福建和浙江。

三、华南甘蔗槟榔产区

甘蔗和槟榔均为典型的亚热带和热带作物，其生产对气候的要求较高。华南地区的自然条件适合甘蔗和槟榔的生产，加之华南地区对槟榔和蔗糖有着较大的消费需求，明清时期，华南地区的海南、广东、台湾等地逐渐成为商品甘蔗和槟榔的主产区，不仅提供本地消费，还销往外地，出口至越南、柬埔寨等东南亚国家。

（一）商品甘蔗集中产地

明清时期商品甘蔗产地以广东和台湾为主。虽然在明代广东和福建甘蔗产量最大，"他方合并得其十一而已"，但至清代，由于福建烟草和茶叶种植与甘蔗争地，广东的甘蔗生产已超过福建，成为首要产区。明代广东已经形成了若干蔗糖的生产中心。《广东新语》记载"糖之利甚厚，粤人开糖房者多以致富。盖番禺、东莞、增城糖房者十之四，阳春糖居十之六"。可见，广东的阳春、番禺、东莞、增城已成蔗糖生产中心。清代前期，粤东甘蔗种植和制糖发展迅速，潮州府成为新的蔗糖生产中心，并超过阳春成为广东蔗糖生产之首，"粤东产糖，以潮州为盛"。此外，清代福建烟草和茶叶种植与甘蔗争地，福建甘蔗种植已经落后于广东。乾隆年间"按粤东蔗糖行四方，始于闽人，今则利于闽矣"。清代前期，台湾也发展成为蔗糖主产区。清初康熙平定台湾之后，台湾甘蔗种植发展迅速。康熙三十年台湾"旧岁种蔗已三倍于往昔，今岁种蔗竟十倍于旧年"。乾嘉年间，台湾也形成了三大蔗糖生产中心。台湾、凤山、诸罗产糖最多，"及至乾嘉之际，贸易绝盛。北至京津，东贩日本，几为独揽"❷。

（二）商品槟榔集中产地

槟榔在魏晋南北朝时期已经成功引种至我国海南、广州等地，逐渐成为我国

❶ 徐博东，黄志平.丘逢甲传[M].北京：九州出版社，2011：55.
❷ 徐博东，黄志平.丘逢甲传[M].北京：九州出版社，2011：56.

南方地区一种重要的嗜好作物。槟榔是典型的热带作物，适宜生长在热带地区。《齐民要术》中便记载槟榔"性不耐霜，不得北植，必当遐树海南"。明清时期海南、台湾成为我国槟榔的主产区。海南岛是槟榔的传统种植区，唐宋元时期，槟榔集中于海南东部，明清以后扩展至中西部。清代雍正年间，海南岛内形成了"东部槟榔西边米"的作物布局，槟榔种植集中于海南东部地区。清代海南安定县南部的岭门、船埠、石壁以及乐会县出产槟榔最多。时人已经对海南各地所产槟榔进行质量区分，以会同为最佳。《广东新语》记载"槟榔产琼州，以会同为上，乐会次之，儋、崖、万、文昌、澄迈、安定、临高、陵水又次之。"明清海南槟榔种植业发达，商人往来贩运获利，槟榔税收成为地方政府重要的财政收入。明《岭外代答》记载"海商贩之，琼管收其征，岁计居什之五。广州税务收槟榔税，岁数万缗"。清代海南槟榔种植进一步发展，槟榔种植成为东部各县主导产业。据《广东新语》记载海南农民"多种槟榔以资输纳"，"诸州县亦皆以槟榔为业"。清代海南槟榔已经出口至越南、柬埔寨等国，销量甚至超过了国内市场。"岁售于东西两粤者十之三，于交趾、扶南十之七"。明末清初，台湾居民已广泛嚼食槟榔，槟榔业已种植。清初，台湾槟榔种植发展迅速，成为槟榔的一大主产区。康熙年间，诸罗县"舍前后左右多植槟榔，新港、萧垅、麻豆、目加溜湾四社为最"。至乾隆年间，台湾府属三县"园中多种槟榔。新港、萧垅、麻豆、目加溜湾最多，尤佳"。清初，台湾北部槟榔产量远胜于南部，"槟榔之产，盛于北路，次于南路，邑所产者十之一耳"。台中槟榔产量虽小，但消费量较大，成为台湾槟榔交易中心，"但南北路之槟榔，皆鬻于邑中"。

第三节　基于消费群体的经济作物种植业特性探究

明清时期借贷资本以预押借贷的形式渗透到蚕桑业、甘蔗、茶、烟等经济作物的生产过程中。在经济作物专业化和商品化生产程度较高的地区，借贷资本更为活跃，经济作物种植户将资金投入购买生产工具、肥料等。明清时期经济作物种植的规模化趋势促使种植户产生对农业劳动力的需求。商品化的雇佣劳动关系开始在规模化程度较高的蚕桑、棉花等经济作物生产地区出现。明清时期，经济作物种植业的土地投入的增长可以区分为显性和隐性增长。土地投入的显性增长表现为直接购买和租赁土地投入经济作物生产中，而土地投入的隐性增长则是以"桑争稻田""棉争粮田"等形式出现，将粮食作物耕地改为经济作物生产用地。明清时期，商品化的资本、劳动力和土地投入到经济作物种植业中，体现了农业生产的商品化趋势。

一、资本对经济作物生产的渗透

随着我国古代农业商品经济和手工业经济的发展，经济作物种植业商品化程度的加深，经济作物种植业相对粮食作物种植业的比较收益优势逐渐趋于明显。然而，农民放弃粮食作物种植而从事经济作物种植业的投资较大，农户为进行持续的经济作物生产必然会产生借贷资本的需求。此外，农户专门从事经济作物生产的风险较高，一旦经济作物收益受损，基本的生存便难以保障，只能举债。譬如养蚕户"盖全家恃养蚕以为耕耘之资，蚕荒则田芜，揭债鬻子，惨不免矣"❶。因此，从事经济作物种植的农户一般具有较强的借贷需求。经济作物种植业商品率高，获利性相对稳定的生产特征对借贷资本有较强的吸引力。明清时期，借贷资本在经济作物种植业中尤其活跃。借贷资本对经济作物生产环节的渗透主要体现在放贷者以预押农产品的形式向生产者放贷生息。

明代后期，江南地区蚕桑业中已经开始出现通过借贷资本来进行生产的情况。明代万历年间，浙江杭州府余杭县的养蚕农户"乏卒岁之储，缫丝成，贸迁辐辏，质贷之家浚其膏"❷。可见养蚕农户缺乏养蚕资本，只能以产出蚕丝预押借贷，待产丝售卖完后，先要偿还本息，放贷者"浚其膏"，由此获利。浙江崇德县的蚕农也是采用预借资本的形式生产，蚕丝出售后便要偿还借贷资本。"蚕务最重，凡借贷契券必期蚕毕相偿"。清乾隆年间，浙江海宁县养蚕农民借债养蚕卖丝获银钱数十两，遗失在商店，店主藏而不还，蚕农求诉"我所遗丝银，系揭债典衣，拮据养蚕而得者"。道光年间，浙江湖州府"蚕时，贫者贷钱于富户，至蚕毕，每千偿息百钱，谓之加一钱。富家实渔利，而农民亦赖以济蚕事，故以为便焉"。明清时期，养蚕农户借贷资本主要用于蚕业生产工具的置备和桑叶的购买。明代万历年间崇德县"育蚕作茧岂徒手博者，饔餐器具皆从质贷，而终岁辛勤，眼昏头白，迨丝缫成，谓卒岁公私取偿，丝市之利，不得独鬻"。至清康熙年间，崇德县的蚕农生产所用工具还是通过借贷购置，"饔餐器具皆从质贷"。此外，当养蚕农户所处地区桑叶产量较低或桑叶价格上涨时，养蚕户通过借贷来购买桑叶饲蚕。浙江嘉兴海盐、石门等县"蚕多叶少，为空头蚕，必买叶饲之。轻舫飞棹四出远买，虽百

❶　谭光万．农业商品化：历史与启示[M]．南京：东南大学出版社，2018：191．
❷　谭光万．农业商品化：历史与启示[M]．南京：东南大学出版社，2018：191．

里外一昼夜必达，迟则叶蒸而烂，不堪喂蚕矣"。湖州长兴县"如值桑叶涌贵，典衣鬻钗，不遗余力"。虽然一般养蚕农户借贷资本进行生产，基本能够偿还本息，但也具有较高的投资风险，"倘或育蚕失利，未免折栖变产抵偿"。

清代，借贷资本也渗入到甘蔗、茶叶、烟草等经济作物的生产过程中。广东、四川等地收购蔗糖的商人便向蔗农放贷，康熙《德清县志》记载，在德清的糖商"春以糖本分与种蔗之家，冬而收其糖利，旧糖未消，新糖复积"。广东澄海县"邑之富商大贾，当糖盛熟时……持重资往各乡买糖，或先放账糖寮，至期收之"。据光绪《叙州府志》记载，富顺县农户为种蔗而向糖坊借贷现象已普遍，"种蔗者皆以春初贷钱霜户"。江西大庾县农民种甘蔗"至冬至乃收，贫民急不能待，多借贷奸贾，名曰糖钱，利重而价廉"。清代在安徽、湖南、江西、云南等地茶叶和烟草生产中也存在农民向商人以未收获农产品作抵押借贷的情况。乾隆年间，安徽霍山县"近城百里尽茶山，估客腰缠到此间。新谷新丝权子母，露芽摘尽泪溱溱"。至光绪年间，霍山县"土人不辨茶味，唯燕、齐、豫、楚需此日用，每隔岁，经千里挟资而来，投行预质，牙狯负诸贾子母，每刻削茶户以偿之"[1]。云南普洱"夷人恃此御饥寒，贾客谁教半干没，冬前给本春收茶，利重逋多同攘夺"。可见，商人通过放贷茶农，获利颇丰。嘉庆年间，湖南湘潭的烟草商人"预给值于种烟之户，谓之定山，秋成后成捆发行"。江西新城县，农民种植烟叶所需肥料量大，不得不借债购买。嘉庆以来"粪簀拥挤河上，皆莳烟家借债屯粪，竟以昂价长年搬运"。此外，在苎麻和棉花生产中亦有借贷资本的渗入。江西赣州府"苎布各邑俱有，多植山谷园圃间，闽贾于二月时放苎钱，至夏秋收苎以归"。张春华《沪城岁时衢歌》中所载"木棉未登场，已有下壅之费，益以终年食用，非贷于人，即典质衣物"，便反映了木棉生产中借贷资本的渗入。

明清时期在我国局部地区的蚕桑业、甘蔗、烟草、茶叶等经济作物种植业中，已经出现了资本向经济作物生产过程的渗透。这种渗透主要以借贷资本的形式出现，尤其以商业资本为主，在具体方式上往往是以尚未收获的经济作物作为预先抵押物来放贷给农民。农民将所借来的资金主要用于经济作物的生产过程，具体包括购买生产工具、肥料等。在地域上，借贷资本在经济作物专业化和商品化生产程度较高的地区更为活跃。资本向经济作物生产环节的渗入表明经济作物种植业商品化程度的加深。在市场供需变化和自然灾害的双重因素下，通过借贷资本来进行经济作物生产的小农家庭面临着更大的投资风险。不过，在小农应对投资

---

[1] 谭光万. 农业商品化历史与启示 [M]. 南京：东南大学出版社，2018：192.

风险的调整过程中，也孕育着更为理性和专业化的商品化的农业生产经营方式。

二、经济作物生产过程中雇佣劳动力的投入

明清时期经济作物种植业中也开始出现了雇佣劳动生产关系。经济作物种植具有技术含量较高，劳动力投入较大的特点，尤其是在某些经济作物的特定生产环节需要投入大量的劳动力。明清时期，经济作物种植业趋于规模化，种植户的家庭劳动力在某些生产环节难以满足需求，种植户便需要通过雇佣劳动力来完成生产。明清时期在蚕桑业、棉花种植业，以及烟茶蔗生产过程中都出现了商品化的雇佣劳动关系。

在蚕桑业生产中，种桑养蚕具有较高的技术含量，刚开始投入蚕桑业者便需要通过雇佣熟练的技术工人，才能生产出高质量的丝。清代光绪年间，南丰县人赵从佐"由苏浙带来桑种，聘请蚕工种桑养蚕，出丝甚佳"。蚕桑生产中，蚕月最为繁忙，"三四月谓之蚕月，家家闭户，不相往来"。蚕月的劳动力投入最大，家庭中妇女儿童都要参与到采桑养蚕中来，"春日，蚕事起，妇孺奔走，采桑布箔，昕夕靡皇"。养蚕规模较大的农户，家庭劳动力难以应付，便需要雇佣劳动力采桑饲蚕。在棉花生产过程中，大规模种植棉花的农户在棉花成熟的季节，既要投入大量的人力来看管棉花，又要投入劳动力来摘收棉花。清代，光绪年间，江苏上海、南汇、奉贤等县的"木棉，早晚不同，十月候寒，游手之徒连群攫取，名曰捉落花，于是田户雇人防守，曰赶捉落花，有相斗致伤人命者"。直隶正定府新乐县则在棉花丰收之时，需要雇佣劳动力摘棉花，按所收棉花的重量来发放工钱。"近颇种棉，熟时妇人孺子盈襁盈匡，计斛受雇值，不为无裨生计"。在烟、茶、蔗的生产过程中，也出现了雇佣劳动关系。光绪年间安徽六安霍山的茶商"就地收买，倩女工检提分配花色，装以大篓"。包世臣在其《闸河日记》中记载，道光九年，水陆码头济宁"出产以烟叶为大宗。业此者六家，每年买卖至白金二百万两，其工人四千余名"。而同治年间，新城县出现了专靠赁田栽烟的"莳烟家"，他们租赁大片土地种植烟草，"合家老幼尽力于烟"，并且还需要雇佣劳动力，由于报酬相对较高，当地"佣工者竞趋烟地而弃禾田"。大规模的甘蔗生产也需要雇佣劳动力。四川内江县种蔗专业农户，雇佣工人大规模种植甘蔗，"平日聚夫刀作，家辄数十百人"。清代，台湾规模化的种蔗专业户在熬制蔗糖时，亦需要雇佣劳动力，并进行分工协作，以完成制糖。《台海使槎录》记载"部中人工糖师二人、火工二人（煮蔗汁者）、车工二人（将蔗入石车砑汁）、牛婆二人（鞭牛砑蔗）、剥蔗七

人（园中砍蔗去尾去箨）、采蔗尾一人（采以饲牛）、看牛一人（看守各牛）、工价逐月六七十金"。❶

三、经济作物生产过程中土地投入的增加

明清时期，经济作物生产过程中土地的投入趋于增多，大体可以分为显性投入和隐性投入。显性的土地投入即通过土地市场直接购买或租赁土地来开展经济作物的生产。虽然，明清时期土地市场秩序的完善为土地的买卖提供了前提，但从史料的记载来看，购买或租赁土地来投入经济作物生产的情况并不多见。更多是隐性的土地投入：一是开发山地和荒地来种植经济作物；二是经济作物种植逐渐由山区向平原发展，与粮食作物争地，使原来种植粮食作物的土地转而生产经济作物。

明清时期的蚕桑业和甘蔗种植业已出现直接购买或租赁土地来开展生产的情况。江苏的昆山和新阳县，"光绪初年，邑令王安定、廖纶捐俸购地，教民树桑育蚕，荒地日辟"。江苏南汇县同治年间的知县罗嘉杰为发展当地的蚕桑业也曾经买地种桑。"置买田四亩有奇，插槿为篱，种桑数百株，就嘉、湖等处雇工二名，栽植培剪，俾四乡知所则效焉"。清代前期，山东人将柞蚕放养技术传入辽宁，他们在辽宁租赁山地放养柞蚕收茧获利。乾隆年间《塔子沟纪略》中便详细记载了山东人在朝阳塔子沟地区先是占山放蚕获利与当地人产生纠纷，后接受当地官府调解，山东人租山放蚕，方平息争讼。由此可见，在山东人将放养柞蚕技术传入塔子沟地区前，该地农民对山地尚未开发利用，亦不知山中篏箩叶养蚕的价值。而当本地农民学会放养柞蚕技术后，便认识到山地的价值所在。外来山东人只能通过租赁山地的方式，即"将所得十分之一给与山主为租价"来发展柞蚕。随着放养柞蚕技术在辽宁的推广，逐渐出现了本地人租赁大面积山地以作蚕场的现象。清代前期，江西的甘蔗种植由福建人传入，福建人在江西也是通过租地来种蔗。康熙年间，赣州府雩都县"濒江数处，一望深青，种之者皆闽人"。南安府南康县"糖蔗悉系闽人赁土耕种"。

明清经济作物种植业中土地的隐性投入主要体现在山地的开发和将粮食作物用地转种经济作物。明清时期棚民是山地资源开发的主力军，他们主要通过种植经济作物来开发利用山区的土地资源。明代万历年间，福建山区便出现了以开发山地种植经济作物为生的外来移民。福州府永福县山区"引水不及之处，则漳、

---

❶ 谭光万. 农业商品化：历史与启示 [M]. 南京：东南大学出版社，2018：195.

泉、延、汀之民种菁种蔗、伐山采木，其利乃倍于田"❶。明末清初，福建、江西、浙江等省山区也陆续出现种植经济作物的棚民。"江西、浙江、福建三省各山县内，向有民人搭棚居住，种麻种箐……谓之棚民"❷。至清代中期，他们已经在中部和南部山区广泛存在。明清时期棚民大多以种植经济作物来开发山地资源。清初，浙江的棚民"皆以种麻、种菁、栽烟、烧炭、造纸张、作香菇等务为业"。江西袁州府的棚民则以种苎麻为业，"剥麻如山召估客，一金坐致十石黍"，可见他们种麻之多，获利之大。至清代中期，已经出现了富裕的棚民投资租山来专门经营经济作物种植业。嘉庆六年，汪、凌、胡、黄四大家族协商后同意将山租给潜山人陈敦仁和福建人三茂用以种植生姜和青靛。清代，除了棚民对山地资源的开发之外，还有移民开发荒地来种植经济作物。清初，广东博罗县"蔗产于荒区，闽人辟草莱而莳之"。钦州"雍正初，地尚荒而不治，自乾隆以后，外府州县人迁居钦者，五倍土著。人力既集，百利俱兴。山原陵谷皆垦辟种植甘蔗"❸。明清时期，棚民和移民对山地和荒地的开发，极大增加了可供农业生产利用的土地资源，而增加的这部分土地资源又大部分从投入到经济作物种植业中，促进了经济作物种植业的发展。

明清时期，经济作物的生产用地呈现由山区向平原推进的趋势，出现了"棉争粮田""桑争稻田"等经济作物与粮食作物争地现象，这表明在经济利益驱使下，农民开始自主地调整农业生产结构以增加对经济作物的土地投入。明末清初，江南地区开始出现"棉争粮田"和"桑争稻田"的现象，大量原本种植粮食作物的土地被转而种植经济作物。明末清初，松江府、太仓州的耕地在总体上已经形成了稻田和棉田各占一半的格局，部分县的棉田面积超过了稻田面积。明代天启年间，松江府耕地"大半植棉"。清初，乾隆《嘉定县志》记载，嘉定县以棉田为主，"稻田十仅得二三"。崇明县"崇地植棉十居六七"，镇洋县"大率花六稻四"。雍正《南汇县志》记载，南汇县耕地多种棉花、"地鲜稻"，至道光年间，《川沙抚民厅志》描述川沙厅"木棉多于粳稻"。清代，华北棉区也出现了"棉争粮田"的情况。嘉庆《清平县志》载，山东东昌府清平县木棉"所种之地，过于麦豆"。徐宗

---

❶　张忠民 . 前近代中国社会的商人资本与社会再生产 [M]. 上海：上海社会科学院出版社，1996: 56.

❷　张忠民 . 前近代中国社会的商人资本与社会再生产 [M]. 上海：上海社会科学院出版社，1996: 56.

❸　张忠民 . 前近代中国社会的商人资本与社会再生产 [M]. 上海：上海社会科学院出版社，1996: 56.

干在《斯未信斋文编》中描述高唐州"种花地多，种谷地少"。钟化民也在《救国荒图说》中描述河南中州肥沃土地"半植木棉"。安阳县"正西及西南、西北一带，地处高阜，种棉者十之六七，种麦者十之三四"。明清时期，我国蚕桑产区又出现了"桑争稻田"的情况。明代，浙江西部蚕桑生产由山区推向平原。明代中叶，在相对较高的比较收益刺激下，太湖南岸的农民为种植桑树，发展蚕桑业，开始改田为地，填低地为高地，使得粮食作物耕地大量减少，而蚕桑用地逐渐增加。其间，嘉兴府至少减少了1354顷田，增加了1560顷地。乾隆时期，珠江三角洲地区桑基鱼塘生产得到发展，当地人"弃田筑塘，废稻树桑"。乾隆嘉庆年间以后，南海县的九江乡农民"多改业桑鱼，树艺之夫，百不得一"，"一乡之中，塘居其八，田居其二"。此外，明清时期，也出现了烟草、甘蔗的产地与粮食作物争地的情况。明代泉州"其地为稻利薄，蔗利厚"，"往往有改稻田种蔗者"。乾隆年间福建龙岩"种蔗及烟草，获利数倍，故多夺五谷之地以予之。田渐少，而粟弥匮乏"。福建局部地区农民"种蔗煮糖，利较田倍，多夺五谷之地以植之"。嘉庆道光以来，江西南康县甘蔗"种植繁多，埒于禾稼"，"种植日广，始于莘确，终及膏腴"。福建漳州府，农民将肥沃的耕地改种烟草，"闽地二千余里……今则烟草之植，耗地十之六七……所种杭稻菽麦亦寥寥耳"。

第七章　中国古代经济作物商品化再探析 —— 以唐宋茶业为例

第一节　唐宋茶业发展简史

孙洪升先生说："唐代以前，我国的茶叶生产发展缓慢，茶业只是传统农业的附庸而已。唐代中叶以降，茶业得到了迅速发展，并在宋代达到前所未有的水平。茶业经济开始成为唐宋社会经济的重要组成部分，给唐宋社会的发展注入了新鲜活力。"唐宋茶业是中国茶业史上辉煌的时代，各个方面都得到了充分地开发，为以后茶业不断发展奠定了基础。

一、唐朝茶业

朱自振先生在《茶史初探》中说："唐代，具体说是唐代中期以后，在我国茶业和茶叶文化发展史上，是一个有划时代意义的重要时代。史称'茶兴于唐'或'盛于唐'。在唐一代，茶去一划，始有茶字；陆羽作经，才出现茶学；茶始收税，才建立茶政；茶始销边，才开始有边茶的生产和贸易。一句话，直到这时，茶在我国社会经济、文化中，才真正成为一种显著的生产事业和文化。"

《旧唐书·食货志》记载："（建中）四年，度支侍郎赵赞议常平事，竹木茶漆尽税之。茶之有税，肇于此矣。"建中四年为公元 783 年，已到中唐，经过安史之乱，国力衰微，财政空虚。因此，有人认为茶税的征收是财政紧张所致，但茶税的征收，从客观上来讲是茶业发展的必然，也只有茶业发展到相当高的程度，茶税征收才能成为现实，从茶税的征收可以断定，饮茶在当时已经较为普遍。征收茶税由唐始，历朝历代沿袭不废。《旧唐书·食货志》记载："贞元九年，张滂奏立税茶法。自后裴延龄专判度支，与盐铁益殊途而理焉。"又云："贞元九年正月，初税茶。先是，诸道盐铁使张滂奏曰：'伏以去岁水灾，诏令减税。今之国用，须有供储。伏请于出茶州县，及茶山外商人要路，委所由定三等时估，每十税一，充所放两税。其明年以后所得税，外贮之。若诸州遭水旱，赋税不办，以此代之。'诏可之，仍委漼具处置条奏。自此每岁得钱四十万贯。"由此可见，茶税的征收的确有出于国家财政收入方面的考虑，将茶税专门列出，提高到与盐、铁一样的高度，说明茶税征收后，统治者从茶业中获益极大，在中唐时期，茶树种植和茶叶贸易也是十分兴盛的。

征收茶税，政府受益，而巨额茶税则无不来源于中下茶农、茶商和消费者。特别是政府加重茶税时，中下阶层茶农、茶商利益尽为政府侵夺，于是小茶商们也会铤而走险贩卖私茶。针对当时茶税混乱的情况，唐朝政府立茶法十二条，严禁私自贩运和销售茶叶。《新唐书·食货志》云："大中初，盐铁转运使裴休著条约；私鬻三犯皆三百斤，乃论死；长行群旅，茶虽少皆死；雇载三犯至三百斤、居舍侩保四犯至千斤者，皆死园户私鬻百斤以上，杖背，三犯，加重徭；伐园失业者，刺史、县令以纵私盐论。"可见，茶在社会生活中的重要地位以及政府对茶税的重视。

茶叶从不征税到征税，一方面反映了当时茶叶生产、贸易的发展，但另一方面，也说明此时茶业已成为国家赋税所赖的一种重要税源。有学者认为茶叶由不征税到征税，从国用的角度来看，也就是茶叶生产从一种自在的地方经济，正式被认定和提高为一种全国性的社会生产或社会经济了。

唐代是茶业大发展时期，唐代茶业发展有以下几大突出特点。

（一）种茶技术进步

唐以前，古籍文献中尚无人工植茶记载，人们多饮用野生茶。王洪军先生说："到了唐代，关于茶树的人工种植和栽培技术，在文献中已有了较为明确的记载。……《茶经》约成书于公元760年—780年，基本上反映了唐前期和中唐时的茶树种植技术。由于饮茶风习在全国范围内的盛行，大大促进了唐代茶叶生产和种植技术的进步。在中唐后的一百余年中，茶树种植技术又有了新发展，这主要反映在晚唐五代时人韩鄂的《四时纂要》有关种茶的记叙中。"由此可见，人工种茶技术在唐朝才有了重大突破，种茶技术的进步为产区的扩大和产量的提高提供了良好的基础。

（二）茶产区扩大，茶产量提高

唐代究竟有多少地方产茶，学术界历来众说纷纭。孙洪升先生认为结论不一原因有三，首先，茶叶产地一直处于扩展状态中，唐中期的茶产地与末期略有不同，故讨论茶产地时应大体有个时间的界限。其次，关于茶产地的文献记载较为分散，学者们掌握的资料不同，得出的结论亦不同。这是在产茶州县的数量上出现差别的一个重要原因。最后需指出的是，在考察茶叶产地时，不应只注重州县的数量，更应结合该地茶叶生产的实际情况加以考察。因为一个从事茶业人员众多、茶叶生产专业化水平高、茶叶产量多且商品率高的茶叶产区与另一个仅有少数人从事茶业、茶叶产量少、商品率低的茶叶产地是有天壤之别的，因此，我们更要从量上考察。孙先生指出了学术界对唐代茶产地意见不一的原因，并且指出研究茶产地更要结合茶产量来进行考察。

1. 关于唐代产茶区

吴觉农先生考察唐代茶产地，在《茶经述评》中列出了《茶经》中的产茶地，这些产茶地"遍及现在的湖北、湖南、陕西、河南、安徽、浙江、江苏、四川、贵州、江西、福建、广东、广西等个 13 省自治区的地区，足见唐代的茶叶产区已相当广大"。

陈椽先生在《茶业通史》中研究了古代茶区的变迁。他认为唐代茶产地达到了与我国近代茶区约略相当的局面，各地茶叶生产有很大发展，赣东北、浙西、皖南有一个特大发展，除北方少数地区外，茶树遍及全国的 13 个省，计 42 州郡，分八大茶区。

方健先生根据《茶经》及《元和郡县图志》《旧唐书·地理志》《新唐书·地理志》《中国历史地图册》等考校唐代茶叶产地。张泽咸先生在《汉唐时期的茶叶》中认为"唐五代时期的产茶地区，综合唐、宋人们的叙述，有峡、襄、荆、衡、金、梁等六十九州。"并且在注释中罗列了唐五代六十九州产茶区的资料来源。张先生所认为的产茶六十九州可以看成是晚唐时期产茶区域。

王洪军先生在《唐代的茶叶生产》中认为："唐代茶叶产地已分布于八道九十八州，分布面积是相当广泛的，而实际产茶州郡恐怕还会超出此数……唐代茶叶产地的分布，已基本具备了今天的规模，从而也可证明了唐代茶叶生产在我国茶叶生产史上的地位……中唐时人陆羽《茶经》记载的四十四州，则可说明初唐到中唐的基本状况。如果把陆羽《茶经》中所载的四十四州，假定为中唐时产茶州郡基数，其余的五十四州便为中唐后百余年间新增加的州数了。由此也能使我们可以看到中唐后茶叶生产发展的大体脉络。"

综合方健、张泽咸等先生的研究成果，我们可以认为中唐时期产茶州数在 43 个左右，晚唐时期产茶州数在 69 个左右，那么在中唐到晚唐这一百多年间，产茶州数大概增加了 26 个，增长了 60.5% 左右。

根据王洪军先生的研究成果，晚唐产茶州数较之中唐时期增加了 54 个，也就是增加了 122.7%。

以上各位茶业研究者有关唐代茶产地研究的结论不完全一致，而实际上由于历史年代久远又缺乏翔实史料，也不可能有标准答案。研究者只能根据史料记载进行研究不断接近历史原貌。几乎所有的学者都承认茶业在唐朝获得了第一次迅速发展，唐朝产茶区域奠定了今天中国产茶区的基本格局。

2. 关于唐代茶产量

茶产区在唐朝有了飞跃性的扩展，因此茶产量的大幅度增加也在情理之中。诚如孙洪升先生所言："与茶叶产地密切相关的是茶叶产量，因为茶叶产地的扩展也就意味着茶叶总产量的增加。同时随着人们植茶经验的积累、生产技术的提高，茶叶的单位产量也在增加，由于缺乏准确的统计资料，要弄清唐宋茶叶产量是十分困难的。"[1] 虽然如此，我们仍然可以从史料记载中推测出当时茶叶亩产量，也可以从中看出当时的产茶盛况。

唐朝韩鄂在《四时纂要》中记载："三年后，每科收茶八两，每亩计二百四十科，计收茶一百二十斤。"同一条史料，学者们研究结果不尽相同。王洪军先生认为唐朝 120 斤约合今 143 斤，周荔先生认为约合今 182.7 斤。根据唐亩、唐斤与今亩、今斤的换算：唐宋 1 斤约合今 1.1936 市斤，唐代 1 亩约合今 0.783 市亩。周荔先生的计算方法是正确的，因此，唐朝茶叶亩产量可达茶叶 180 斤左右。

封演在《封氏闻见记》中如此描写唐代茶叶贸易的盛况，"其茶自江淮而来，舟车相继，所在山积，色额甚多"。由此可见，唐朝茶叶产量是相当可观的。除此之外，从税收中也能看出唐朝茶叶产量之大。《新唐书·食货志》说："开成元年，复以山泽之利归州县，刺史选吏主之。其后诸州牟利以自殖，举天下不过七万余缗，不能当一县之茶税。"唐代茶税之巨也间接反映了唐代茶业发展之盛，茶叶总产量之大。

唐朝是中国茶业史上第一个大发展时期，茶产区迅速扩大，种茶技术有了很大改进，亩产量有了很大提高，总产量极其可观，这也为唐朝饮茶在社会各阶层中的普及提供了可能性。

（三）饮茶在社会各阶层普及

饮茶在唐以前就逐步在中下阶层传播开来，到唐朝时，饮茶范围更广。

首先是宫廷大兴茶事。朝廷选择出产品质优异茶叶的州郡定额纳贡，唐朝贡茶州郡有"怀州河内郡、峡州夷陵郡、归州巴东郡、夔州云安郡、金州汉阴郡、兴元府汉中郡、寿州寿春郡、庐州庐江郡、蕲州蕲春郡、申州义阳郡、常州晋陵郡、湖

---

❶ 高寿仙.明代农业经济与农村社会 [M].黄山：黄山书社，2006: 63.

州吴兴郡、睦州新定郡、福州长乐郡、饶州鄱阳郡、溪州灵溪郡、雅州卢山郡"等地。由于皇室对饮茶的重视，茶叶需求的增大，地方贡茶已经不能满足王室的需求，因此，还出现了专门贡焙，第一个专门贡焙是常州义兴和湖州长兴间的顾诸贡焙。

其次，政府机构办事人员饮茶已成为每日必需。《封氏闻见记》记载："于是茶道大行，王公朝士无不饮者。"

另外，文人知识分子阶层也是茶情尤切。茶是淡薄名利的象征，茶又能提神助思，文人与茶结缘，不仅日常生活中少不了茶，在作品之中也不吝表达对茶的喜爱之情。文人将对茶的钟情付诸笔墨，无数脍炙人口的作品在社会沆传，为茶在整个社会中的进一步普及作出了很大的贡献。中唐时期陆羽的《茶经》在我国茶业发展史上具有里程碑意义，数量颇丰的茶诗词歌赋反映了唐时茶在文人生活中所占分量，这些足以说明中唐时茶在文人知识分子阶层已经相当普及。

唐朝中后期饮茶在平民中也更加普及，"尚茶成风"正好反映了民间嗜茶风气。长庆元年年左拾遗李环奏："茶为食物，无异米盐。人之所资，远近同俗，既祛渴乏，难舍斯须，田间之间，嗜好尤切。"这说明此时（唐穆宗时期，乃唐中后期）饮茶已与米、盐一样成为生活必需品了。

（四）饮茶风气迅速传播

1. 向少数民族地区传播

饮茶不仅在汉族各个阶层广为传播，得到相当程度的普及，还远传至边疆少数民族地区。饮茶习俗由中原向边疆少数民族的传播经历了一个相当长的历史过程，唐朝时出现了有关少数民族饮茶的记载。《唐国史补》云："常鲁公使西蕃，烹茶帐中，赞普问曰：'此为何物？'鲁公曰：'涤烦疗渴，所谓茶也。'赞普曰：'我此亦有。'遂命出之，以指曰：'此寿州者，此舒州者，此顾渚者，此薪门者，此昌明者，此澥湖者。'"川常鲁公为唐德宗大臣，可见，最迟在德宗时期饮茶习惯在吐蕃地区上级阶层流传开来。茶助消化、解油腻的功能正好弥补了藏族地区高寒的地理气候和饮食习惯的不足。目前，西藏的年人均茶叶消费量达15公斤左右，为全国各省、区之首。西藏居民对茶的需求量之大可见一斑。

不仅藏族居民饮茶成风，其他少数民族地区亦不例外。唐朝封演《封氏闻见记》云："穷日竟夜，殆成风俗。始自中地，流于塞外。往年回鹘入朝，大驱名马，市茶而归，亦足怪焉。"且敦煌文书中亦有《茶酒论》，这些恰好说明我国边疆少数民族地区受中原汉族嗜茶风气的影响，养成了饮茶习惯，并且由商人开了茶马贸易的先河。

唐朝是饮茶习俗迅速向边疆地区传播的重要时期，饮茶丰富和完善了少数民族地区饮食结构，从茶叶进入少数民族地区之日起，饮茶风气便在少数民族地区迅速传播开来，茶叶在少数民族人民日常生活中的地位绝不亚于在汉族人民生活中的重要性。

2. 向海外传播

中国是茶的发源地，从茶被利用伊始便显示出了其巨大的魅力，茶在中国境内由南北渐，进而在全国范围内传播开来，不仅如此，茶还在世界范围内流传开来。朝鲜和日本是最早从我国引进茶叶，并栽培茶叶的国家。董尚胜和王建荣在《茶史》中介绍："历史上中国茶的对外传播有多种渠道。第一，通过来华的僧侣和使臣将茶叶带往周边的国家和地区；第二，在互派使节过程中，茶成为随带的礼品或用品，在国与国之间交流；第三，通过贸易往来输到国外。传播路线有两条：一条是从福建的泉州、厦门一带开始，沿海路传向东南亚诸国、中东阿拉伯部分国家和欧洲大部分国家；另一条途径是从我国的华东、华北、西北地区沿陆路传向日本、朝鲜半岛、西北亚各国、俄罗斯、高加索地区和中东部分国家……当然茶的对外传播也不排除通过民间自发地从我国西南一带扩散到我国的西南邻国，如越南、缅甸、泰国等国家和地区。"朝鲜和日本正是通过僧侣和使节从中国引入饮茶风俗的。

二、宋朝茶业

茶兴于唐而盛于宋。唐朝茶业为宋朝茶业的发展奠定了良好的基础。唐朝时始征茶税，茶税成为财政收入的重要组成部分。到了宋朝，其重要性更为世人所公认。另外，这个时期也是中国茶文化成熟的时期。宋朝茶业大发展有以下几项表现：

（一）茶风更盛

宋朝饮茶之风更加盛行。宋朝上层社会嗜茶成风，斗茶之风盛行，以茶设宴在上层社会和文人知识分子阶层成为流行风尚，甚至连皇帝都设茶宴款待群臣，以示群臣同乐。在民间，饮茶也更加普及，吴自牧在《梦粱录》中说："盖人家每日不可缺者，柴米油盐酱醋茶。"王安石在《议茶法》中说："夫茶之为民用，等于米盐，不可一日以无。"由此可见，宋朝时茶叶消费极为普遍，在民众日常生活中，茶与米、盐同等重要，这些都说明宋朝饮茶的兴盛。

（二）茶产地、产量增加，名品层出不穷

宋朝产茶区域与唐朝相比扩大不少。宋朝设有六榷货务，对茶叶贸易进行严格监控，设有十三山场。《宋史》记载："宋榷茶之制，择要会之地，曰江陵府，曰真

州，曰海州，曰汉阳军，曰无为军，曰蕲州之蕲口，谓榷货务六。……在淮南则蕲、黄、庐、舒、光、寿六州，官自为场，置吏总之，谓之山场者十三。"宋朝重点产茶区除十三山场外，《续资治通鉴·宋纪三十六》记载："在江南则宣、歙、江、池、饶、信、洪、抚、绮、袁十州，广德、兴国、临江、建昌、南康五军，两浙则杭、苏、明、越、婺、处、温、台、湖、常、衢、睦十二州，荆湖则江陵府，潭、鼎、澧、鄂、岳、归、峡七州，荆门军，福建则建、剑二州，岁如山场输租折税。"除此之外，还有其他茶产区，"天下茶皆禁，唯川峡、广南听民自买卖，禁其出境"。南宋虽只占半壁江山，但北方产茶不多，因此南宋所辖范围囊括了中国重要产茶区，《宋史》记载："当是时，茶之产于东南者，浙东西、江东西、湖南北、福建、淮南、广东西，路十，州六十有六。"

宋朝茶产量极大，这在政府所征税中有所反映。《宋史：》十三山场"岁课作茶输租，余则官悉市之。……总为岁课八百六十五万余斤，其出鬻皆就本场"。除十三山场外，其他重点产茶区产量亦甚丰，其所行茶法如山场，《宋史》"总为岁课，江南百二十七万余斤，两浙百二十万九千余斤，荆湖二百四十七万余斤，福建三十九万三千余斤，悉送六榷务鬻之"。宋朝名茶层出不穷，制作极精。据《宋史·食货志》、宋徽宗赵佶《大观茶论》、宋代熊蕃《宣和北苑贡茶录》和宋代赵汝砺《北苑别录》等记载，宋代名茶有数余种。这些名茶以蒸青团饼茶为主，各种名目翻新的龙凤团茶是宋代贡茶的主体。

（三）宋朝茶利更丰

宋朝垄断茶利，获利丰厚，政府对茶业管理极严，长期实行榷茶政策，对茶叶的产销进行严格控制，以便最大限度地获益。宋朝设六榷货务、十三山场，并在全国重点产茶区行十三山场茶法进行垄断，唯独对川峡、广南茶区进行课税，而不行买卖垄断，由此可见，宋朝对茶利十分重视，茶利成为宋朝财政收入极为重要的组成部分。《宋史·食货志》记载："至道末，鬻钱二百八十五万二千九百余贯，天禧末，增四十五万余贯。"

（四）少数民族需茶日盛

自唐朝以来，茶便向少数民族地区传播。少数民族地区由于气候、饮食习惯原因而对茶极为依赖。在此以与南宋对峙的少数民族政权金为例，揭示茶在少数民族生活中的重要地位。金是入主中原的北方少数民族，在与汉族交往过程中逐渐养成饮茶习俗，而进入中原地区以后，对茶更是需求日甚，虽然其统治范围内山东、河北、河南等地亦有产茶之所，但远远不能满足需要，不得不与占据中国富饶之地的南宋进行贸易。茶从理论上讲的确并非同粮食一样必不可少，而当茶融入一个地区、一个民族的日常生活以后，在物质条件允许的时代背景下，其重要性却与米、盐无异了。茶叶贸易对少数民族政权来讲，是一个棘手的难题，金人政权对茶叶贸易并非任其自由发展，而是采取措施加以节制，甚至三令五申，但收效甚微。

《金史·食货志》："茶，自宋人岁供之外，皆贸易于宋界之権场。世宗大定十六年，以多私贩，乃更定香茶罪赏格。章宗承安三年八月，以谓费国用而资敌，遂命设官制之。""泰和六年十一月，尚书省奏，茶，饮食之余，非必用之物，比岁上下竞啜，农民尤甚，市井茶肆相属。商旅多以丝绢易茶，岁费不下百万，是以有用之物易无用之物也。若不禁，恐耗财弥甚。遂命七品以上官，其家方许食茶，仍不得卖及馈献。不应留者，以斤两立罪赏。""宣宗元光二年三月，省臣以国蹙财竭，奏曰：'金币钱谷，世不可一日阙者也。'茶本出于宋地，非饮食之急，而自昔商贾以金帛易之，是徒耗也。泰和间，尝禁止之，后以宋人求和，乃罢。兵兴以来，复举行之，然犯者不少衰，而边民又窥利，越境私易，恐因泄军情，或盗贼入境。""比岁上下竞啜，农民尤甚，市井茶肆相属"❶，说明金人统治区内茶风十分兴盛。

以上史料表明，金人对茶叶贸易是很矛盾的，禁止贸易，仍然有人铤而走险，而不禁且任其贸易，无疑是以有用之物易无用之物，"费国用而资敌"。金人政权反复强调茶叶并非生活必需品，且颁布法令措施限制与宋人茶叶贸易，统治者三令五申，表明饮茶之风确实难以禁止。由此不难看出，茶叶已经成为少数民族人民生活中必不可少的一部分，具有强大的民众基础的饮茶之风是难以阻挡的。

（五）茶马贸易兴盛

茶马贸易又称茶马互市，是古代中国政府在边境区域同治外少数民族地区实行以茶易马的贸易政策或制度。茶马贸易虽然在唐朝时已经开始，但真正形成完善的制度却是在宋朝。茶马贸易兴起需要具备两个基础：一是少数民族对茶有着很大的需求，茶已成为生活必需品，本民族地区又欠缺茶叶，需要从中原输入，而拥有马匹又是优势所在；二是中原盛产茶叶，茶叶产量丰富，制造极精，可以满足周边少数民族的需求。宋朝几乎一直处于少数民族政权威胁之下，战争的频繁导致对战马需求量大，而采用钱币贸易，对自身来说也是一大威胁。《宋史》记载："太平兴国八年，有司言戎人得钱，销铸为器，乃以布帛茶及他物易之。"茶马互市并非简单的商业交易，实际上相当复杂，也不是始终对宋朝有利的，茶和马

---

❶ 脱脱等．金史［M］．北京：中华书局，2016．

的比价是根据多种复杂因素不断地处于变化之中，这在《宋史》中多有反映。茶马贸易不仅涉及经济问题，还涉及政治、军事、外交各个方面。

《宋史·食货志》："宋初，经理蜀茶，置互市于原、渭、德顺三郡，以市蕃夷之马，熙宁间，又置场于熙河。南渡以来，文、黎、珍、叙、南平、长宁、阶、和凡八场，其间卢甘蕃马岁一至焉，挑州蕃马或一月或两月一至焉，叠州蕃马或半年或三月一至焉，皆良马也。其他诸蕃马多驽，大率皆以互市为利，宋朝曲示怀远之恩，亦以是羁縻之。绍兴二十四年，复黎州及雅州碉门灵西碧易马场。乾道初，川、秦八场马额九千余匹，淳熙以来，为额万二千九百九十四匹，自后所市未尝及焉。"这反映了宋朝茶马贸易的兴盛局面，宋朝茶业发展程度之高，少数民族需茶之盛。历史上的茶马贸易不仅互通有无，还带动其他商品的互相流通，繁荣了边界经济，增强了民族之间科学技术、文化的交流，促进了民族融合，对推动边疆地区的开发和社会经济的发展做出了重大贡献。

以上这些都反映了宋朝茶业的兴盛。它沿袭唐朝茶业兴旺的发展态势，于创了更加辉煌的茶业时代，并为中国茶业在明清时期走向平民化、国际化的繁荣局面奠定了基础。

第二节　茶文化对唐宋茶业发展的助推作用

王玲先生在《中国茶文化》一书中说："文化有广义、狭义之分。从广义说，一切由人类所创造的物质和精神现象均可称文化。狭义而言，则专指意识形态以及与之相适应的社会组织与制度等。目前，人们爱谈精神文明与物质文明，常把两者截然分开。但很少有人注意，有不少介乎物质与精神之间的文明。它既不像思想、观念、文学、艺术、法律、制度等全属于精神范畴，也不像物质生产那样完全以物质形式出现，而是以物质为载体，或在物质生活中渗透着明显的精神内容。我们可以把这种文明称为中介文明或中介文化。中国的茶文化就是一种典型的中介文化。"因此，可以说，中国茶文化就是以茶业经济活动为基础，又与美学、哲学、宗教、文学、艺术、民俗、养生等纯精神领域相结合，而形成的一种博大精深的特殊文化。

中国茶文化包括茶专著、茶诗、茶词、茶歌、茶赋、茶字画、茶文学、茶艺、茶道、茶礼、茶俗以及茶业与社会不同阶层经济、文化生活相碰撞而出现的茶馆文化等内容，除此之外，风靡当今社会的各种各样新式茶饮品也为传统茶文化增添了新的内容。茶文化本身就具有经济与文化两方面的内容，因此茶文化的发展过程不仅是茶文化自身内涵与外延不断扩充与完善的体现，也是茶经济活动在社会各个阶层中不断推广，与社会生活各个层面结合，茶经济不断发展的过程。陈文华先生说："茶文化对社会生活产生最直接的影响是促进茶业经济的发展。"在当今社会，人们认识到文化效应在经济活动中的重大作用，提出了"文化搭台，经济唱戏"的概念。一个没有文化的品牌是没有出路的，新兴产业都在千方百计走文化路线，而有着悠久历史的茶业在文化方面有着得天独厚的有利条件，如能对现有资料进行整理、归纳，对相关问题进行梳理、论证，结合当今市场经济形势，策划以文化为主题的推广方案，对弘扬中国茶文化，促进茶经济发展是极有裨益的。

一、书面形式茶文化对唐宋茶叶发展的助推作用

以书面形式存在或遗留下来的茶文化包括茶专著、茶诗、茶词、茶歌、茶赋、茶字画、茶联、茶碑刻以及笔记、小说等文学作品中有关茶的内容，可谓形式多样、内容广博。但凡茶文化，都反作用于茶经济，对茶经济活动起着推广作用，促进茶经济的发展。在书面形式茶文化中亦不乏名人直接推荐名茶、名泉的作品，使茶经济从名人名品效应中受益，对茶业起着直接的宣传、推广作用。此外，还有许多文人抒写品茶心得，将品饮境界描绘得出神入化，甚至有许多作品流传千古，成为脍炙人口的佳作，至今人们都耳熟能详。笔记、小说等文学作品中体现的茶文化则更明显地反映茶事融于社会生活的巨大凝结力。鉴于书面茶文化表现形式多样，下面从专著和茶诗词两个主要方面入手，探究其对唐宋茶叶的影响。

（一）专著对唐宋茶叶的影响

唐朝陆羽《茶经》的诞生是中国茶文化形成的标志，在中国茶业史上具有里程碑意义。这部著作第一次系统地总结了中唐以前有关茶叶的知识与生产实践的丰富经验，也是对中唐以前中国传统茶文化的总结，奠定了中国传统茶文化的基础。

《茶经》是世界上第一部茶叶专著，分上、中、下三卷，卷上分茶之源、茶之具、茶之造，卷中为茶之器，卷下分茶之煮、茶之饮、茶之事、茶之出、茶之略、茶之图。全书记载茶树起源、性状、分布、饮茶用具、茶叶制造、烹茶器具、制茶技术、饮茶知识以及唐以前茶事等，内容翔实，涉及茶学各个方面，开创我国茶书之先河。唐陆羽后，历朝历代文人纷纷著茶书，据不完全统计，我国茶书多达100种以上，但多数佚失。清陆廷灿《续茶经》卷下之五《茶事著述名目》中

便罗列了种茶书专著。阮浩耕等点校注释《中国古代茶叶全书》收入唐代陆羽《茶经》以后的种茶书，含单篇文章及久佚茶书的辑本，足见我国茶专著数量之多。茶专著不仅丰富了中国茶文化内容，还给中国茶业注入了绵绵不断的新鲜活力。茶专著或评，或品，或介绍名品名茶、名泉和煮茶方法，由此可以看到不同历史时期饮茶方式的变迁。除《茶经》外，著名的茶专著有张又新《煎茶水记》、苏广《十六汤品》、温庭绮《采茶录》、蔡襄《茶录》、宋子安《试茶录》、宋徽宗赵佶《大观茶论》、熊蕃《宣和北苑贡茶录》、黄儒《品茶要录》等。

《新唐书·陆羽传》："陆羽，字鸿渐，一名疾，字季疵，复州竟陵人。不知所生，或言有僧得诸水滨，畜之。既长，以《易》自筮，得《蹇》之《渐》，曰：'鸿渐于陆，其羽可用为仪。'乃以陆为氏，名而字之。"《新唐书》中对陆羽《茶经》亦有评论："羽嗜茶，著经三篇，言茶之源、之法、之具尤备，天下益知饮茶矣。时鬻茶者，至陶羽形置炀场突间，祀为茶神。有常伯熊者，因羽论复广著茶之功。……其后尚茶成风，时回纥入朝，始驱马市茶。"可见，陆羽著《茶经》功在千秋万代，在当时便赢得了"茶神"的美称。不但《新唐书》中有《陆羽传》专门记载陆羽的丰功伟绩，而且后世对陆羽及其《茶经》的崇拜之情更是溢于言表，单单为《茶经》作序、跋的就有唐人皮日休，宋人陈师道，明人陈文烛、王寅、李维桢、张睿、童承叙人，清人陆廷灿完全按照《茶经》的格式作《续茶经》。唐代封演的《封氏闻见记》如此记载陆羽《茶经》的影响以及当时茶叶贸易的兴盛情景："楚人陆鸿渐为茶论，说茶之功效并煎茶炙茶之法，造茶具二十四式以都统笼贮之。远近倾慕，好事者家藏一副。……于是茶道大行，王公朝士无不饮者。"宋代陈师道为《茶经》作序说："夫茶之著书自羽始，其用于世亦自羽始。羽诚有功于茶者也。上自宫省，下迨邑里，外及夷戎蛮狄，宾祀燕享，预陈于前。山泽以成市，商贾以起家，又有功于人者也。"

《茶经》的问世确立了陆羽在茶学领域的权威地位，自然受到人们的推崇，陆羽被世人称为茶博士、茶仙、茶神、茶圣等，也被当作偶像崇拜、祭祀。北宋梅尧臣《次韵和永叔尝新茶杂言》："自从陆羽生人间，人间相学事春茶。"其诗友耿津在《连句多暇赠陆三山人》中云："一生为墨客，几世做茶仙。"由此可见，这些称谓在民间及士大夫中有一定流传。《唐国史补》记载："江南有驿使，以干事自任。典郡者初至，吏白曰：'驿中已理，请一阅之。'刺史乃往，初见一室，署云酒库，诸酿毕熟，其外画一神。刺史问：'何也？'答曰：'杜康。'刺史曰：'公有余也。'又一室，署云茶库，诸茗毕贮，复有一神。问曰：'何也？'曰：'陆鸿渐也。'刺史益善之。"

《茶经》之后，饮茶风气的兴盛在史籍中也不乏记载，封演《封氏闻见记》卷六："开元中，泰山灵岩寺有降魔师大兴禅教，学禅务于不寐，又不夕食，皆许其饮茶。人自怀挟，到处煮饮，从此转相仿效，遂成风俗。自邹、齐、沧、棣，渐至京邑，城市多开店铺，煎茶卖之，不问道俗，投钱取饮。其茶自江淮而来，舟车相继，所在山积，色额甚多。"

以上这些史料展示了陆羽及其《茶经》在世人心目中的地位以及在社会中巨大的影响力，也为我们描绘了陆羽作《茶经》后出现的饮茶兴盛局面。天下人尚茶成风，连少数民族亦不可无茶，茶叶贸易规模巨大，对饮茶的推广起到了前所未有的宣传作用，直接将茶经济推到了一个新的发展阶段。在《茶经》影响下，茶道大兴，文人纷纷著茶书，有功于茶文化发展，有功于中国茶业发展。

总而言之，陆羽《茶经》使茶经济、茶文化都迈上了一个具有里程碑意义的新台阶。陆羽《茶经》开创了茶业史上的辉煌，王玲先生在《中国茶文化》中说："《茶经》问世，对中国的茶叶学、茶文化学，乃至整个中国饮食文化都产生巨大影响。"美国人威廉·乌克斯在《茶叶全书》中说："中国学者陆羽著述第一部完全关于茶叶之书籍，于是在当时中国农家以及世界有关者俱受其惠，……为最大之事功，故无人能否认陆羽之崇高地位。"

（二）茶诗与茶词对唐宋茶叶的影响

中国茶文化博大精深，这与文人对茶的理解、喜爱、推崇是分不开的。历代文人品茶、爱茶、颂茶，茶与文人结下了不解之缘。文人写的关于茶的作品浩如烟海，内容丰富、体裁多样、题材广博，茶的精神在文人的品评、理解下得到了开发和升华。文人以其特有的创造文化、传播文化的方式成全了茶，将茶发扬光大，推广与普及饮茶和茶文化，将茶送入寻常百姓家。

茶诗所涉内容甚多，有抒发品茶心得的，有赞叹、推荐名茶、名泉的，有描写茶具的，有写煎茶、分茶、斗茶的，有颂茶神的，有写茶农茶事活动的，有写茶叶经济贸易活动的，可谓无所不包。文人在作诗时写进了自己的感悟，赋予了茶活的精神，具有艺术性。文人主观上作诗写茶，但在客观上却是以直接或间接的形式推广着饮茶，推动着茶经济不断发展。

中国古代有许多文人作茶诗茶词，李白、杜甫、杜牧、白居易、卢仝、陆羽、柳宗元、刘禹锡、温庭筠、颜真卿、皎然、皇甫冉、皮日休、苏轼、苏辙、范仲淹、梅尧臣、曾巩、黄庭坚、陆游、杨万里、朱熹、黄宗羲、曹廷栋等，不胜枚举。

下面仅挑选几首有代表性的脍炙人口、广为流传的唐宋茶诗词佳作，揭示茶文化的对唐宋茶叶发展的重要作用。

陆羽作有茶诗《六羡歌》："不羡黄金罍，不羡白玉杯。不羡朝入省，不羡暮入台。千羡万羡西江水，曾向竟陵城下来。"陆羽一生致力茶学研究，淡薄名利，不爱钱财，不慕高官，只羡慕故乡的西江水。这首诗通俗易懂，表明了陆羽的恬淡志趣和不同流俗的高贵品格。

元稹《一字至七字诗·茶》："茶，香叶，嫩芽。慕诗客，爱僧家。碾雕白玉，罗织红纱。铫煎黄蕊色，碗转麴尘花。夜后邀陪明月，晨前命对朝霞。洗尽古今人不倦，将至醉后岂堪夸。"元稹宝塔诗形式别具特色，对茶的精神与茶功的描写精辟入理。卢仝《走笔谢孟谏议寄新茶》："一碗喉吻润，两碗破孤闷。三碗搜枯肠，惟有文字五千卷。四碗发轻汗，平生不平事，尽向毛孔散。五碗肌骨清，六碗通仙灵七碗吃不得也，唯觉两腋习习清风生。"卢仝"七碗茶"诗为茶诗中精品，将饮茶的神效由一碗至七碗刻画得出神入化，也表现了作者对茶的精神理解达到了极致。

范仲淹的《和章岷从事斗茶歌》将茶人斗茶情景描写得出神入化。其诗云："年年春自东南来，建溪先暖冰微开。溪边奇茗冠天下，武夷仙人从古栽。新雷昨夜发何处，家家嬉笑穿云去。露芽错落一番荣，缀玉含珠散嘉树。终朝采掇未盈襜，唯求精粹不敢贪。研膏焙乳有雅制，方中圭兮圆中蟾。北苑将期献天子，林下雄豪先斗美。鼎磨云外首山铜，瓶携江上中泠水。黄金碾畔绿尘飞，紫玉瓯心雪涛起。斗余味兮轻醍醐，斗余香兮薄兰芷。其间品第胡能欺，十目视而十手指。胜若登仙不可攀，输同降将无穷耻。于嗟天产石上英，论功不愧阶前蓂。众人之浊我可清，千日之醉我可醒。屈原试与招魂魄，刘伶却得闻雷霆。卢仝敢不歌，陆羽须作经。森然万象中，焉知无茶星。商山丈人休茹芝，首阳先生休采薇。长安酒价减千万，成都药市无光辉。不如仙山一啜好，泠然便欲乘风飞。君莫羡，花间女郎只斗草，赢得珠玑满斗归。"斗茶是始于五代而兴盛于宋的品茶艺术。斗茶要有茶中高手，当然也少不了名茶好水。范仲淹斗茶诗开始便赞叹建溪武夷贡茶，"溪边奇茗冠天下，武夷仙人从古栽"，并着重刻画斗茶境界，意境如真如幻，似入仙境，斗茶胜者"胜若登仙不可攀"，这好茶使长安酒价和成都的药市都黯然失色，什么也比不了"仙山一啜""泠然便遇乘风飞"的生活。

苏轼《月兔茶》行文更为奇特，他称颂月兔团茶的精美，使多情的公子都不忍拿它来斗。其诗云："环非环，玦非玦，中有迷离玉兔儿。一似佳人裙上月，月圆还缺缺还圆，此月一缺圆何年。君不见斗茶公子不忍斗小团，上有双衔绶带双飞鸾。"苏轼《次韵曹辅寄壑源试焙新芽》有"从来佳茗似佳人"的诗句在文人心目中，好茶就和佳人一样令人心生爱慕，令人赏心悦目、心旷神怡。在古代诗词中佳茗与佳人往往相提并论。

宋朝茶词往往与宴会密不可分，它不仅丰富了茶文化，还给宋朝城市经济生活注入了活力。茶诗、茶词以其巨大的文化影响力对饮茶在整个社会各个阶层中产生了潜移默化的推广作用，传播了茶文化，推广了茶经济。

名茶闻名于世，与名人的歌颂和推崇分不开。例如，江西修水双井茶的扬名就得力于有推崇之首功的北宋著名文学家、书法家黄庭坚。他的茶诗词颇多，且多为上乘之作。他利用自己的优势丰富并弘扬了中国茶文化，为茶业的发展做出了重大贡献，特别是为弘扬家乡双井茶做出了重大的贡献。除黄庭坚外，欧阳修对双井茶也有推崇之功，苏轼、司马光等对双井茶的扬名亦有重要作用。总之，双井茶的闻名直接受益于当时诸多知名文人，这也成为文人推广名茶的典型。

欧阳修是北宋文学家，字永叔，号醉翁、六一居士，庐陵（今江西吉安）人。欧阳修特别推崇修水双井茶，也为推广双井茶做出了重大贡献。其《双井茶》诗云："西江水清江石老，石上生茶如凤爪。穷腊不寒春气早，双井芽生先百草。白毛裹以红碧纱，十斤茶养一两芽。长安富贵五侯家，一啜犹须三月夸。宝云日注非不精，争新弃旧世人情。岂知君子有常德，至宝不随时变易。君不见建溪龙凤团，不改旧时香味色。"他对双井茶给予了很高的评价，写出了双井茶品质之佳、采摘之早、包装之精美、茶芽之珍稀、富家之爱慕，而后又联想到人们爱双井茶弃宝云、日注茶的争新弃旧世态人情，规劝人们应有常德，不随波逐流，就像龙凤团一样，香味隽永如初。这几句诗，既批判世人无常德，又借此抬高双井茶，用意甚妙。

欧阳修对双井茶的赞美起到了很大的宣传功效，甚至有许多人是从欧阳修这里了解到双井茶的。正如梅尧臣在《宴成续太祝遗双井茶五品茶具四枚近诗六十篇》中所云："始于欧阳永叔席，乃识双井绝品茶。"

对双井茶闻名有首功的黄庭坚，字鲁直，号山谷道人，又号涪翁，洪州分宁（今江西修水）人，宋代杰出诗人和书法家。双井茶产于修水县双井村，该村江边有座石崖形成的钓鱼台，台下有两井，在一块石崖上镌刻着黄庭坚手书的"双井"两字。双井茶的举世闻名离不开黄庭坚的推崇。黄庭坚曾作诗表达对家乡双井茶的赞美之情："山谷家乡双井茶，一啜犹须三日夸。暖水春晖润畦雨，新条旧河竟抽芽。"又有《戏答荆州王充道烹茶四首》诗云："龙焙东风鱼眼汤，个中即是白云乡。更煎双井苍鹰爪，始耐落花春日长。"

元祐二年，黄庭坚在京任职时，收到老家送来的双井茶，于是赠茶给老师苏轼，并附诗《双井茶送子瞻》云："人间风日不到处，天上玉堂森宝书。想见东坡旧居士，挥毫百斛泻明珠。我家江南摘云腴，落磑霏霏雪不如。为公唤起黄州梦，独载扁舟向五湖。"玉堂：官署名，汉侍中有玉堂署。宋以后翰林院亦称玉堂。苏轼当时任翰林院学士。玉堂也指神仙居住处。此句也与上句"人间风日不到处"桂呼应。"挥毫百斛泻明珠"意即诗作数目多，质量佳。从前四句不难看出黄庭坚对老师苏轼的敬仰之情。而重点在后几句，黄庭坚向老师赠茶，对家乡双井茶赞誉之情溢于言表，茶叶"云腴"白而肥润，"落磑霏霏雪不如"，可见，双井茶确为茶中极品，饮下双井茶，可以引起茶人思绪万千。黄庭坚《双井茶送子瞻》诗使双井茶名噪京师。

欧阳修、黄庭坚、苏轼这三位名满天下的大文豪对双井茶的推崇无疑就是宣传、推广双井茶的最好广告词。得益于三位名人，双井茶才能名声大噪，在当时便名扬天下，被列入贡茶，可谓盛极一时。可见，在茶叶名品的形成过程中，名人效应极为重要。双井茶的闻名也是文化在茶叶名品形成过程中起巨大助推作用的最好例证。

二、茶馆文化对唐宋茶叶发展的助推作用

茶馆在古代也叫茶肆、茶坊、茶屋、茶摊、茶铺等。唐代封演《封氏闻见记》云："自邹、齐、沧、棣，渐至京邑，城市多开店铺，煎茶卖之，不问道俗，投钱取饮。其茶自江淮而来，舟车相继，所在山积，色额甚多。"这反映了在唐朝封演生活的时代，茶叶生产和贸易规模相当大，且至迟在唐朝就出现了以卖茶为主要经营项目的茶铺，而且在北方许多城市都开有茶馆。《旧唐书·王涯传》中也有关于茶馆的记载："李训事败，……涯等仓惶步出，至永昌里茶肆，为禁兵所擒，并其家属婢，皆系于狱。"从以上史料可以推断，茶铺最初出现在市场上的时间比唐朝封演写书时间早得多。茶铺的出现是与茶叶经济发展到一定水平以及饮茶知识的推广和普及、商业的发展分不开的。

宋朝商品经济发达，城市显示出前所未有的活力，各行各业兴旺发达，市民生活丰富多彩，许多有关宋朝社会和城市生活的著作出现，如《东京梦华录》《都城纪胜》《西湖老人繁胜录》《梦粱录》《武林旧事》等都是当时著名的城市文学作品。这些作品涉及城市生活的方方面面，当然少不了与市民日常生活息息相关的茶楼酒肆的记载。孟元老在《东京梦华录》民俗部分中如此概括服务行业的兴盛状况："所谓花阵酒池，香山药海，别有幽坊小巷。燕馆歌楼，举之万数，不欲繁碎。"宋朝是茶馆业大发展时期。这一时期茶馆行业兴盛，茶馆文化已基本成型，

此后明清时期茶馆文化不断发展完善，茶馆文化逐渐走向市民化。宋代茶馆种类多样，经营范围广，消费对象几乎囊括社会各个阶层，明清时期也基本没有超出宋朝茶馆业经营范围。

茶馆的出现与当时茶经济发展到了相当高的程度以及饮茶在社会上得到普及密不可分。茶馆行业的兴盛与茶叶生产、贸易和商品经济息息相关。没有茶叶生产的高度发展，茶业也便没有发展的基础。有人说茶馆文化是在商品经济发展的社会背景下，与市民文化相碰撞而产生的。茶馆文化是茶文化的一个分支，它是在茶馆业发展到一定程度后，在竞争中，为迎合各种消费阶层口味，自觉或不自觉地吸收有关的文化或娱乐内容而形成的。这些入驻茶馆的文化或娱乐成分并非简单与茶馆结合，而是渗透到整个茶馆业，并显示出很强的生命力，最终与茶馆业形成了一个密不可分的整体，这就是中国茶馆文化。茶馆文化不仅直接为中国茶文化增添了新的内容，还直接促进了茶馆经济的发展，推动了茶经济的发展。

（一）茶馆包容性强

茶馆不仅仅是几套桌椅、几壶茶水，随着城市经济的发展、市民生活内容的丰富、茶文化的形成以及茶文化自身魅力的凸显，茶馆也在不断发扬光大。小小茶馆却能反映整个社会的市民生活，茶馆是饮茶在社会各个阶层中得到普及的表现。无论是贩夫走卒、商贾大家，还是达官贵胄、文人墨客，都是茶馆的常客，在茶馆可以休息、喝茶、解渴，商贾可以谈生意、做买卖，达官贵胄可以大宴宾朋，文人墨客可以三五知己小聚、鼓瑟弄琴、吟诗作词。茶馆是最具有平民气息的公共场所。自古以来，茶馆就是平民百姓纵横议论之所，也是三教九流汇集之地。道听途说、谈天说地、家事国事，茶馆是八方信息汇集之地。也正因为茶馆包容性强，可接纳各个不同阶层人士，具有广泛的社会基础，才使得茶馆生命力旺盛，日益发达。

（二）茶馆经营范围广

1. 茶馆类型多样

茶馆经营范围广，经营方式灵活多样，为吸引各个阶层消费者提供了良好条件。宋代茶馆有专营茶水的清茶坊、艺茶坊等，有兼营饭菜的分茶酒店。另外，经营茶水方便灵活，除固定茶肆之外，还有流动茶摊，服务全面周到，除售茶外，还替人传讯捎物。吴自牧在《梦粱录》中说："巷陌街坊，自有提茶瓶沿门点茶，或朔望日，如遇凶吉二事，点送邻里茶水，倩其往来传语。"由此可见，茶馆经营范围大，适应力强，为茶馆容纳各色人等打下了基础。

2.茶馆经营品种超出茶水

茶馆里经营品种已经超出了茶的范围，茶馆不仅提供各种茶水，还根据季节变化添卖各种时兴饮品。《梦粱录》记载："今杭城茶肆亦如之，……四时卖奇茶异汤，冬月添卖七宝擂茶、馓子、葱茶，或卖盐豉汤，暑天添卖雪泡梅花酒，或缩脾饮暑药之属。"

另外，茶馆还兼营饭店、酒肆业务，甚至以饭店、酒肆业务为主，提供茶水反而成了次要业务，只不过为多多网罗顾客罢了。《东京梦华录》："大凡食店，大者谓之分茶。"酒楼与茶肆在宋朝饮食业中界限是相当模糊的，酒楼并非专卖酒菜，茶肆也并非仅仅经营茶水，酒与茶往往相提并论。《东京梦华录》："凡店内卖下酒厨子，谓之茶饭量酒博士。"由此可见，当时人们就已酒、茶、饭并用了。伊永文说："小酒店承担了大酒楼不愿和不能承担的经营项目，从而使整个酒楼行业结构更为合理。就如茶酒店，实际它并不卖茶，以卖酒为主，兼营添饭配菜。而之所以被冠以茶字，就是因为茶肆是相对于酒楼的另一大类在宋代城市中最为普遍的饮食店，易为广大市民接受。……在宋代城市中，酒楼与茶肆像一对互相影响的伴侣，相辅相成，它们之间依扶着，并肩携手，共同迈进，在一种从未有过的城市天地里，掀起了一种超越前代启示后代的新的饮食风情。"这段话既概括出了在宋代茶楼已与酒楼地位对等，成为广大市民所接受的消遣场所，概括出宋代酒肆、茶肆、饭店已相互融合的饮食风尚。

3.茶馆服务不限于饮食

随着茶馆业的进一步发展，茶馆经营项目已不限于饮食，而是与当时社会各种娱乐项目结合起来。吴自牧在《梦粱录》中说："大凡茶楼多有富室子弟、诸司下直等人会聚，习学乐器、上教曲赚之类，谓之挂牌儿。""大街有三五家开茶肆，楼上专安著妓女，名曰花茶坊，如市西坊南潘节干、俞七郎茶坊，保佑坊北朱骷髅茶坊，太平坊郭四郎茶坊，太平坊北首张七相干茶坊，盖此五处多有吵闹，非君子驻足之地也。"周密在《武林旧事》中亦有类似记载："平康诸坊，如上下抱剑营、漆器墙、沙皮巷、清河坊、融和坊、新街、太平坊、巾子巷、狮子巷、后市街、荐桥，皆群花所聚之地。外此诸处茶肆，清乐茶坊、八仙茶坊、珠子茶坊、潘家茶坊、连三茶坊、连二茶坊，及金波桥等两河以至瓦市，各有等差，莫不靓妆迎门，争妍卖笑，朝歌暮弦，摇荡心目。凡初登门，则有提瓶献茗者，虽杯茶亦犒数千，谓之点花茶。"由此看来，当时许多茶馆实际上只是借茶坊之名，行妓院之实，这是因为茶楼在宋代已成为市民普遍接受的休闲之地，故有人借茶楼以召妓。

在茶馆可以看到中国茶文化的方方面面，如茶人佳作、茶舞茶曲、茶艺、茶礼、茶俗等等。茶文化与茶馆的结合可谓相得益彰，促进了茶馆经济的发展，而且茶文化在茶馆安营扎寨又增添了茶文化的内容，茶馆也成了茶文化不断丰富、推广、发展的一个重要阵地，是茶文化宣传和推广的物质媒介载体。在茶业发展史上，茶馆是功不可没的。

茶馆有了茶文化就有了生命，茶文化有了茶馆就有了肥沃的生长土壤。茶馆文化随着时代的需要而不断革新，充分显示了它为经济服务的根本目的。中国茶业离不开茶文化，茶文化与茶馆业的结合就是最显而易见的例子。文化推动经济的发展，经济又带动文化的持续发展。

第三节　基于市场角度探析唐宋茶业商业化经济的演变及发展

一、茶业商业化经济的出现及演变

茶业即与茶有关的行业，它不简单是茶的使用，还包括茶的种植、茶的生产加工和茶的销售等经济活动。那么，茶业又是从什么时候开始的呢？有一种说法是茶业从秦占领蜀地后才逐渐开始向外传播开来。秦人取蜀是在秦惠王后元九年，及公元前316年，这就表明在战国时期茶业就已经存在了，其起源地应为古代的巴蜀地区。从其他一些史料中我们也可以加以证明，如常璩《华阳国志·巴志》中描写巴地情况说："园有芳蒻、香茗。"这说明人们已开始种植茶树。周武王时期，巴地以茶为贡品。茶既然已成为贡品，可见巴地茶业已经发展到一定阶段了。《华阳国志·蜀志》中记载蜀地的情况时说："蜀王别封弟葭萌于汉中，号苴侯，命其邑曰葭萌。"人名和地名都以"葭萌"命名，显见他们对"葭萌"的崇敬之心。这里的"葭萌"到底是什么呢？明代杨慎在其书《郡国外夷考》中说："《汉志》葭萌，蜀郡名。萌音芒。《方言》，蜀人谓茶曰葭萌，盖以茶氏郡也。"由此我们不难看出，那一时期当地茶业的发展状况。据上所述，我们可以认为巴蜀地区是我国茶业的起源地。

茶类物品经历了药用、食用、饮用到茶业的大致历程。作为一种行业经济，茶业从巴蜀之地逐渐向外扩散。随着历史进程的推进，在更多的史料中，我们也越来越多地看到了"茶"的身影，以及作为一种行业经济，其不间断的发展历程。

　　秦取巴蜀之后，茶业开始向外传播，但直到唐代以后，茶业经济才真正兴盛起来，形成规模。总体来讲，唐代之前的茶业发展还相当薄弱，茶品并未走进大多数普通人的生活当中，有关茶业的史料自然也相对较少。关于茶业的记载较为具体的要数西汉王褒的《僮约》，其中出现了"烹茶尽其铺""武阳买茶"两句。既然是"买茶"，说明当时已经有了茶叶市场。总的来说，茶在汉朝有了一定的发展，成为达官贵人和上层僧人的奢侈品，至魏晋南北朝时期，茶业有了进一步发展。

　　南北朝时期佛教盛行，佛家利用饮茶来驱乏解困，于是在寺田里普遍种植茶树，在某种程度上，佛教促进了茶业的发展。到了唐代，茶逐渐成为普通人家的饮品。陆羽《茶经》的问世即是茶业兴盛的写照，其对茶业的发展起到了极大地推动作用。朱自振在《茶史初探》中说："唐朝，具体说是唐代中期以后，在我国茶业和茶叶文化发展史上，是一个有划时代意义的重要时代。史称茶兴于唐或盛于唐。"

　　由于茶叶消费需求量的增加，茶叶生产扩大，茶叶市场也就有了很大的发展空间，茶叶种植随之走向专业化、区域化、商品化。如安徽祁门县，"且邑之编籍民五千四百余户，其疆境亦不为小，山多而田少，水清而地沃。山且植茗，高下无遗土，千里之内，业于茶者七八矣"。❶ 由于茶叶的种植利润较大，茶园户自然会不断增多，种植规模也将逐渐扩大。随着茶叶种植面积的不断扩大，便形成了草市，用于茶叶交易。种茶可获利，贩茶更可获厚利。因此，每当收获时节，茶商即争相到茶地采购，促使茶业经济走向兴盛。

　　此外，浮梁（今江西景德镇）北也是规模较大的茶叶贸易集散地。白居易《琵琶行》中就有"老大嫁作商人妇，商人重利轻别离。前月浮梁买茶去，去来江口守空船"的诗句。《元和郡县志》也记载浮梁"每岁出茶七百万驮，税十五余万贯"。《太平广记》记载，一个都阳安仁里的百姓叫吕磺，他"以货茗为业，来往于淮浙间。时四方无事，广陵为歌钟之地，富商大贾动逾百数。磺明敏，善酒律，多与群商游"。作为一普通百姓，经过多年的贩茶经历，其能够在广陵与富商大贾结交为伍，可见茶叶利润之丰厚。《唐阙史》中也记载，河南富商王可久"岁鬻茗于江湖间，常获丰利而归"。

　　伴随着唐代茶业经济的兴起，一系列茶业经济政策颁行其目的除了加强管理之外，更重要的是要借助茶业增加政府的财政收入。因此，唐代实行税茶、榷茶

---

❶　马焱霞. 中国古代茶业的发展以及对茶文化作用的探析 [D]. 南京师范大学，2008：36.

等政策。据宋人章若愚《群书考索》记载："茶之有税始于赵赞，张谤继之，岁得钱四十万。"唐德宗建中三年（782年），户部侍郎赵赞条奏："诸道要津都会之所，皆置吏，阅商人财货。计钱每贯税二十文。天下所出竹木茶漆，皆什一税之，以充常平本钱。"但至兴元元年（784年）大赦改元时停罢。贞元年间又复征茶税。诸道盐铁使张谤奏曰："伏以去岁水灾，诏令减税，今之国用，须有供储。伏请于出茶州县及茶山外商人要路，委所由定三等时估，每十税一，充所放两税。"

自此以后，税茶成为定制。"每岁得钱四十万贯，然税无虚岁"。茶税逐渐成为唐代的重要税种，为缓解财政压力发挥了重要作用。面对丰厚的茶税收入，之后的唐政府不断提高税率，严重挫伤了茶业经济的发展。安史之乱后，社会生产不仅遭到严重破坏，藩镇割据现象也十分严重。穆宗即位后，"两镇用兵，帑藏空虚。禁中起百尺楼，费不可胜计"。于是，盐铁使王播请求增收茶税，"率百钱增五十"。文宗时期，实行了榷茶政策。据《新唐书·郑注传》记载："帝问富人术，以榷茶对。其法欲置茶官。籍民圃而给其直，工自撷暴，则利悉之官。帝始诏王涯为榷茶使。"官府开始垄断茶叶货源和价格，以获得更多的茶利收入。榷茶政策在很大程度上破坏了原有的茶叶生产与贸易秩序，招致天下大怨。之后，随着郑注、王涯集团的覆灭，唐代的榷茶政策也宣告失败。之后由令狐楚主持茶政，他改变了王涯的榷茶政策，主张"一依旧法，不用新条。惟纳榷之时，须节级加价，商人转卖，必较稍贵，即是钱出万国，利归有司。既无害茶商，又不扰茶户"。

由政府监督茶叶贸易，并仍征茶税。面对茶叶走私十分严重的情况，为使政府财政收入不受太大损失，宣宗大中六年（852年），盐铁转运使裴休"立税茶之法凡十二条"，严厉打击茶叶走私，既增加了政府收入，又保护了守法商人的利益。唐代茶业经济的发展，茶业政策的完善，使唐政府的茶税收入不断提高。至宣宗大中六年，"天下税茶增倍贞元"，每年收入已超过八十多万贯。茶税收入在一定程度上缓解了唐政府财政紧张的情况，对延缓唐朝的灭亡也起到了一定的作用。值得注意的是，唐政府增加茶税，限制茶园户和茶商的举措，使社会矛盾复杂化，增加了社会的不稳定因素。在唐代，西北、西南等少数民族，开始用马匹等物品与中原进行茶叶交换，即所谓的"茶马贸易"。唐政府认识到，茶马贸易不仅可使朝廷获利，还可对不产茶的边区少数民族产生某些制约作用。于是，茶马互市在政府的倡导下逐渐发展起来。

据《新唐书》记载："其后尚茶成风，时回纥入朝，始驱马市茶。"这是有关茶马互市的最早文献记载。不过，此时的茶马贸易并不普遍。《封氏闻见记》中说："往年回鹘入朝，大驱名马市茶而归，亦足怪焉。"可见，当时的茶马贸易还并非常规事务之属。此后，随着少数民族地区饮茶风气的日益盛行，茶马贸易便不断发展起来。正因如此，自唐代以后，茶业作为一个重要的经济领域，在政府财政收入的增加、商业经济的发展、边区的社会稳定与进步、人们的日常生活等方面发挥着重要的作用。

二、以宋代为例探析茶业经济的发展

（一）茶叶的生产与加工

1.茶叶的生产

宋代茶树栽培技术有了很大的改进，茶叶生产管理得到重视，促进了宋代茶叶生产的发展，其茶叶产区在唐代的基础上逐渐扩大，茶叶产量空前提高。

宋代的茶叶主要产于长江以南地区，其覆盖的州、郡数量远比唐与五代多，并在原先旧的产茶区基础上又向周边地区辐射，增添了一些新兴的产茶区，如江东西、福建、两浙、广南、荆湖南北、川峡成都府、梓州、利州、夔州等地。关于宋代茶叶的产量问题，因包含多方面的因素而较难估量，但可依据宋代榷茶制度中所显示的买茶数额，以及折税茶、贡茶、耗茶、私茶、食茶和大小斤等的情况，推算出宋代茶叶的大致产量。据《宋史·食货志》记载，北宋前期的买茶额，淮南"总为岁课八百六十五万余斤"，"江南千二十七万余斤，两浙百二十七万九千余斤，荆湖二百四十七万余斤，福建三十九万三千余斤"，总计岁课茶为二千三百六万二千余斤，且在不断变化中。

宋代贩卖私茶现象严重，私茶数量未得到官方统计，我们只能对私茶进行估算，它应不超过总额的二分之一，否则宋代茶法将出现危机。宋代食茶（"民之欲茶者售于官，给其日用者，谓之食茶"）因其数量较少将不计入产茶总量。宋代还存在大小斤的问题，因其标准无法统一，且折算后用处不大，在此不再探讨。若将所有因素考虑进去，北宋茶叶产量约在七千万斤至八千万斤，接近现在的一亿市斤。到了南宋时期，除淮南产茶区受宋金战争的影响外，其他产茶区变化不大，至少与北宋时期的产茶量相当。

2.茶叶的加工

在茶叶的加工方法上，宋代各地并未统一，各个地区对茶叶的加工各行其道，先进技术与落后工艺并存。就记载最为详尽的北苑贡茶来说，它的加工方法大概包括采茶、拣茶、蒸茶、榨茶、研茶、造茶和过黄七道程序，每个程序都要求严格，分工细致。

　　首先是采茶。采茶的时间十分有讲究，"建溪茶比他郡最先，北苑、壑源者尤早，岁多暖则先惊蛰十日即芽，岁多寒则后惊蛰五日始发。先芽者气味俱不佳，唯过惊蛰者最为第一"。● "芽发时尤畏霜，有造于一火、二火者皆遇霜，而三火霜霁，三火之茶胜矣。"● 这里的"一火、二火、三火"指的是前三轮分别采的茶芽。"采茶之法，须是侵晨，不可见日。侵晨则夜露未晞，茶芽肥润，见日则为阳气所薄，使芽之膏腴内耗，至受水而不鲜明。"● 这是说采茶的时间必须在太阳未出来之前，否则茶叶就变得不饱满，到泡水的时候颜色就有所折损了。"而于采摘亦知其指要，盖以指而不以甲，则多温而易损。以甲而不以指，则速断而不柔。"● 这是对采茶手法的要求，要以指甲掐而不是用指头摘，因为指头的温度会让茶叶变软，指甲则能迅速掐下茶叶，避免对茶叶的伤害。

　　然后要拣茶。茶叶在采摘后分为六类，即小芽、水芽、中芽、紫芽、白合、乌带。"小芽者，其小如鹰爪……以其芽先次蒸熟，置之水盆中，剔取其精英，仅如针小，谓之水芽，是小芽中之最精者也。中芽，古谓之一枪二旗是也。紫芽，叶之紫者也。白合，乃小芽有两叶抱而生者也。乌带，茶之带头是也。凡茶以水芽为上，小芽次之，中芽又次之，紫芽、白合、乌带皆在所不取，使其择焉而精，则茶之色味无不佳。"● 这是对如何挑拣茶叶以及判定茶叶品级的初步标准。"不去乌带，则色黄黑而恶。不去白合，则味苦涩。"● 这是捡茶过程中尤其需要注意的，乌带和百合必须去除，否则再好的茶叶都会口感不佳。拣好的茶要经过蒸制。"再四洗涤，取令洁净。然后入甑，候汤沸蒸之。然蒸有过熟之患，有不熟之患。过熟则色黄而味淡，不熟则色青易沉，而有草木之气。"● 对于蒸茶火候的要求，过轻或过重都不好，唯有刚好蒸熟才能成为上品。接着是榨茶。蒸熟了的茶叶，还要榨去水分，"须淋洗数过（欲其冷也），方入小榨，以去其水，又入大榨，出其膏。水芽则以高榨压之，以其芽嫩故也。先是包以布帛，束以竹皮，然后入大榨压之，至中夜取出揉匀，复如前入榨，谓之翻榨。彻晓奋击，必至于干净而后已。盖建茶之味远而力厚，非江茶之比。江茶畏沉其膏，建茶唯恐其膏之不尽，膏不

● 马焱霞 . 中国古代茶业的发展以及对茶文化作用的探析 [D]. 南京师范大学，2008: 37.
● 马焱霞 . 中国古代茶业的发展以及对茶文化作用的探析 [D]. 南京师范大学，2008: 37.
● 马焱霞 . 中国古代茶业的发展以及对茶文化作用的探析 [D]. 南京师范大学，2008: 37.
● 马焱霞 . 中国古代茶业的发展以及对茶文化作用的探析 [D]. 南京师范大学，2008: 37.
● 马焱霞 . 中国古代茶业的发展以及对茶文化作用的探析 [D]. 南京师范大学，2008: 37.
● 马焱霞 . 中国古代茶业的发展以及对茶文化作用的探析 [D]. 南京师范大学，2008: 37.
● 马焱霞 . 中国古代茶业的发展以及对茶文化作用的探析 [D]. 南京师范大学，2008: 37.

尽，则色味重浊矣。"❶ 江茶与建茶相比，不可榨得过干，因为它的味道不如建茶浓厚，必须留一定的茶汁，这样制成的茶饼才有光泽。

下一步是研茶。榨好的茶叶还要进行研磨，"研茶之具，以柯为杵，以瓦为盆"，榨过了的茶叶要放在陶盆里面研磨，过程中要多次加水，"分团酌水，亦皆有数，上而胜雪、白茶以十六水，下而拣芽之水六。小龙凤四，大龙凤二，其徐皆十二焉。自十二水而上，曰研一团，自六水而下，曰研三团至七团。每水研之，必至于水干茶熟而后已，水不干则茶不熟，茶不熟，则首面不匀，煎试易沉，故研夫尤贵于强有力者也。"❷ 这就要求研茶者不但要把握火候，还要具备一定的力气。之后就是造茶。茶叶在研好后需要定型，经过揉匀，然后入模，压成饼状。茶饼边缘套有银圈、铜圈和竹圈之类，有的银圈、铜圈还带有龙凤图纹。"造茶旧分四局，匠者，起好胜之心，彼此相夸，不能无弊，遂并而为二焉，故茶堂有东局、西局之名，茶銙有东作、西作之号。"❸

最后是过黄。茶饼定型之后，还要过黄，也就是焙干。"初入烈火焙之，次过沸汤滥之，凡如是者三。而后宿一火，至翌日，遂过烟焙之。火不欲烈，烈则面炮而色黑。又不欲烟，烟则香尽而味焦……凡火之数多寡，皆视其銙之厚薄。銙之厚者，有十火至于十五火。銙之薄者，八火至于六火。火数既足，然后过汤上出色。出色之后，置之密室，急以扇扇之，则色泽自然光莹矣。"❹ 这是使茶叶最后变为成品的关键工序。经过这道工艺，不但使茶叶便于保存，还保留了茶叶自然的光泽和美感。在茶叶的加工技术方面，宋代也有较大改进。以"捣"的工序为例，在唐代，人们主要使用柞臼，劳动强度大，耗时耗力，效率较低。到宋代则已经普遍使用碾磨了，一些地方还开始用水力碾磨茶叶，这种茶被称作"水磨茶"。水磨方式的采用，是宋代茶叶加工技术的重大革新，凡是有江河的地方，水磨都可方便地用于茶叶制造。这不仅节省了人力，还有效降低了茶叶成本，使质量更有保障。"初，元丰中修置水磨，止于在京及开封府界诸县……其后遂于京西郑、滑、颍昌府，河北擅州皆行之……水磨自元丰创立，止行于近歌，昨乃分配诸路。"❺ 至北宋末期，水磨已应用得相当广泛，粮食加工业也开始

❶ 马焱霞. 中国古代茶业的发展以及对茶文化作用的探析 [D]. 南京师范大学，2008: 37.
❷ 马焱霞. 中国古代茶业的发展以及对茶文化作用的探析 [D]. 南京师范大学，2008: 37.
❸ 马焱霞. 中国古代茶业的发展以及对茶文化作用的探析 [D]. 南京师范大学，2008: 37.
❹ 马焱霞. 中国古代茶业的发展以及对茶文化作用的探析 [D]. 南京师范大学，2008: 37.
❺ 马焱霞. 中国古代茶业的发展以及对茶文化作用的探析 [D]. 南京师范大学，2008: 37.

使用水磨了。水磨的发明,对宋代生产力的发展起了重要的推动作用,同时是宋代生产力发展水平的具体表现。宋代的茶叶加工有官焙和民焙之分,"官私之焙千三百三十有六",其中"官焙三十二所",官焙所占比重虽小,但其地位相当重要。宋代的贡茶大多出于福建北苑,北苑龙焙也就成为宋代贡茶加工的主要地点。宋太宗太平兴国年间,建御苑于南唐的北苑,北苑龙焙由此兴盛起来,"茶自北苑上者,独冠天下,非人间所可得也"。北苑在建州东凤凰山一带,"广袤三十余里,自官平而上为内园,官坑而下为外园",常常"役夫一千余人"。北苑茶叶加工讲求精益求精,因其有优越的条件,宋徽宗在《大观茶论》中夸耀说:"采择之精,制作之工,品第之胜,烹点之妙,莫不盛造其极。"北苑所造茶叶品种之精,技术之先进,对推动茶叶加工技术的进步做出了突出贡献。私有茶园是宋代商品茶的主要提供者,规模相当庞大,在茶叶加工时节会雇用大批人员从事劳作。民焙主要以营利为目的,整体茶品无法与贡茶相媲美,但有些民焙茶品也相当精美,如"壑源诸处私焙茶,其绝品亦可敌官焙,自昔至今,亦皆入贡,其流贩四方,悉私焙茶耳"❶。因茶叶加工需要一定的技术,所以选择"土著及谙熟之人",另外还会招募大批的贫民,"每日雇钱六十文,并口食在外,其茶破人四工,只作得茶一袋,计十八斤"❷。研茶工匠的待遇更是低下,起初还要剃去头发和胡须,到至道二年(996 年)稍有改善,"先是,研茶丁夫悉剃去须发,自今但幅巾洗涤手爪,给新净衣"。宋人认为,采摘制作的贡茶,时间越早越好,因此为了制作贡茶,官焙的监督人员会督促工匠日夜赶制,有些工匠无法忍受如此大的劳作量,逃亡现象时有发生。

宋代对茶叶生产和加工的管理模式也不断改进,但有时过于严格、死板而缺乏灵活性。"昔茶未有榷,民间采茶凡有四色牙茶、早茶、晚茶、秋茶是也。采茶既广,茶利自倍。"❸榷茶后,主要以采摘春茶为主,茶农利益受损。后经苏辙茶法改革,茶农仍可采摘秋茶等其他茶叶,这不仅为茶农增加了利润,还充分利用了茶叶资源,说明在这些方面也逐渐向精耕细作的管理模式转化。宋代贡茶中的佼佼者是龙凤团茶、小龙团茶、密云龙茶、龙团胜雪等,这些精品、名品之茶都是在不断改进生产和加工技术的基础上制作出来的,可见宋代对技术创新的管理也不断加强。此外,宋代北苑贡茶对采茶时间的限制也十分严格,如"每日常以五

---

❶ 马焱霞 . 中国古代茶业的发展以及对茶文化作用的探析 [D]. 南京师范大学,2008: 37.
❷ 马焱霞 . 中国古代茶业的发展以及对茶文化作用的探析 [D]. 南京师范大学,2008: 37.
❸ 马焱霞 . 中国古代茶业的发展以及对茶文化作用的探析 [D]. 南京师范大学,2008: 37.

更挝鼓，集群夫于凤凰山。监采官人给一牌入山，至辰刻复鸣锣以聚之，恐其逾时贪多务得也"。❶ 这种严格的管理模式，还表现在对研茶工人的种种限制以及超强度的工作上，这种模式挫伤了劳动者的积极性，成为后来北苑茶逐渐走向衰落的一个重要原因。

（二）茶叶的运输和贮存

1. 茶叶的运输

宋代茶业贸易兴盛，茶叶的运输自然是不可或缺的一部分，而运输的主体大体上是官府和商人。官府运输一般由厢军来承担，并在沿途设立有许多茶的递铺，如陕西"十五里辄立一铺，招兵五十人，起屋六十间"。某些时候，还会强迫沿途百姓充当劳力。除陆路外，水路运输也是茶叶运输的重要途径，且水运一般较陆运运费低，如"置百料船三十只，差操舟兵士六十人，军大将一人管押"，即可进行水路运输。但由于某些官员看管不严，办事不力，在运输中茶叶损耗严重，为此，宋廷开始利用一些商人参与茶叶运输事务。

商人一般要按照"交引法"及其他法的相关规定，才能获得茶叶及运输权利。南宋初年改革茶引法，对商人的限制有所放松，商人只要执引就可与茶园户进行直接交易。只要向官府缴纳一定的茶引钱，官府"无得干预茶商、茶户交易事"，这在很大程度刺激了茶叶的流通。

茶盐之利是宋朝重要的财政来源，"国家养兵之费，全藉茶盐之利"。为最大限度地保证这一财政来源，宋代几次对茶叶实行禁榷制度。但官府往往以低价从茶园户中收购茶叶，然后以高价售出，并存在价高质低的现象，这是对茶园户和茶商的重利剥削，因此茶叶走私往往能带来更大的利润。总的来讲，宋代茶叶走私人数多，成分也广泛而复杂，不仅有茶园户、茶商，还有官员、平民等加入其中，其规模不容忽视，有些时候甚至发展成大规模的武装走私，如江西一带，"盗贩私茶者，多辄千余，少亦百数。负者一夫，而卫者两夫，横刀揭斧，叫呼踊跃，以自震其威"。宋辽、宋金之间的边界地区，双方实行榷场贸易，对私自贸易实行各种形式的限制和打击，然而茶叶走私仍十分突出。那些小商贩往往以个人之力进行担挑步运式的走私，因其人数较多，走私数量相当庞大。而大商人则"多以大风雨夜，用小舟破巨浪，潜行搬置"，抑或与官府勾结进行走私贸易。面对严重的走私现象，宋朝官府曾制定多种政策、法规加以遏制。乾德二年（964年）规定，"敢藏匿而不送官及私贩鬻者，没入之。计其直百钱以上者，杖七十，八贯加流役。

---

❶ 马焱霞. 中国古代茶业的发展以及对茶文化作用的探析 [D]. 南京师范大学，2008: 37.

主吏以官茶贸易者，计其直五百钱，流二千里。一贯五百及持仗贩易私茶为官司擒捕者，皆死。"[1]

2.茶叶的贮存

茶叶制作好之后如何贮存，这是一项极其重要的工作。如果贮存方法不当，茶叶将会变潮、串味，茶叶本来的色、香、味会受到很大的影响。唐人陆羽在《茶经》中说："育，以木制之，以竹编之，以纸糊之。中有隔，上有覆，下有床，傍有门，掩一扇。中置一器，贮搪煨火，令温温然。江南梅雨时，焚之以火。""育者，以其藏养为名夕。"可见，唐代利用"育"这一藏茶工具，并借助火来加温除潮，贮存茶叶。北宋前期，大都沿袭唐代的贮藏方法，后来逐渐有所改进。蔡襄《茶录》中介绍了密封藏茶的方法："茶不入焙者，宜密封，裹以蒻，笼盛之，置高处，不近湿气。""蒻"即嫩的香蒲叶，具有防潮的功效，所以宋人常用此包裹茶叶。《大观茶论·藏焙》中叙述了更好的藏茶方法，即要先将茶叶焙干，"以去水陆风湿之气"，但要掌握好火候，如果"内之湿润未尽，则复蒸矣"。焙好的茶叶，"以用久竹漆器中缄藏之，阴润勿开，如此终年再焙，色常如新"。此外，欧阳修的《归田录》中还记载了一种以茶养茶的方法："自景祐以后，洪州双井白芽渐盛，近岁制作尤精。囊以红纱，不过二两，以常茶十数斤养之，用避署湿之气。其品远出日注上，遂为草茶第一。"值得说明的是，宋代制茶以饼茶为主，饼茶紧密结实，不易潮湿变味，这种方法也为茶叶的贮存提供了便利。

（三）茶叶市场的分布与销售

1.乡村初级市场

随着人们对茶叶接受度的提高，饮茶作为一种生活方式日益普及。自唐代以后，茶叶的生产和销售呈现出逐渐繁荣的发展趋势。到了宋代，茶叶的生产、加工、销售体系更加健全，流程更加明晰，这主要体现在茶叶市场的多极化趋势不断发展。在这个体系当中，处于根本位置，发挥着基础性作用的，就是分布于广大乡村的初级市场。

所谓的初级市场，其"市场"内涵要小于我们今天所指的市场。事实上，在宋代的乡村，存在着三种形式的茶叶交易初级市场。

第一种是有形的非专卖性市场，即"草市"或"墟"。在这种约定俗成的定期或不定期的乡村小型集市上，茶农与其他农户、小商贩一起进入市场，将茶叶与其他农作物或是货品一齐投入商品流通当中。这不是一种茶叶的专卖市场，但它

---

[1] 马焱霞. 中国古代茶业的发展以及对茶文化作用的探析 [D]. 南京师范大学，2008: 38.

仍是一种源头市场，大量茶农园户通过这样的市场，将茶叶卖给前来收购的茶商或其他消费者。南宋周密在《山市晴岚》一画的提诗中生动描述了乡间草市买茶贩盐的景象："黄陵庙前湘竹春，鼓声坎坎迎送神。包茶裹盐作小市，鸡鸣犬吠东西邻。"这里所说的"小市"就是一种涵盖多种商品包括茶盐交易的农村小型集市。

第二种是有形的专卖性市场，也就是专门的"茶市"。这种茶市一般多设于产茶地区，如漆侠先生所划分的，以东南七路为主、苏杭为中心的东南产茶区，还有以成都府、兴元府和利州路为中心的川峡产茶区等。由于这些大型的产茶区，其茶叶生产比较集中，形成了一定的规模，茶叶产量大，吸引了众多茶商前来大批量采购，所以在当地形成了专门从事茶叶贸易活动的茶市。到南宋时期，这种茶市更加普遍。诗人陆游喜作茶诗，平生有茶诗三百余首。对于当时在绍兴很有名的兰亭茶市，他在《湖上作》中描写道："兰亭之北是茶市，柯桥以西多橹声。"《兰亭道上》中也有"兰亭步口水如天，茶市纷纷趁雨前"。兰亭位于绍兴至诸暨交通线上，地处会稽山麓，历来产茶甚多，故茶市兴隆。此外，绍兴镜湖周围的一些地方，在南宋时期也是"村墟卖茶已成市"，而这仅是江南一隅而已，在其他的产茶区，这类茶市也所见不鲜。

2. 中转市场

茶叶产区多分散于全国各地的丘陵或平原一带，对气候和湿度有一定要求，所以在很多地区，要想获得大量的茶叶货物，必须借助茶商长途跋涉从产地贩运至目的地。在当时交通并不方便的条件下，一趟运输和采购通常要经历月余或数月时间，经销地分散且运输路途遥远，而茶叶产地与最终销售地之间又不方便建立直接和连续的贸易关系，于是茶叶中转市场应运而生。在这种遍布全国的茶叶贸易网络上，中转市场就成为联系各个消费终端和原始产地的纽带，它是多个供应点和多个销售点的集合，在茶叶市场的运营中起着承上启下的作用。宋代茶叶的中转市场，按区域可划分为东南中转市场、以汴京为中心的北方中转市场、川陕中转市场以及面向少数民族地区的西南市场。

北方的茶叶中转市场主要分为汴京市场与京西、京东、河北、河东茶叶市场。汴京的茶叶主要从东南市场经过长江沿线的集中再远运而来，分东西两路，东路取道扬州走运河，西路取道庐州入颖河。西路虽水陆更替，但路线直缓，大多数淮西、江西商人取此道而北上，而东路是各地粮食财货的漕运主干道，自然也是茶叶北上的主要途径。

3. 茶马贸易

茶马贸易始于唐朝，当时回鹘人驱马来到大唐，以马易货，与当地人进行茶叶、盐铁、布帛等货品的交易，"茶马"一词便由此而来。到了五代时期，时局纷乱，茶马贸易曾一度趋于停滞。宋代重新一统政权，宋朝的统治者对此十分重视，茶马贸易又得以恢复和发展。对于边区少数民族来说，历经唐朝数百年的习惯变迁，他们清楚地认识到茶叶对消食和弥补蔬菜不足的功能，有的甚至对茶叶的需求到了依赖的程度。宋代自建国之初就一直与少数民族关系密切，北方外围先后出现的夏、辽、金政权，一直与宋朝形成对峙格局，时而威胁到宋王朝的统治。为此，宋朝对茶叶向少数民族地区的输出是有控制和调节的，也充分利用了北方少数民族马匹量多且优良的特点，通过茶马贸易补充国内战骑的不足。

宋朝设有专门的机构"茶马司"，以统筹与少数民族之间的贸易事务。茶马司是由两个独立的机构合并而成，一是买茶司，二是买马司。买茶司指的是北方少数民族到边境规定处所购买宋朝的茶叶，"夷人颇以良马至边，乞指挥买茶司速应副，从之"。而买马司指的是宋朝以茶叶等物品作为交换，向少数民族购买马匹。后因其所理事务原属同宗，干脆将其合为一司，即茶马司。据《宋史·职官志》记述，当时茶马司的职官分为三个等级：主管茶马、同提举茶马和都大茶马，分别按照资历和效绩授命。茶马职官权力较大，可以根据具体情况的变化增开茶马市场，对此其他各司均无权干预，人员限制也相对宽松。在互市的区域上，主要是现在陕西、四川接壤的边境地区，如甘、宁、青地区，"宋初，经理蜀茶，置互市于原、渭、德顺三郡，以市蕃夷之马熙宁间，又置场于熙河南渡以来……大率皆以互市为利，宋朝曲示怀远之恩，亦以是羁縻之"。❶ 可见，当时的茶马贸易，其主要目的并非是营利，而是一方面表示宋朝的友好姿态，另一方面通过控制茶叶等生活必需品的出口达到一定程度上控制少数民族政权的目的。同时，宋王朝希望通过这种贸易，随时了解各地区少数民族的情况，增强这些边区民族对中央王朝的向心力。

川陕地区和东南产茶区都是宋朝产量可观的茶叶生产基地，但与此不相适应的是当地农业经济的先决环境。这些地区的普通民众一般以粮食为主要食物，对肉类的需求相对较少，因此茶叶对他们而言只是一种生活的调剂品而非必需品，这就决定了这些地区的茶叶要另外寻找流通渠道，那就是西南沿边的少数民族地区。成都府路、利州路和梓州路北部地区的茶叶，主要向西流入吐蕃、向北输入熙河、秦凤等地。洋州因与秦凤路、京西路、永兴军路、夔州路毗连，其茶叶销

❶ 邵其会. 中国古代营销思想研究综述 [J]. 四川省干部函授学院学报，2017（01）：120-123.

售区域也十分宽广，"南入巴、达州，东北入金州、永兴军、凤翔府"。由于川茶的主要流向是西、北和南面的少数民族地区，于是在与宋朝接壤的一些少数民族边境，形成了一批以茶马贸易为主的新兴商业市镇。

有的少数民族部落没有马匹和现钱用来交易，就将"椒蜡草药之类，于铺户处换易茶货，归去吃用"。当时的茶叶价格最高时可以比马匹昂贵。宋初"陕西诸州岁市马二万匹，故于名山岁运二万驮"，而后渐有茶贱马贵的趋势。在这种情况下，少数民族人民还是竞相购买，只因为"或有疾病，用此疗治，且暮不可暂阙"。鉴于边境茶市的巨额需求与利润，宋朝政府于神宗熙宁七年（1074年）实行禁榷川茶政策，将龙、茂、文、威各州都列为茶禁地区，直到哲宗绍圣初年实行茶法变革之后，才又重新开放，只限文州依例茶禁。

此外，永康郡以南的雅州、黎州也是茶马贸易的市场。极受欢迎的名山茶，就是出自雅州。雅州边外的许多民族部落大都从事畜牧业生产，所以宋朝就地开辟了茶马贸易市场，以茶易马，这也是宋代茶马贸易的代表性地区。黎州的情况与此类似，马匹交易数量甚至还超过了雅州，这些都与宋廷的政策有关，即通过贸易手段笼络这些边区少数民族。北宋末徽宗崇宁三年（1104年），为了限制茶叶的过量流出，宋廷曾对买马的数量实行限制，规定每年买马不得超过四千匹。川茶是甘、宁等地区的主要茶源，但越是靠近北方市场，川茶所占的比重就越小，至汴京附近几乎已经见不到川茶，取而代之的是南茶，而南茶的主要流向之一就是西夏地区。元昊继位之后，施行强硬的军事政策，连年对宋发动战争，混乱的政治局面致使"赐遗互市久不通，饮无茶，衣帛贵"。这也成为后来西夏同意议和的一个重要原因。

第四节　茶业经济的环节链及茶业经济历史地位

一、茶业经济中的环节链关系

（一）茶叶生产者

宋代，茶叶在国内成为不可或缺的大宗商品，并且是茶马贸易与海外贸易的主要商品之一。与此相适应，宋朝的茶叶生产可谓在唐朝基础之上的异军突起，不但茶叶生产技术得到了进一步提高，还出现了以茶叶生产为主业的茶园户。茶叶生产从最初的自给自足阶段，发展成为一种具有典型商品生产特征的活动形态，这一方面有赖宋朝对商品经济的重视，另一方面推动了商品经济的繁荣。

茶叶属于一种多年生且具有较高经济价值的作物，不需要每年栽种，只要培植得当，一次栽种可以获利几十年，民间有"一个茶芽七粒米""千茶万桐，一世不穷"之类的谚语。正因茶叶与粮食作物相比具有先天的优越性，唐宋以后很多农户便意识到种植茶叶比种植粮食更加有利可图。于是，一些以粮食生产为本业的农民，逐渐将手中的资源分出一部分用于茶叶生产，但依然以粮食生产为主业，茶叶生产只是作为副业，这类兼营茶叶生产的农户便是宋代茶园户的前身。范成大在《夔州竹枝歌九首》中有"背上儿眠上山去，采桑已闲当采茶"，说的就是农桑活忙完之后，农户在闲暇时间从事茶叶生产活动的情况。宋朝还有"折税茶"这种纳税方式，指的是农户的田税可以用茶叶折算，这应该是针对兼营茶叶的农户而言的。同样，无茶者也可以他物代替，"当以茶代税，而无茶者，许输他物"。

随着宋朝商品经济的发展及其相关政策的放宽，农民对种植茶叶的顾虑降低，加之茶既可折税又可直接进行集市贸易，面对茶利诱人的收益和茶叶市场的逐步完善，一部分农民干脆放弃了粮食生产，转而专门从事茶叶生产，这些人就成了最早的茶园户。至此，茶叶生产在一部分地区已经完成了从副业向主业的转型，茶叶生产逐渐走向规模化和专业化，茶叶生产的专业户人数与日俱增，构成了一个相对稳定的利益群体。《梦溪笔谈》中就记述，鄂州崇阳县的农民，"不务耕织，唯以植茶为业"。有的地方官还针对此类农户采取了一些限制措施。

同样是茶园户，其生产规模大小迥异。熙宁十年（1077 年）四川地区的茶园户"多者岁出三五万斤，少者只及一二百斤"。后者相当于从事小规模生产的茶叶自耕农，他们往往是举家之力而作，一般不会雇用茶工，除非是到抢时采茶之际。而年产三五万斤的茶园户，多为地主性的茶叶生产者，掌管着大范围的山林茶场，直接的茶叶生产和采摘多交给雇工完成。宋代茶园对雇工和劳动力的吸纳能力极大，在缓解社会压力的同时引起了统治者的重视。宋真宗在景德三年（1006 年）曾指出，茶叶的生产"须更得人手制造……皆是贫民，既斥去无用，安知不聚为寇盗"。

（二）茶商

茶商在茶叶生产者与消费者之间起着纽带的作用，其中又分为贩运茶叶的行商和设点专营茶叶的坐商，随着茶叶加工的发展、消费市场的扩大，这些茶商逐渐成为一支稳定的商业队伍，来往于茶叶产区和各大中转、终端市场之间，并在很大程度上决定了茶叶作为一种商品的拓展程度和接受范围。

宋代茶商在唐代日益增多的基础上逐渐向网络化发展，形成更加严密系统的茶叶交易体系，从收购、运输到销售环环紧扣。茶商的资本量很惊人，宋代实行榷茶，官府几乎控制了所有茶源，先是低价向园户买茶，然后高价把茶叶批发给商人，从中获取巨额利润。商人必须向官府纳钱或物方能购得茶叶，官府也唯有依靠向茶商售茶才能实现盈利。在北宋榷茶制度之下，两者结成的事相互依赖，共同剥削茶叶生产者、消费者和运输者的伙伴关系。他们一方面是伙伴关系，另一方面又围绕着如何瓜分茶利而展开激烈的斗争，宋代茶法的频繁变更正是这种力量博弈的表现。在这种共生的利益关系中，茶商取得了丰厚利润。宋代江西路、荆湖南北路茶，也"皆系巨商兴贩"。真宗天禧元年（1017年），大茶商田昌从舒州的太湖场"算茶十二万，计其羡数，又逾七万"。实力之雄厚可见一斑。在福建至京师的商业大道之上，"何客掉之常喧？聚茶商而斯在。千舸朝空，万车夕载，西出玉关，北越紫塞"。茶商的活动使沿途变得喧嚣，这是一种经年累月的影响。宋真宗，大众祥符八年（1015年），王旦指出："京城资产，百万者至多，十万而上，比比皆是"。综上可见，宋代茶商的数量之多、资本之雄厚。

在宋代的茶商中，还有一种类似于"包买商"的茶商。包买是一种商人操纵生产者的方式，茶商为了得到稳定的茶源以及扩大自己的收购范围，鼓励茶农多为自己生产茶叶，采取一种事先预付茶款甚至工费的方式，令茶农有条件去雇用工人为自己生产茶叶，出产后按照新茶的价格连本带息偿还一部分费用，这样一来，茶商就利用资金的渗透实际控制了茶叶的生产领域。彭州地区就出现了这种形式，"自来隔年留下客放定钱，或指当茶苗，举取债负，准备粮米，雇召夫工"。这种做法甚至被宋朝政府所借鉴，对施行榷茶制度的影响也颇大，如广泛采取了"其售于官者，皆先受钱而入茶，谓之本钱"的方法采买茶叶。但姚治中先生在《论北宋茶叶禁榷制度》一文中认为，这种划分理论依据不充分，认为这种附带有超经济的政府强制行为与商业信用有本质的区别，也并不是包买商的经营方式。而且，当时所谓的商业信用和雇佣现象都是在禁榷制度的前提下运作的，"预付本钱"只是禁榷制度的一种操作方式而已。关于这个问题，有很多学者进行过探讨，普遍认为包买商的活动只有在自由通商的前提下才能成立，由于资料匮乏，现今能看到的材料并不多。但可以肯定的是，如果当时发生了类似于包买商的经济活动，只可能是发生在当地茶叶的短期自由买卖时期，而这种包买方式后来被官府加以借用和发挥，茶叶包买这种经营方式也实现了官府取代普通商人的转变，这一方面是一种继承，另一方面是对其自由发展可能性的压制，所以茶叶包买商最终并没有演变成商业资本家。

宋代茶商势力的膨胀是当时茶业经济快速发展的产物，同时是宋代官僚、地主、商人三位一体化的具体反映，很多大茶商勾结官僚有恃无恐，还有的茶商本身就是朝廷官员，所到之处尽开方便之门。正因为有了这些政治势力作为后盾，茶商获取了更多的利益，茶商资本也日趋扩大。

（三）经营者

由于宋代茶业经济的空前发展，在民间，开始从事茶叶经营的人和从其他行当转而从事茶叶经营的坐商小贩越来越多，茶商行会开始在市场中发挥垄断作用，茶叶市场竞争日趋激烈，在这样的情况下，茶叶经营者便更加注重对茶叶经营经验的总结、经营手段的创新，以求能在这无声的商战中立于不败之地，并赚取更大化的利益。他们开始关注自己茶叶商品的宣传，开始研究区域背景与商品之间的互动关系，开始力求经营方式上的灵活，甚至开始将多样化经营与茶叶经营结合起来，以达到以茶促商、以商促茶的双赢目的。

茶叶广告并非宋代的独创。在中唐以前，茶叶经营者就知道运用广告提高自己的知名度和经营利润，虽然此前的一千多年时间里茶叶一直处于自由经营状态，但由于百姓饮茶风气尚未形成，茶叶经营者实力分散薄弱，所以茶叶广告一直没有较大的发展，直到宋代这种情况才发生了极大改变。广告宣传既促进了商品经济的进一步发展，又是商品经济发展到一定程度的反映。商品经济的发展加剧了商业竞争，而竞争的激烈使经营者需要借用广告这种形式来进行支撑和拓展。

宋代的茶叶经营者在主营茶叶的同时，因势利导，利用自身店铺的名气和优势，从事多种经营活动。例如，有的茶肆会根据季节的变化，经营其他相配的商品，还有的"四时卖奇茶异汤……冬月添卖七宝擂茶、撒子、葱茶，或卖盐豉汤"❶，以适应顾客取暖的需要，"暑天添卖雪泡梅花酒，或缩脾饮暑药之属"，以适应客人降温解暑之需。再如，许多茶商不仅从事茶叶的转运贸易和批发经营，在实行茶叶专卖制之后，他们甚至开始兼带经营茶叶交易许可证"茶引"之类的批发业务，他们或通过交纳现钱，或通过入中粮草等途径，从政府领到茶引后再转卖给其他的中小商人。

关于宋代茶叶的价格，由于受交通运输条件、信息交流等影响，各地是有区别的。宋代茶分片茶、散茶，茶价无论买茶价还是卖茶价，其价格体系十分复杂，优质好茶与劣质茶叶价格相差悬殊，茶叶等级分明，而每个等级的价格又各不相同。

---

❶ 夏时华. 宋代香药业经济研究 [D]. 陕西师范大学，2012：85.

（四）消费者

饮茶作为一种生活习惯，自唐朝时期就开始形成了。唐朝诗人卢仝作诗道"天子须尝阳羡茶，百草不敢先开花。""柴门反关无俗客，纱帽笼头自煎吃。"虽说天子王公饮用的是精挑细选的上等茗茶，而百姓村民只能饮用相对粗制的茶叶，然各得其乐之情是相同的。这是茶叶行业经济迅速发展的一个表现，也反过来促进了茶叶经济的进一步繁荣。到了宋代，虽说几经茶禁，但这种饮茶的习惯不但没有消失，反而更加蔚然成风。元代人王祯对茶的评价颇高，他把茶叶当成是灵草，认为对于种植的人来说可以带来丰厚的利润，对于饮用者来说可以清神涤气，因而上到王公大臣，下至黎民百姓，茶叶都是不可或缺的。更重要的是，茶叶经济还为国家财政做出了极大的贡献，因为茶叶不仅对人有清神的好处，还能使茶农致富，更重要是可以增加国家的税收。北宋李觏也认为"茶非古也，源于江左，流于天下，浸淫于近代"，茶叶不但流行范围广，受众面也很广泛，"君子小人靡不嗜也，富贵贫贱靡不用也"，即无论贫富贵贱，无论哪个阶层，人们的生活都离不开饮茶，茶叶在宋代的流行程度可见一斑。饮茶之风几乎蔓延宋代的各个阶层、各个领域，茶叶的消费群体自然也相当广泛。结合古今研究成果，笔者认为宋代茶叶的消费群体大致可以分为以下几类。

第一类是皇室贵族和官僚地主集团的消费群体。唐朝时期，对朝廷贡茶的数量已经不少。据《册府元龟》记载，宪宗元和十二年五月，朝廷有诏"出内库茶三十万斤，付度支进其直"。可见唐代皇室占有大量的优等茶叶，这些品质上乘的茶叶作为贡茶，不仅满足了皇室成员的消费，也时常以赏赐的形式被赐予那些有功或与皇室亲近的官僚地主。

第二类是商人集团的消费群体。自唐代中叶以来，商品经济迅速发展，入宋之后势头依然强劲。在商品经济的大潮中崛起的商人集团势力逐步壮大，很多商人手中握有大量的资金。由于有雄厚的财力作为后盾，富商大贾阶层的生活大多十分奢侈，他们开始追求人格的被尊重，生活品质的提升，并乐于附庸风雅。这些大商人"衣必文采，食必粱肉"，追求生活品质和精神上的享乐，这种消费观念同样体现在对茶叶的消费上，如当时的建州腊茶，"其品之精绝者，一饼直四十千，盖一时所尚，故豪贵竞市以相夸也"。❶

此外，少数民族地区、军队兵员等也是茶叶消费的群体，所有这些群体的消费共同带动了宋代茶叶商品经济的稳步发展。在茶叶消费的问题上，不单是阶级、

---

❶　王献松．《红杏山房闻见随笔》辩伪[M]．武汉：武汉大学出版社，2018：73．

阶层因素会影响消费的内容，城乡之间、产茶区与非产茶区之间以及各个政策覆盖阶段之间也会有所区别，茶叶的生产、流通和贸易状况更是一个重要的方面。作为与消费联系最为紧密的一个环节，茶叶市场的完善程度如何以及贸易途径的通畅与否乃成为影响茶叶消费的决定性因素。

二、宋代茶业经济的历史地位

（一）茶业经济对财政收入的影响

北宋建立之后，在宋朝的北疆地区，少数民族先后建立了辽、西夏、金等政权，它们为了稳固自身的力量，追求经济利益，时常向宋朝发起军事进攻，紧张的沿边局势使宋朝需要时刻加强戒备，为增强防御能力而耗用了朝廷大量人力、财力和物力。北宋朝廷一直为两大难题所困扰，一是财政的拮据，二是战马的缺乏，怎样解决这两大问题成为了统治者最为关心的事情，而茶业的发展从一开始就与这两个关键问题息息相关。

北宋从建国之初就开始以铜钱、绢、茶叶等物品折支马价。一匹绢与一匹马的对价大约为三十比一，整个北宋时期，每年平均约需购马两万匹，这便需耗用绢大约六十万匹。例如，太宗、真宗年间，该时期两税所收的绢总共不足两百万匹，仅买马一项就需开支百分之三十，再加上绢价贱，马价贵，长期以来朝廷感到疲于负担。从货币政策的实行效果来看，北宋每年的铜钱铸币量随年份差异较大，较少时如至道中为八十万贯，最多时如熙宁年间达到五百零六万贯。在铸币少的年份，按每匹马约价值三十贯，每年宋朝需要购马约两万匹计算，每年需要耗费铜钱六十万贯，几乎占了货币发行总值的百分之八十，这显然是朝廷难以承受的，就算在铜币铸造量最多的时期，每年仍要以很大比重的货币量来满足马匹的获取，这无疑使马匹成了北宋政府军事行动的一个羁绊，在外交活动中造成了被动的局面。再来看看茶叶方面的情况，纵观整个宋代，年产茶大约可达五六千万斤，而全国总人口数量最高时才有四千余万人，茶叶每年的人均占有量有一斤多。这就使茶叶还有足够的外销空间，货源相对充足，以一百斤茶叶可换取一匹马计算，二百万斤茶叶就可以换回两万匹马，对于宋朝廷来说是可以承受的。国家专卖茶叶还有固定的茶利，在茶利较低的年份每年大约也有一百多万贯，如仁宗嘉佑二年（1057年）在茶利可观的年份更是可达四百多万贯，如孝宗淳熙初年（1174年）就高达四百二十万贯。陈从古指出，"国家利源，雄茗居半。"如果仍以三十贯钱买一匹马来计算，在茶利的保障下，宋代中央财政有足够财力用来支付每年六十万贯的马价。

宋朝大部分时间处于与辽、西夏和金的对峙局面。由于北方产马地区大部分被辽、西夏和金的势力所覆盖，所以这些少数民族政权都在政策上采取措施限制战马大量流入宋，并在战场上有意掠夺宋国战马，经常造成宋匪战马严重短缺的局面。而茶叶的介入为宋国的不利境地带来了逆转的希望，宋国不可一日无战马，然而辽、西夏、金也不可一日无茶，以茶易马就顺理成章地成为双方解决紧缺物资的主要途径，这无疑是一种双赢的战略。这期间，随着供求关系的微妙变化、民族关系的紧张与缓和等因素，茶马的比价时有出入。另外，能够决定茶马比价的还有马的骏驽和茶的优次之别。南宋时期，北方产马区域尽失，南宋朝廷马源稀缺，不得不以高价从北方购马，马价一时间上涨了十多倍，马弥贵而茶弥贱。茶马贸易不仅影响着宋朝和少数民族政权人民的生活，有时候还能影响军事政治局面的走势，如仁宗时西夏发起对宋战争，导致茶马互市一度停止，使西夏人民"饮无茶，衣帛贵"，民怨沸腾，甚至导致西夏不得不与宋朝签订所谓的停战协议。

在两宋时期，茶叶的确对边防局势起着十分重要的牵制作用，正如南宋人张震所总结的那样，"四川产茶，内以给公上，外以羁诸戎，国之所资，民恃为命"，即四川茶叶不仅为朝廷提供了巨额的茶利来源，为军队解决了部分军费，还通过茶马贸易维护了宋朝西南边疆地区的稳定，同时满足了宋朝对战马的迫切需求。

（二）茶业经济的民生作用

茶业经济的发展不仅对宋朝国家财政起到了积极的作用，因为其在茶马贸易中的特殊作用而在一定程度上影响着国家的军事、外交局势。随着茶业经济各个环节的逐步完善，茶业在民生方面也起到了很大的作用。其中，将茶叶用于商品交换已成为十分普遍的现象。

早在唐代，茶叶就被用来与很多商品进行交换。到宋代，与茶叶相互交换的商品种类就更多了。有时表现为两种或者多种商品一起并用与茶叶进行交换，有时候表现为茶叶连同其他物品一并用于交换另外某种商品。在某些特殊情况下，无论官府还是茶商等市场主体，为了获得某种商品，必须先用茶叶换取另一种商品，如交引等，然后才能用来交换目标商品。这样一来就逐渐形成了以茶叶为中心，将众多商品纳入这个复杂交换过程的有机体系。从有关文献记载看，宋代可与茶叶进行交换的商品主要分为以下几类。

（1）金银等贵重物品。宋朝时期，金银作为流通手段的货币职能，其表现还并不明显，但是金银作为贵重商品的等价物，被投放到市场与其他商品相互交换的情况很常见，用金银作为等价物来折博茶货的情况也十分普遍。在宋代较长的历史时期之中，这种现象一直存在。早在太宗至道二年（996年），杨允恭受命禁榷江淮盐，他就曾令商人先将金帛入于京师折博务，而用茶叶偿其值，取得了一定的效果："自是鬻盐得实钱，茶无滞货，岁课增五十万八千余贯。"❶ 这种折博的实质就是以金帛换茶叶。从北宋前期开始，宋朝廷就鼓励商人用金帛换取官府的茶叶以供出售，建立了初步的以茶叶为中心的间接专卖贸易体制。

（2）布帛之类的丝织品。排在金银之后最常见的一类用以折博茶货的商品是布帛。在宋朝，布帛作为日常实用的商品，被投放到市场中，用以交换其他物品，这种现象随着商品经济的快速发展而更加普遍。在茶叶市场中也是如此，布帛换茶叶的方式一直在交易方式中占有很大比例，宋朝官府以布帛换取茶叶的情况也十分常见。如熙宁七年（1074年）十二月，宋朝廷下令河南、河北监牧司现存所有钱帛粮食皆由提举市易司支配，用以充当买茶本钱。布帛与金银相比，其价值虽小，胜在量大，因此被当作金银的辅助手段渗入茶叶市场，参与贸易，其作用也不容忽视。所以，在整个宋代，金帛并用的现象在茶叶市场中一直存在着。

（3）粮食及马料类商品。粮食也是与茶叶交换的重要商品，它虽然不是贵重商品，其自身价值较小，但一直在社会经济中处于十分重要的地位。究其原因，一是因为粮食是民生日用的必需品，军队也自然需要大批的粮草供应。二是因为粮食是广大农户所拥有的主要剩余产品，农民能够且只能以粮食作为交换的媒介，因而用粮食在茶叶市场中换取茶叶，或用茶叶在市场上折博粮食，在宋代都是比较常见的事。对于官府来说，这也是解决朝廷军粮供应问题的一种有效手段。

尽管都是粮食与茶叶的交换贸易，但各个时期在具体的表现形式上又不尽相同。例如，在北宋前期，官府常鼓励茶商往边区入中粮食而以茶叶优惠补偿。当时入中的粮食品种主要是米和豆类，如"端拱二年……令商人输米豆而以茶盐酬其直，谓之折中"。❷ 在此之后，为了使商人到边境地区入中粮草，朝廷以高价诱之，这就是所谓的加抬、虚估。这种政策上的倾斜实质上是官府通过宏观调控茶粮的比价，提高商人入中的积极性，以此获得足够的军粮。在这种情况下，茶叶的价格是相对比较低廉的。同时，这对茶叶市场的冲击也是极大的，由此造成了一系列的恶果，所以后来宋朝廷曾多次废除这种沿边入中之法，改用现钱法等。之后，又有入中刍豆还以茶叶交换，结果仍是刍豆虚估益高，茶价益贱，因而在仁宗嘉祐四年（1059年）之后，宋朝廷开始实行以通商法为主的新茶法。到这个时期，茶粮贸易的方式基本被废止。

---

❶ 黄纯艳. 唐宋政治经济史论稿 [M]. 兰州：甘肃人民出版社，2009：92.
❷ 黄纯艳. 唐宋政治经济史论稿 [M]. 兰州：甘肃人民出版社，2009：93.

（4）食盐。食盐是人们社会生活的必需品，因而茶盐交易在宋代社会中也普遍存在。茶逐渐成为人们日常生活的必需品之后，茶盐交易就成了调剂余缺、以有易无的重要手段，这也是茶叶实物交易的类型之一。早在宋太祖年间（960～976年），通泰地区的盐户纳盐，宋朝政府就是用茶叶、米、布帛等物当其值，直到开宝七年（974年）才改以钱来偿付。熙宁九年（1076年），针对成都府等路茶场的利害问题，刘佐上表称："商人贩解盐入川买茶至陕西，获利甚厚。欲依商人例，岁以盐十万席易茶六万驮，约用本钱二百一万缗，比商贾取利皆酌中之数，禁商人私贩。"官府采纳了他的建议，开始取代商人，对川、陕之间的茶盐贸易实行垄断政策。虽然这种茶盐贸易开始较早，但由于茶叶主要产于南方，在政府的监控下由园户专门组织生产，而盐多由官府控制，且多产于滨海，两种商品都是广大人民赖以生存的生活必需品，且又都被官府所控制，因而宋代茶盐交易在范围上还是比较受局限，加上盐的运输不甚方便，两者交易的规模并不大。

（三）茶业经济的社会文化意义

在中国古代社会中，农业一直是起着决定性作用的关键生产部门。尽管各朝各代统治者都予以高度重视，但在很长的历史时期内，农业的发展总体来说十分缓慢，这是小农经济的本质所决定的。农业虽然能够满足人们的基本生存需要，但小农在自给自足的农业经济下，向市场提供的剩余产品相当有限，整个中国古代社会中，自然经济的色彩始终非常浓厚。从唐代中期以后，茶叶同时作为一种农产品和一种经济作物商品迅速普及，农户向市场提供商品的种类增多了，能力增强了。到了宋代，茶叶无论在经营的规模方面，还是在生产技术方面，都远胜过唐代，茶叶逐渐发展成为在国内外市场热销的重要商品之一，茶业已经不仅是一种农村副业，还成为了一种日益规模化、规范化的商品生产体系。

茶叶作为一种经济作物，在农业生产中的地位和作用与粮食作物是有很大不同的。宋代茶业经济的迅速发展，最主要的作用就是密切了农民与市场的联系，促使农产品商业化程度的提高，壮大了商品经济在社会经济中的份额。以傅筑夫为代表的学者认为，宋代社会的主要变革就是商业在社会中的地位和作用得以提高，以及由此所产生的人口结构的变化。茶业经济的发展成为宋代商业发展的重要组成部分之一，茶叶生产高度商业化这种经营性农业迥然不同于农民的自耕自给。

从社会学的角度来看，茶业经济的发展一方面改变了农户的经济状况，另一方面也提高了商品经济的成熟度，丰富了商品经济的内容，更加深了农民和市场的联系，密切了全体社会成员之间的关系，人们不再是自给自足的小社会独立体，而在一定程度上变成了需要相互依赖、分工明确的大社会共同体，虽然这种变化在以小农经济为主导的中国古代社会显得不那么起眼，但它代表的是一种超越时代的先进生产方式的孕育。宋代茶业经济的发展显然缩小了自然经济的地盘，人们围绕着茶叶商品的生产、流通、消费等，不断突破之前人与人之间、人与自然之间狭隘的关系圈，社会交往程度越来越复杂。由于生产力决定着生产关系，随着新生产力的产生，人们的生产方式也随之发生了改变，而生产方式的改变最终会影响人们的生活方式，乃至影响其他社会关系。

由此可见，在宋代，从事茶叶生产、加工和贸易的社会成员众多，消费群体愈来愈大，茶叶也逐渐成为市场上一种十分流行的大宗商品，无论于民生还是国用均发挥了特殊而重要的作用，人们社会生活的诸多方面均受到了茶业经济直接或间接的影响，可以说宋代经济结构的变迁、经济重心的南移与茶业经济的发展有着密切的联系。全面研究茶业经济，对认识"社会经济状况、阶级关系、民族关系、社会生活和当时的民风民俗以及茶道思想"具有重要的意义。对宋代茶业经济问题进行系统而深入的研究，既是一个进一步认识宋代社会商品经济的发展深度和广度的全新视角，也可以借古鉴今发现中国茶业经济发展的轨迹和特点，为当前市场经济条件下茶业经济的发展也提供了某些借鉴。

第八章　中国古代农业生产商品化经济趋势的宏观审视与影响探析

第一节　中国古代农业商品化经济的突破与困境

我国古代社会经济形态以自然经济为主导，商品经济虽然有所发展但依然处于从属地位。在农业领域，自给自足的农业生产一直占据着主体地位，农业的商品化处于自然经济的包围之下。随着社会分工的扩大和农业领域商品经济的发展，农业生产要素市场得到发育，商品性农业也有所发展。但是，在我国古代以自然经济为基础的制度禁锢下，传统农业的商品化无法实现生产要素的自由流动与合理配置，终究难以冲破制度的壁垒，完成向商品农业的转变。

一、农业要素市场的有限发育推动农业商品化发展

土地是我国古代农业生产最基本的要素。由于土地在我国古代具有特殊的经济和政治属性，土地的商品化随着土地私有制与土地国有制的竞争而时起时落，在国家政权的强势干预下，土地市场的发育极为不完全。在土地商品化的曲折演进历程中，唐代以前，土地作为生产资料的那部分溢出价值没有得到实现。平民出卖土地多出于生活所迫，而商人买卖土地，多在于向地主的转化，并未因此而直接投资获利。权贵买土地，在于综合土地的经济性和政治性，将地权和政权结合起来。可以说，在国家政权的强势干预下，完全自由的土地市场并不存在。唐中叶至清前期，随着均田制的废除，土地商品化进入"不立田制"的时期，国家土地制度体系调整的重点转移到私有土地阶层间的经济关系上，土地法令与规定不再是简单地阐明土地是否可以买卖，而是致力将土地买卖行为规范化和合法化。土地商品化在相对宽松的制度背景下得以推进，土地市场的发育也呈现出新的特征，土地市场的主体构成和资金来源都发生了重大变化。权贵地主在土地市场的

强势主导地位逐渐减弱，庶民地主逐步崛起，农民在土地交易中的自由度提升，至明清时代土地交易的自由化趋势已成为主流。明清间商业资本大量进入土地市场，改变了传统土地市场以官僚资本为主的局面。明清时代，土地商品化程度的提升、土地市场的新变化在很大程度上促进了明清时期商品性农业的发展。在明清经济作物种植业中，土地的投入明显增加了。商人和地主购买土地不再是简单的保值追求，他们在土地上进行的多种经营推动了市场导向农业经营方式的出现和发展。

我国古代传统农业雇佣关系的发展总体上呈现出主雇双方地位不平等，农村劳动力出雇受经济胁迫和政治强制双重约束的基本特征。不过，在传统农业雇佣关系的演变进程中主雇之间的依附关系总体上呈现松解的趋势。这是农村劳动力的商品化在封建等级制度的约束下取得的一大突破。我国古代传统农业雇佣关系的发展演变大致可以划分为三个阶段：战国秦汉至唐宋是传统农业雇佣关系的衍生与民间自由发展阶段；元朝以"和雇"为代表的国家雇佣行为的常态化是传统农业雇佣关系的国家干预与法制化肇始；明清时期是传统农业雇佣关系普遍化和趋向市场化的阶段。至清代，农业雇工市场已有所发育。清代农业雇工市场呈现出以下特点：第一，受雇者以短工为主体。第二，雇工市场大多在乡镇的集场或墟市上，地点固定，雇主以本地人居多。第三，雇工市场供需关系受季节和农业丰歉年份影响大。第四，雇工市场的地域分布上，北方雇工市场比南方普遍，华北地区的雇工市场尤为普遍。虽然从总体上看，清代农业雇工市场的发展并不完善，但雇工专门市场较为普遍地在各地出现，表明这一时期农业领域对劳动力的需求量在增加，农村劳动力的商品化程度在加深。明清时期，农村劳动力市场的发育为经济作物种植业中商品化劳动力的投入提供了条件。明清时期在蚕桑业、棉花种植业领域，以及烟茶蔗生产过程中都出现了商品化的雇佣劳动关系。

我国古代国家农贷的基本目标在于维护以小农为基础的农业再生产的持续开展，从而为其政权的存在提供物质基础。我国古代国家农贷可以为农民应对农业生产的风险提供支持，在保障基本的农业再生产方面发挥了重要作用。农业商品化发展最为基本的前提条件便是农业生产的持续性，如果农业再生产过程被破坏，农民大量破产，农业商品化就无从谈起，因此虽然国家农贷的主观目标并不是为了促进农业的商品化发展，但是维护和保障农业生产持续性的客观效果为农业商品化发展提供了最基本的前提条件。在国家农贷的执行过程中，地方政府与国家的利益分化与目标偏离，却为商人、地主以及富裕农民进行商品化的农业生产提供了非正常的融资渠道，也正是这种非正常的融资渠道为我国古代民间农业资本市场的发展提供了契机。我国古代民间农业资本市场的发展呈现出以下趋势：放贷主体多元化，民间农贷的高利贷化，货币借贷和生产性借贷趋于增长。民间农贷的利率并不长期维持在高利贷的水平，货币借贷的利率水平在总体上呈现下降的趋势。民间农贷市场的发展对我国古代农业商品化发展产生了重要影响。民间农贷为我国古代农民获取基本的农业生产生活资料以维持农业再生产提供了筹集资金的渠道。民间农贷发展过程中货币借贷和生产性借贷的逐渐增多推动了农业生产过程中商品经济因素的增长。在我国古代，除了地主、商人等投资主体直接以购买土地、雇佣劳动力等方式自主经营农业以外，民间资本通过向农业生产者放贷，以利息的形式间接获取农业生产的经济收益，进而推动了农业生产的商品化。

二、自然经济与封建制度双重制约下传统农业商品化发展的限度

我国古代农业商品化的发展长期处于以自然经济为基础的封建制度的约束之下，虽然在农业要素市场的发育上取得了一定突破，但是农业生产要素依然难以相对自由地流动和合理地配置，商品化的农业生产经营方式难以形成。在重重制度约束下，我国古代农业商品化的发展始终难以冲破自然经济的束缚，商品性农业虽然有所发展，也并未在封建社会后期占据主体地位。在封建制度体系下，传统农业虽然出现了商品化的趋势，但并不可能完成向商品农业的转变。

在我国古代社会，土地私有制度的完全确立是土地商品化和土地市场发展的基本制度前提。虽然早在战国秦汉时期，我国土地私有制已经确立，但是国家政权的强势干预使土地私有制在国有制和大地主所有制的夹缝中生长，完全的土地私有制在我国古代社会难以发展。因此，土地的商品化和土地市场的发育受到了国家制度的制约而难以获得大的突破。总之，在封建制度体系下，土地私有制难以得到完全的确立，农民的土地产权难以得到制度的真正保护，土地市场的发育难以达到为农业商品化发展市场化配置土地要素的效果。

在我国古代封建制度体系下，地主与农民间的等级关系以及农民对地主的依附性，严重阻碍了农业自由雇佣关系的发展。由此，我国古代农村劳动力的商品化始终处于前资本主义商品经济时代，相对自由、平等和市场化的传统农业雇佣关系并未在劳动经济关系领域占据主导地位。我国古代的传统农业雇佣关系早在战国时期就已经出现，战国秦汉至唐宋是传统农业雇佣关系的民间发展阶段，雇佣关系源自雇佣双方的现实需求。虽然国家政权的干预较少，但传统农业雇佣关系受到了封建等级制度的影响，主雇双方在政治地位上的不平等，尤其是在以官

僚地主和国家为雇主的雇佣关系中，雇主占有相对优势，受雇者明显处于弱势。源自政权的超经济强制所形成的较强的封建依附关系阻碍了农业自由雇佣关系的发展，不利于农业劳动的商品化。从元代开始，国家以律法规定的形式干预农业雇佣行为，传统农业雇佣关系趋于法制化。在封建的法律调整下，至明清时期，农业雇工的法律地位逐步得以提升。在实际雇佣行为中主雇双方的地位趋于平等，农业雇工的身份趋于自由。然而，主雇双方的地位并未发生根本的改变，主雇双方人身依附关系并未完全解除。自由的农村劳动力市场在封建制度体系下不可能形成。

在我国古代社会，农业生产者获取生产所需资金既可以通过国家农贷也可以通过民间借贷市场得到。然而我国古代国家农贷的目的在于维护自给自足的农业生产，而非为农业商品化发展提供资金供给。在国家农贷的具体执行过程中，国家农贷的基本目的由于国家、地主和农民的利益分化，往往产生偏差，真正需要资金来恢复和发展农业生产的农民却难以获得国家农贷。因此，在农业资本借贷市场上，国家农贷的有限供给难以满足农业生产者发展商品性农业的资金需求。农业生产者只能进入民间借贷市场，采取多种借贷形式来获得所需的资金。在我国民间借贷市场的发展过程中，至明清时期，农业领域生产性借贷的逐渐增多，尤其是经济作物种植业中各种形式的生产性借贷普遍存在，推动了农业生产过程中商品经济因素的增长。但是，民间借贷的高利贷倾向不利于农业生产资金的商品化，反而增加了农业生产者的负担，不利于农业商品化生产的顺利开展。

第二节　中国古代农业商品化对传统农业的启示

一、推动农业功能演化与农业经营的多元化

在我国古代社会，农业的基本功能是为人们提供生存所需的基本物质资料。自给自足的农业生产在社会生产中占据着主要地位，随着农业商品化的发展，农业由自给自足的基本功能演化出多种功能。在战国秦汉时期农业商品化趋势刚出现时，农业的多重功能便为当时的思想家所认识，农业在自给自足的基本功能之外，还具有经营致富、维护社会稳定、教化、技术传承等功能，并由此确定了农业在封建国家的主导地位。农业商品化的发展推动了农业多重功能的实现。在以经济作物种植业为核心的商品性农业的发展中，农业的致富功能和为手工业生产

提供原料功能体现得尤其充分。在农业商品化发展的推动下，农业致富功能为农业生产者所倚重，从而刺激农业生产者将农业生产由单一的粮食作物生产经营向多元经营的方向转变，农业生产结构也随之发生变化。我国古代农业商品化趋势是随着农业生产力的进步而不断推进的，对传统农业功能的演化、农业经营方式的变化，乃至农业生产结构的调整都产生了重要的影响。

二、促使农业的部门分化与农业裂变式发展

我国古代农业商品化趋势是在生产力进步，社会分工扩大的前提下产生的，而农业商品化发展又进一步促使农业内部产生部门分化，孕育出不同的农业生产部门，使我国古代农业呈现裂变式的发展。在自给自足的基本功能诉求下，农业的生产以粮食作物种植为主，而随着农业商品化的发展，农业专业化程度逐渐提高，农业内部的分工进一步细化，经济作物种植业、畜牧业、渔业等相对独立的生产部门开始从农业内部开始分化出来。农业生产的内涵也由单一的粮食作物生产部门扩充为囊括粮食作物种植业、经济作物种植业、林业、畜牧业、渔业等不同生产部门的综合性产业。因此，我国古代农业商品化发展在一定程度上促进了我国传统农业的部门分化与裂变式发展。

第三节　中国古代农业生产商品化经济趋势的现实意义探究

一、因地制宜发展农村商品经济，逐步降低自然经济在农业生产中的比重

在我国古代农业商品化进程中，由于不同地区农业生产条件和商品经济发展水平的差异，各地区间的农业商品化程度存在着较大的差异。明清时期，长江三角洲和珠江三角洲的农业商品化程度相对高于其他地区。在不同地区的农业商品化进程中，农业生产条件的差异也引发了农业生产地域的分工。明清时期，全国已经形成粮食集中产区和经济作物集中产区的地域分化。因此，在推进现代农业商品化进程中，需要充分考虑农业生产的历史和现实条件，因地制宜地调整农业生产布局。在适合进行粮食生产的地区，集中发展粮食生产，形成全国性的商品粮基地。在适宜进行经济作物生产的地区，则以经济作物生产作为该地区农业生

产的主体，逐步形成区域性或全国性的以棉、麻、茶、烟、蔗等为特色的经济作物生产基地。通过建立商品性农作物生产基地的方式来发展农村商品经济，逐步降低自给自足的农业生产方式在农业生产中的比重。

二、有序推进农村经济制度改革，为农业商品化创造良好的制度环境

我国古代农业商品化发展始终处于以自然经济为基础的封建经济制度约束之下，农业生产要素市场发育不完全，农业商品化程度不高。尽管农业商品化发展取得了一些突破，商品性农业有所发展，但是传统农业无法在封建制度体系的约束下实现向商品农业的转化。由此启发我们在将传统农业向现代农业转变的过程中要注意创造良好的制度环境以推动农业的商品化发展。在坚持社会主义基本经济制度的前提下，深入改革农村的经济制度，建立和健全有利于农业基本生产要素市场化流动和合理配置的经济制度。

三、鼓励原料农业的发展，积极推动农业与关联产业的链接

在我国古代农业商品化进程中，农业为手工业提供原料的功能逐渐凸显。在近代民族工业的发展过程中，农业的商品化发展满足了以农产品为原料的民族工业对大量原材料的需求。随着现代商品经济的发展，农业生产与工业生产的关系日益密切。农业中许多部门为纺织业、酿酒业、制糖业、制茶业等关联产业直接提供原料，逐步发展成为原料农业。原料农业已经逐步成为许多关联产业生产链条中的上游产业，原料农业的发展有助于解决农产品生产与市场需求失衡问题，保障农业生产者的收益。因此，在推动传统农业向现代农业转变的过程中，应鼓励发展原料农业，可以采取订单农业生产的方式积极推动相关的农业生产部门实现与关联产业的对接。

四、发掘农业的多功能，防止农业生产的唯利化发展

当前，我国经济社会发展正处于向工业化国家转型的关键时期，农业在国民经济中的比重已经下降到较低水平，社会对农业的功能需求不再是传统的物质资料供给。在传统农业向现代农业的转变过程中，借鉴我国古代农业商品化的历史经验，深入发掘和拓展农业的多种功能，以更好地满足社会的多元需求。农业生产具有商品生产和非商品生产并存的重要特征。在现代社会，农业既可以为社会提供商品化的农产品，也可以为社会其他生产部门提供原料、劳动力、资本乃至

消费市场。农业还具有改善环境、维护生物多样性、保留农业文化遗产等公益性功能。因此，在推动我国农业商品化发展进程中，不能完全以市场为导向，以追求利润为唯一目的，将农业生产简单地规模化和企业化，而应该注重发掘农业在环境保护、文化传承、休闲观光等方面的功能，通过农业政策的引导发展具有公益性质的休闲农业、观光农业等新型的农业经营形态。

参考文献

[1] 张倩. 浅谈古代经济管理思想对现代经济管理实践之启示 [J]. 科技经济市场，2019（1）: 99–101.

[2] 王睿涵. 论述中国古代经济发展与经济重心的南移 [J]. 现代经济信息，2019(1): 468.

[3] 李可可. 略述农耕文明与中国古代教育 [J]. 学理论，2018(8): 186–188.

[4] 张赢予. 古代农业与中国传统文化研究——以龙的中西方形象为例 [J]. 乡村科技，2018(18): 44–45.

[5] 王加华. 教化与象征: 中国古代耕织图意义探释 [J]. 文史哲，2018(3): 56–68, 166.

[6] 赵越云. 原始农业类型与中华早期文明研究 [D]. 西北农林科技大学，2018.

[7] 刘璐. 中国古代晋商兴衰探究 [J]. 南方企业家，2018(2): 249.

[8] 林刚. 小农与中国古代社会的商品经济 [J]. 中国社会经济史研究，2017(4): 1–25.

[9] 谢伟峰. 我国古代商业对现代企业的启示 [J]. 现代企业文化（上旬），2017(9): 108–109.

[10] 薛志娟. 古代西北回族商业生计方式初探 [J]. 黑龙江民族丛刊，2017(4): 65–69.

[11] 李莉莉，刘常厚. "古代商业的发展"教学设计 [J]. 中学历史教学参考，2017(15): 70–72.

[12] 韩剑尘，赵威. 古代农业土地面积单位生成与发展的驱动力研究——以"亩"为中心 [J]. 自然辩证法研究，2017, 33(6): 63–68.

[13] 盛敏. 中国茶文化对外传播与茶叶出口贸易发展研究 [D]. 长沙: 湖南农业大学，2017.

[14] 雷彦强. 中国古代民间借贷利率研究 [D]. 郑州: 郑州大学，2017.

[15] 林凌. 从"市"字演变看中国古代市场形态的发展 [J]. 科学大众（科学教育），2017(4): 126, 184.

[16] 邵其会. 中国古代营销思想研究综述 [J]. 四川省干部函授学院学报, 2017(1): 120–123.

[17] 余卫, 夏红艳, 曹曦. 中国古代商业思想及其现实意义探究 [J]. 开封大学学报, 2016, 30(4): 7–11.

[18] 张启蒙. 中国古代农业经济思想的当代借鉴——以《管子》为例 [J]. 现代农业科技, 2016(21): 264–265.

[19] 张磊. 中国传统农业文化的生态意蕴及其当代价值 [J]. 西北农林科技大学学报（社会科学版）, 2016, 16(5): 155–160.

[20] 廖小清. 中国古典商业文明的现代启示 [J]. 商业文化, 2016(22): 9–16.

[21] 谭光万. 中国古代农业商品化研究 [D]. 咸阳: 西北农林科技大学, 2013.

[22] 韩旭. 中国茶叶种植地域的历史变迁研究 [D]. 杭州: 浙江大学, 2013.

[23] 付大霞. 唐代咏茶文学研究 [D]. 南京: 南京师范大学, 2013.

[24] 夏时华. 宋代香药业经济研究 [D]. 西安: 陕西师范大学, 2012.

[25] 熊帝兵. 中国古代农家文化研究 [D]. 南京: 南京农业大学, 2010.

[26] 马焱霞. 中国古代茶业的发展以及对茶文化作用的探析 [D]. 南京师范大学, 2008.

[27] 李睿. 唐宋茶业经济再研究 [M]. 南京: 江苏凤凰教育出版社, 2019.

[28] 李睿. 试论中国古代教育文化 [J]. 教育学文摘, 2019(12).

[29] 李睿. 关于少数民族自治区域经济发展历史回顾 [J]. 知识力量, 2019(12).

[30] 李睿. 低碳经济理念与茶业发展关系 [J]. 科学与技术, 2019(12).

[31] 李睿. 云南名茶历史概览 [J]. 时代报告, 2019, 41(05): 241–242.

[32] 李睿. 中国名著中的茶文化 [J]. 福建茶叶, 2019(12).